LUMINAIRE

光启

守望思想　逐光启航

[日]
丸山里美
著

沈念
译

无家可归的女性

女性ホームレスとして生きる
貧困と排除の社会学

上海人民出版社
光启书局
LUMINAIRE BOOKS

前言

"我一直在等,看你什么时候把这件事说出口。"

深夜,她蹲在火车站熙熙攘攘的人流中教训我。这时我才终于说出了自己的请求——我正在写关于女性流浪者的硕士论文,能让我听听你的故事吗?"我大老远陪你走到这里,就是因为觉得你有话要说。既然你想采访,一开始就该这么说。你那德行怎么当得了老师呀。做采访为什么不记笔记?"我只能一个劲儿地为自己的优柔寡断道歉。

这位60多岁的女性过了2年露宿生活后靠领到的生活保障金住进了公寓里。2天前,我在拜访过的一位女性流浪者的帐篷里第一次见到了她。她当时正在曾经住过的公园里和还在流浪的女性友人一边缝补衣服一边聊天。过了一会儿，一个带着相机的学生来拜访她的朋友，他们似乎还打过照面，但她突然强硬地插话："不能采访。"我一直无法明说自己也在做调查，而且正为此感到苦恼，在那种情况下自然尴尬不已，只能净说些闲话。即使我这么不坦诚，那天她还是给了我她的住址，说："有时间就来我家吧。"这让无法说出调查一事的我，愈发感受到沉重的罪恶感。

那之后，我俩决定去采一些之前聊到的小根蒜。虽然地处大城市，但这里的公园充满了大自然的气息，自由生长着虎杖和小根蒜等可食用植物。我觉得自己看到了公园露宿那意想不到而丰富多彩的一面。采摘野菜的欢乐时光，让我暂时忘却了调查不顺的沉重焦虑。翌日，在公园的女性露宿者聚会上，曾是厨师的她用我们一起采的小根蒜款待了我。那之后的一天，我循着地址拜访了她的家。在归途中，我终于谈起了调查的事。

"想了解流浪女性的故事"，自我第一次萌生这个念头，时间已经过去了一年多。然而，流浪者大多是男性，女性露宿者所占比例仅为3%，要遇见她们本来就很难。在此之前，我在釜崎[1]的一家施食处做了3年志愿者，时不时会看到女性流浪者，但我无法推察她们过着怎样的生活。于是，我开始参加有可能邂逅女性流浪者的露宿者支援活动，比如夜间巡逻。在这个过程中，我认识了一些女性，但她们似乎出于某些缘由，对与人接触抱有戒心，这让我无法提出谈话的请求。我参加支援活动，也是因为想帮助陷入困境的女性，但是，只要我怀有调查的目的，事情的性质就会变成"我只想把她们当成自己的调查工具"。我无法忽视这种负罪感。这期间，我认识了一些曾经的女性露宿者，并与她们交换了联系方式，但我没有勇气为了研究而请求她们接受我的采访。即便闲聊得再多，也打听不到最重要的事情，我怎么也无法进一步了解女性露宿者的实际情况。

就算去读有关流浪者的调查和研究，也无法得知女性的情况。这些文献本来就不会涉及女性流浪者的存在本身，几乎没有提及任何当时的我想要知道的事情——

---

[1] 位于大阪市西成区的聚集地。虽然该地区在行政区划上被称为"爱邻地区"，但通称一般是"釜崎"，所以本书也主要使用这一称呼。——原注（如无特殊说明，本书注释皆为原注。）

女性是怎么成为流浪者的？她们在男性占压倒性比例的群体之中又是如何生活的？她们有着怎样的性别认同？而且，我感觉当时的调查研究甚至从第一步开始就没有搭建出能够倾听女性声音的框架。大规模的露宿者调查所使用的问卷，并不是为了了解女性的经历而设计的，关于流浪者的研究及运动，似乎都只以男性为前提。针对公众普遍持有的"流浪者都很懒惰"的看法，那些研究和运动强调的是"流浪者也在工作"，但他们只以"劳动的流浪汉"为前提。在这种坚如磐石的表象之下，不包含其他不工作的人或女性。在现有的研究中，似乎找不到理解和定位女性露宿者存在的框架。

当时的我，感觉完全失去了调查的信心。我无法问出女性露宿者的故事，时间就这样白白流逝。当时我一边留宿在山谷[1]的廉价旅馆，一边在福利机构以职员的身份工作并继续调查。但我不能暴露自己在福利机构工

---

[1] 山谷是东京都台东区北东部清川、日本堤、东浅草一带的通称。这片地区因为有许多便宜的住宿而聚集了很多劳动者。"廉价旅馆"的原文"ドヤ"是将"宿"（やど，旅馆）反过来发音的词汇，特指简易住宅、廉价旅馆。——译注

作的事实，因为这些机构容易被露宿者讨厌，说自己住在廉价旅馆又会显得可疑，于是我只能对在公园里遇到的露宿者们撒谎说自己借住在附近的姐姐家。然而，面对着蹲在车站的她，我意识到自己的谎言已经行不通了，于是坦白了至今撒过的所有谎。随后，我一边担心着时间愈发逼近的末班电车，一边再次恳求："我会写出好论文的，请让我听听你的故事吧。"结果她说："你那说法不对劲呀。不应该说会写出好论文，应该拜托说，虽然不知道能不能写出来，但我会竭尽全力写的，求求你了。"我的眼泪夺眶而出。她又对流着泪的我说："明天开始住到我家来。今天就快回去吧，睡个好觉，明天带上所有行李到我家来。我这边啥也不需要，明天带煤气罐来就行。我的煤气停了，钱也一分不剩了。说实话其实我也不想让你看到我这副样子。"从那天起，我开始了与她共度的漫长时光。

但是，无论我问多少次，都搞不明白她到底是如何开始露宿街头的。随着她反复讲述相同的记忆、露宿生活的状况和艰辛，她的生活史逐渐明朗起来。但是，她为何最终决定露宿街头，我却怎么问都得不到明确回答。可能那是她无论如何都不愿启齿的过去。她说："我的钱都被拿走了。那会儿我有一百万日元左右。然后就变得身无分文了。我就是这样过上这种生活的。在车站，他们问我现在几点了。是的，他们问我几点了。然后我的脑袋就'嗡——'的一下，好像有什么东西压上来了。问话的是个年轻男人，还有个戴眼镜的女人。"

不仅是她，其他女性露宿者也给我一种说不清关键部分的印象。借着与她相识的契机，我开始能够问到一些女性露宿者们的故事，但不论我如何打听，总会残余一些不明不白的部分。某位女性露宿者说着一些无法同时成立的、互相矛盾的话，她刚说完不想再露宿街头了，马上又说还是就这样流浪比较好。还有一些女性露宿者，将自己在露宿生活中接受陌路男性邀请的卖身经历描绘得像是愉快的记忆，她说自己想着"稍微敲诈他们一下吧"就答应了。另外，她还散漫地讲述了童年时期被性虐待的记忆，以及多次引起麻烦的异性关系等各种各样的情节。然而，在我们认识之后的这几年里，不论我问她多少次，那些矛盾的、片段的情节还是断断续续，让人无法读取其中的连贯性，并将其作为一名女性的生命轨迹赋予合乎逻辑的解释。刚开始调查时，我留下一种印象，就算遇到了女性露宿者，也还是无法接近她们的实际情况。即使在我能够采访她们之后，这种印象也没有改变。将这些女性通往露宿生活的过程组建成容易理解的故事，指出女性流浪者作为一个集体的共通点，判断她们是社会结构的牺牲品还是过着自己人生的主体——全都相当困难。

我渐渐觉得，可能是想以那种方式去理解她们的我本身有问题。她们所过的生活，不是为了能被我合乎逻辑地解释并回收到目前某个研究框架中才存在的。问题一定是出在只能想象单一人类形象的研究者身上。我认为，过往的研究之所以会把那些让人觉得很难合理解释的、女性露宿者式的生存方式排除在外，可能正是因为假定出了单一人类形象的缘故。如果是那样，就有必要诘问此处到底排除了什么，思考并理解人类不同的可能性。不这样做的话，即使本书试图描绘女性露宿者，也会步过去那些无视女性的流浪者研究之后尘，进一步制造更多的无视。我认为，这才是以女性流浪者为对象的本书应该处理的终极问题。

本书的第一个目的是，捕捉至今几乎从未被研究的女性流浪者的生存样态和生活世界。我将同时以女性露宿者和广泛意义上的流浪者双方为对象，描绘出令女性成为流浪者的机制和她们特有的经历。本书的第二个目的是，通过导入性别的分析视角，重新审视以男性为前提成立的流浪者研究，这样也能锤炼其框架，使其成为不仅能够分析男性，也能够分析女性的研究。我们习惯于以男性为中心来把握人类的主体性，本书还将进一步通过聚焦女性流浪者的日常，来探讨针对人类主体性找到不同理解路径的可能性——这是我的第三个目的。

目 录

前言   i

第一章 着眼于女性流浪者的民族志

1 流浪论的现状   3

2 流浪论中女性的存在   11

3 抵抗的主体与女性排斥   21

4 女性流浪者在女性主义研究中的位置   25

5 后结构主义的性别与主体   33

6 调查方法   41

7 本书的结构   47

第二章　身为女性流浪者

1　被隐藏的女性流浪者　　　　　　　　53

2　女性露宿者为什么这么少　　　　　　65

3　贫困女性的实际生活情况　　　　　　74

4　在被排斥中通往流浪　　　　　　　　81

5　女性流浪者的问题　　　　　　　　　107

第三章　以女性流浪者为对象的福利体制的建立

1　流浪型扶贫政策与女性　　　　　　　111

2　战前的政策　　　　　　　　　　　　116

3　战后的政策　　　　　　　　　　　　130

4　扶贫政策中的两种女性形象　　　　　148

第四章　福利机构的使用与性别规范

1　福利制度中内藏的女性观　　　　　　155

2　针对女性流浪者的福利　　159

3　A住宿处的概要　　178

4　使用者的生活史与入住经过　　186

5　安置方针与支援的方向性　　195

6　作为一种社会期待的性别　　218

第五章　女性露宿者们的生活世界

1　女性露宿者的生活史　　223

2　露宿生活的艰难　　237

3　女性露宿者们的生活策略　　248

第六章　露宿与摆脱露宿

1　露宿者的抵抗与主体性　　271

2　露宿生活的意义　　273

3　新兴的共同性　　284

| 4 她们的"选择" | 300 |
| 5 断续的碎片 | 312 |

第七章 变化的过程

1 支援工作的推动与时间的流逝	319
2 "女性茶话会"	322
3 女性露宿者的生活史与露宿生活的状况	326
4 通往居宅生活	344
5 宛若"意愿"之物的所在	361
6 成为主体的过程	371

第八章 对抗主体化的魔力

1 对主体的关注和对女性的排斥	377
2 主体化的问题	379
3 关怀伦理	384

4　自立与依存 390
　5　自立能力的滋养 393
　6　构想未来的能力 396

结语 401

附录　贫困女性在哪里 409
初版后记 431
增补新装版后记 439
参考文献 445

第一章

着眼于女性流浪者
的民族志

1 流浪论的现状

如今，在大城市中，露宿街头者已经非常常见。在路边和车站铺纸箱睡觉的身影、在公园和河岸用地搭建出的蓝色塑料布帐篷——类似景象在日本各地，包括地方城市都能见到。以泡沫经济瓦解为节点，这些露宿者的身影出现在了市中心，作为在富裕生活中象征贫困的存在尤为令人瞩目。然而，经过了20世纪90年代的萧条期后，露宿者的数量非但没有停止增长，反而愈发庞大，一时之间甚至膨胀到了3万人以上。

为了应对这种状况，政府正式着手制定针对露宿者的对策，支援团体的活动也活跃了起来。之后，露宿者的数量开始减少。然而，2008年的雷曼事件所引起的世界范围内的经济萧条，再次使露宿者的人数增加。最近，媒体开始频繁报道那些差点就要去露宿街头的人们，比如因为失业而被清退出员工宿舍的非正规劳动者和睡在网咖的年轻人。人们感受到这样一种氛围：今后，失去住所的贫困状况将在我们身边继续扩散。

本书将研究与失去住所相伴的贫困问题，即流浪者问题。在此之前，我想先定义"流浪者"一词。所谓流浪者，大部分情况下指露宿街头的人。2002年制定的《流浪者自立支援等相关问题特别措施法》(「ホームレスの自立の支援等に関する特別措置法」，以下简称《流浪者自立支援法》)也将"流浪者"称为"无故将城市公园、河川、路边、车站等设施作为生活起居场所，经营日常生活的人"，并将"流浪者"定义为"露宿者"。然而，在流浪，即无家的状态之外，也可能存在并非"露宿"的多种形态。比如网咖"难民"、被赶出宿舍的非正规劳动者、为了逃离家庭暴力而寄身于庇护所的女性等，他们因为居无定所，所以都能被称为流浪者。不仅是露宿者，本书的研究还会广泛涵盖这种伴随流离失所而出现的贫困。我会区别使用"流浪者"和"露宿者"：当我指失去住所的贫困群体时，会用"流浪者"一词；当我单指露宿街头的人们时，则会用"露宿者"一词。

以流浪者为对象的研究，首先在社会学，然后在社会福利学、法学、建筑学、医学等多重领域中展开。但是，一般的流浪者定义仅限于露宿者。从这一点出发我们也能发现，试图把握居无定所的贫困群体——本书所说的流浪者整体的研究，在日本还很少。在这方面取得先驱成果的是岩田正美的研究（岩田，1995），她历史性地审视了针对居无定所的贫困群体的应对政策。战后逐渐确立的一般扶贫政策本该平等地对待所有国民，但这些政策却将包括露宿者在内的流浪者构建为特殊的贫困阶层，将其从国民中剔除了出去——岩田通过历史性地检视福利政策，查明了这一机制。大家最近才开始意识到，露宿者之外还有其他能够被称为流浪状态的情况，运用流浪者的广义概念进行的调查研究也逐渐开展起来，比如整理、概论了各种流离失所状态的《日本住宅会议白皮书》（「日本住宅会議の白書」，2004）和以曾经的露宿者摆脱露宿之后的生活为对象展开的大规模调查（彩虹联盟，2007；流浪者支援全国网络，2011）等。另外，在网咖过夜的年轻人也属于流浪形态的一种，以他们为对象的调查（厚生劳动省职业安定局，2007；大阪市立大学创造都市研究科釜崎支援机构，2008）也是厘清流浪者那难以看清的实际情况的尝试。

另一方面，可能是因为露宿者的能见度更高，只针对流浪者之中露宿者的研究产出的成果要多得多。特别是社会学中以日结工聚集地为对象的研究，在很早的阶段就开始论及露宿者了。所谓日结工聚集地，指集结了按日结算工资的劳动者的雇佣市场，有名的有大阪的釜崎、东京的山谷、横滨的寿町、名古屋的笹岛。特别大型的日结工聚集地周围，林立着被称为"Doya"（ドヤ）的简易住宿。日结工们结束工作后留宿在那些廉价旅馆里，就这样每天生活在附近。然而，因为受伤和病痛而无法工作的日结工会因为付不起住宿费而选择露宿，这种情况主要发生在工作减少的时期。因此，即使是处于泡沫经济巅峰的20世纪80年代，也能在日结工聚集地看到露宿者。

从那个时期开始聚焦于日结工聚集地并给之后的研

究方向带来巨大影响的重要著作之中，青木秀男值得一提（青木，1989）。青木批判了此前以日结工聚集地为对象的社会病态学和劳动经济学的研究，认为这些研究因为太想把握并解决日结工聚集地的问题，而将生活在那里的劳动者视为应该被优化的存在，强调他们的"低劣性"。他主张，我们不仅要把握并分析日结工聚集地的问题，还必须接近这些人群身处的生活意义，认识到聚集地劳动者在面对自身情况变化时的主体性。青木的研究视角，给以往为客观把握社会问题进而开出处方的聚集地研究带来了革新的转折。他指出我们应该摒弃的恰恰就是视日结工聚集地为社会病态的视角，因为这种看法追认并再次激发了歧视；与之相反，我们应将视线投向社会边缘化群体自身的意愿以及他们抵抗社会的模样。虽然青木当时主要关心的是聚集地的日结工劳动者，但他的研究对象也包括部分露宿者，因为露宿是一些高龄或患病的聚集地劳动者最终会走上的穷途末路。

然而，1991年泡沫经济崩溃之后，日结劳动的数量急剧减少，露宿不再是聚集地劳动者的临时状态或某种未来。在找工作的劳动者之中，将露宿作为常态的人也增加了。之后，萧条愈发严重，不仅是日结劳动者，常用雇佣者[1]之中也开始有人露宿，露宿者的身影越过了聚集地周边，开始在更广阔的都市区域中出现。伴随着这种情况，自20世纪90年代中期开始，大阪府和东京都等露宿者较多的自治城市各自开展了针对露宿者的对策和调查（都市生活研究会，2000；大阪市立大学都市环境问题研究会，2001；等等）。

2002年，国家在政策层面制定了最初的露宿者对策《流浪者自立支援法》。这是一部有效期为10年的法案，规定要给露宿者提供雇佣机会、职业训练以及住宿场所等。[2]在立法前后，大城市开始设置自立支援中心等以露宿者为对象的入住机构，让有工作能力的露宿者逗留数月，寻找工作。然而，即使开展了就业支援，在工作数量本身就在减少的趋势下，逗留期限已满却依然找不到工作的人也不在少数，有的人就算求职成功，工作也不稳定，也有人不得不重回露宿生活。纵然如此，支援

---

[1] 指虽并非日结但也不确定雇佣周期的劳动者。——译注
[2] 2012年是《流浪者自立支援法》制定后的第10年，当时决定将该法再延长5年。

中心也禁止大家二次使用，支援政策只是限量品而已。此外，这部《流浪者自立支援法》还明确规定当露宿者妨碍了公园等场所的恰当使用时"可采取必要的措施"。人们忧惧这条规定可能会成为强制驱逐的依据。尤其是该法案的基本方针将露宿者分为三类："有就业意愿但因没有工作而处于失业状态的人"，"需要医疗和福利等援助的人"，"逃避一般社会生活的人"。不接受政府准备的"自立"途径的人会被归入"逃避一般社会生活的人"，这种归类法被认为具有危险性，可能会把排斥行为正当化。虽然如此，这部法案制定以后，民间支援团体的参与还是急剧增加，领取生活保障的渠道也逐渐向露宿者开放。可以说，只要露宿者本人有意，通过这些渠道摆脱露宿生活的可能性更高了。

2003年，厚生劳动省开展了第一次全国露宿者实际生活情况调查（厚生劳动省，2003）。调查结果显示，全国露宿者的数量有25296人。通过这项调查，我们终于能够把握全国露宿者的人数和实际生活情况，这一点也反映在支援活动的应对方案之中。即使如此，露宿者的数量短期内也变化不大。但是从2005年左右开始，针对露宿者的政策开始正式起效，露宿者的数量转而减少。接下来，在2007年开展的第二次实际生活情况调查中，露宿者的数量为18564人，和第一次调查相比减少了约三成（厚生劳动省，2007a），到了2012年开展的第三次调查中，数量变为9576人，和第一次相比减少约六成。我们能从这一调查中进一步获悉，露宿者的平均年龄是59.3岁，四成以上都是从常用雇佣状态沦为露宿生活的（厚生劳动省，2012）。

2 流浪论中女性的存在

但是，上述围绕流浪者的议论，都将流浪者是男性作为不言自明的前提。根据2012年厚生劳动省开展的概数调查，目前大概可以确认的是，9576名露宿者之中只有307名女性，仅占全体人数的3.2%，[1]其余大部分都是单身男性（厚生劳动省，2012）。露宿者的数量有着如此压倒性的男女差距，显示出贫困的产生机制对男性和女性是不同的，并且与社会的性别结构密切相关。然而，以往的流浪者研究极少关注性别问题，并没有将性

---

[1] 大家推测实际上露宿者中的女性比例可能更高，因为女性为了躲避危险倾向于在难以被目击的场所露宿。再加上2012年厚生劳动省的概数调查中，有3.5%的人被记载为"性别不明"，人们认为其中可能包含一部分为了保护自己而隐藏性别的女性。然而，即便如此，女性的比例还是不到全部露宿者的一成。

别问题本身作为探讨对象加以充分考虑,反而对少数女性的存在睁一只眼闭一只眼,以流浪者都是男性为前提展开研究。

比如,各自治体与厚生劳动省进行的大规模露宿者调查中,为了掌握露宿者进入露宿生活之前的阶层变动情况而设置了对受访者职业经历变化的提问。完成学业之后最初就任的工作、最长从事的工作、露宿生活之前的最后一份工作——通过观察这些,来理解阶层"下降"的过程。然而,这个提问项目是以曾拥有职业的男性为模型来设计的,并不能了解女性的经历。因为对女性来说,不仅是本人的职业,伴侣的有无以及伴侣的职业也会在阶层下降过程中带来巨大影响。另外,这些调查在汇总数据上也没区分男女,关于女性我们所能知道的只有人数、有无伴侣等非常有限的项目。在厚生劳动省第二次露宿者调查的研讨会分析文件中,才初次公开了一部分项目里区分男女的汇总数据(关于流浪者实际情况的全国调查研讨会,2007),但关于女性露宿者我们所能得知的也只有平均年龄、年龄分布以及开始露宿生活之后是否在有屋顶的地方滞留过这三点罢了。

从厚生劳动省所做的概数调查中，我们能进一步得知不同地区的女性露宿者的比例：在有大量露宿者的大都市，露宿者的女性比例更低，比如大阪府1.9%、东京都2.9%、神奈川县2.9%；在地方城市，比例则有更高的倾向，比如岐阜县32.0%、长野县28.6%、德岛县25.0%等（表1）。因为地方城市的露宿者数量本身就少，当然，女性比例的可信度依然存疑，但是女性比例在大阪府和东京都等大都市更低依然有其原因。大都市有聚集地，住在聚集地的人一直以来都以男性日结工为主。

但上述这些调查，让占绝对多数的男性之外、生活状况更为艰难的女性流浪者的声音被淹没了。女性比男性更不易沦落至露宿生活的状态——人们有这种既定思维，却没有理解这种机制的内核。只以男性为前提的调查研究之中，不存在性别的视角，我们对女性流浪者的实际情况几乎一无所知。

若想了解女性流浪者，就得去参考那些不以全部流浪者为对象、只聚焦于女性的少数研究。在日本范围内，川原惠子从社会福利学的立场出发，整理了迄今为止的福利政策如何对待广义流浪状态下的女性（川原，

表1 各都道府县女性露宿者比例

都道府县	男	女	不详	总计	女性比例	都道府县	男	女	不详	总计	女性比例
北海道	52	9	10	71	12.7%	滋贺县	9	0	2	11	0.0%
青森县	3	0	0	3	0.0%	京都府	134	8	34	176	4.5%
岩手县	4	1	0	5	20.0%	大阪府	2366	47	4	2417	1.9%
宫城县	82	9	1	92	9.8%	兵库县	245	9	19	273	3.3%
秋田县	11	0	0	11	0.0%	奈良县	3	0	0	3	0.0%
山形县	4	0	0	4	0.0%	和歌山县	20	1	0	21	4.8%
福岛县	17	1	1	19	5.3%	鸟取县	3	0	0	3	0.0%
茨城县	31	4	9	44	9.1%	岛根县	-	-	-	-	-
栃木县	47	0	1	48	0.0%	冈山县	21	0	3	24	0.0%
群马县	58	2	2	62	3.2%	广岛县	81	9	0	90	10.0%
埼玉县	374	11	42	427	2.6%	山口县	6	0	0	6	0.0%
千叶县	325	17	13	355	4.8%	德岛县	3	1	0	4	25.0%
东京都	2299	69	0	2368	2.9%	香川县	16	0	0	16	0.0%
神奈川县	1431	44	34	1509	2.9%	爱媛县	22	0	2	24	0.0%
新潟县	5	1	0	6	16.7%	高知县	4	0	1	5	0.0%
富山县	14	0	0	14	0.0%	福冈县	395	16	12	423	3.8%
石川县	11	0	0	11	0.0%	佐贺县	10	0	1	11	0.0%

续表

都道府县	男	女	不详	总计	女性比例	都道府县	男	女	不详	总计	女性比例
福井县	1	0	0	1	0.0%	长崎县	7	0	0	7	0.0%
山梨县	18	0	4	22	0.0%	熊本县	44	3	2	49	6.1%
长野县	5	2	0	7	28.6%	大分县	18	1	1	20	5.0%
岐阜县	16	8	1	25	32.0%	宫崎县	6	0	0	6	0.0%
静冈县	149	9	24	182	4.9%	鹿儿岛县	39	2	0	41	4.9%
爱知县	401	17	100	518	3.3%	冲绳县	88	1	14	103	1.0%
三重县	35	2	2	39	5.1%	总计	8933	304	339	9576	3.2%

*出处：根据厚生劳动省（2021）制表

第一章　着眼于女性流浪者的民族志　　15

2005；2008；2011；等等）。此外也有关于女性露宿者的研究：文贞实考察了女性最终过上露宿生活的过程和女性露宿者被赋予的结构性位置（文，2003；2006）；麦仓哲在长期帮助一位女性露宿者的同时，细致地记述了要维持居宅生活时面临的难题（麦仓，2006）。在研究之外，还有在山谷的福利机构常年担任咨询员的宫下忠子所写的非虚构作品（宫下，2008），在这本可读性很强的书中，她讲述了与女性露宿者之间的交流。长期生活在代代木公园的艺术家市村美佐子则基于女性露宿者的实际生活情况以及缔结伙伴关系的实践经验，以当事人的立场提出了关于劳动意义和如何理解"女性性"的重要议题（市村，2006；2008a；2008b；2009；等等）。在这一过程中，关于女性流浪者的记述在日本也逐渐有了积累，[1]但是，要把握女性流浪者的实际生活情况和制造出这一现状的机制，眼下这些文本的质与量都不够充分。

---

[1] 此外还有野依智子的调查，她观察到"作为主要收入来源的男性模型"已经被构建到社会结构之中，并通过采访女性和年轻露宿者来观察那些被排除在这一模型之外的人成为流浪者的过程（野依，2011）。

即使是在北美和欧洲的发达国家，流浪者中也是男性占大半，其研究也几乎都以男性为中心。然而，这些国家的"流浪者"概念比日本更宽泛，总人数也更多，研究也是从20世纪60年代就开始积累，以女性为对象的研究也比日本多得多，关于这一点我之后会详述。这些研究有个特征，即大半都以在庇护所中生活的女性为对象（Russell, 1991; Waterson, 1999; Bridgeman, 2003; Williams, 2003）。原因可能在于，欧美的流浪者定义一般包含居住在庇护所的人，而女性相比男性更倾向于进入庇护所，又因为女性流浪者会聚集在庇护所，所以更方便调查。其中一大成果是艾略特·列堡（Elliot Liebow）的研究，也已经被翻译为日语。列堡用民族志的方式描绘了女性流浪者在庇护所的日常生活（Liebow, 1993-1999）。虽然女性露宿者本身比较少，几乎找不到以她们为对象的研究，但以地理学者为中心、关于空间使用的研究已经展开（Rowe and Wolch, 1990; May, Cloke and Johnsen, 2007; Huey and Berndt, 2008）。

还有一些研究带来了一些意味深长的成果，与本书也有联系：比如，基于定量调查的研究（Burt and

Cohen, 1989）显示了男性和女性流浪者的不同特征，比起男性，女性有更多的婚史和更高比例的精神疾病等；[1]还有研究（Watson and Austerberry, 1986; Watson, 1999; Edgar and Doherty, 2001）洞察到，在住宅市场和福利政策中所见的理想家庭观念和女性形象，对女性被迫成为流浪者的机制具有重大影响，并指出日本也有相同的倾向。美国的人类学者乔安妮·帕萨罗（Joanne Passaro）的研究（Passaro, 1996）以为何很少在路边见到女性流浪者的设问为起点，进行了采访和政策分析，对比并考察了男性流浪者和女性流浪者、露宿街头的女性和居住在庇护所的女性的差异，本书也沿袭了其中的许多问题意识。

但是，我们会发现，除却极少数如帕萨罗那样质问"女性露宿者为何这么少"的研究以外，关于女性流

---

[1] 玛莎·伯特（Martha Burt）和芭芭拉·科恩（Barbara Cohen）在调查时采访了庇护所和施食处的1700名流浪者，其中73%是单身男性，9%是单身女性，9%是母子流浪者。流浪者有其性别特征，男性更倾向于过露宿生活，女性更倾向于进入庇护所。另外女性中的很多都不是白人，且流浪时间较男性更短。教育水平最高的是单身女性，最低的则是带着孩子的女性。另外还有一些特点，比如女性中有婚史、精神疾患的比例更高，男性中则是有入狱经历的比例更高（Burt and Cohen, 1989）。

浪者的研究基本都缺乏女性主义所提倡的重要视角。正如女性主义研究者琼·斯科特（Joan Scott）所言，"女性相关的研究并不止步于仅仅追加新的研究主题，还必须批判性地审视现有的研究领域所遵循的前提和基准"（Scott, 1999-2004: 75）。所谓女性流浪者的相关研究，并不是把过去针对男性流浪者所做的调查以同样的方式在女性身上复刻一遍。因为过去的研究，从调查和分析的方法来看，都默认以男性为前提来设计，并不能原原本本适用于女性，女性不一定会像许多男性那样出卖劳动力，因此她们所需的社会保障制度也和男性大有不同。就流浪者的定义而言，过去一般指露宿者，但比起露宿者，女性更容易成为隐性的流浪者，这一点已经在欧美的研究中被指出，如果要将女性纳入视野，就必须采用更加宽泛的定义。这类关注女性流浪者的研究，并非只用将女性作为研究对象，而是必须要从根本上重新质疑以男性为中心建构的流浪者研究整体。欧美很早就确认女性流浪者占据了一定的比例，因此形成了只以女性为对象的流浪者研究语境。对与欧美情况不同的日本而言，这种对研究整体的质疑必不可少。

通过研究女性流浪者的问题，我们能给所有以男性为中心形成的流浪者研究带来何种新视野呢？它能促使我们重新探讨流浪者的定义以及调查项目的设定等实操方面的事务，更进一步来说，它触及过去的研究中更为认识论层面的问题。换言之，迄今为止的研究之所以没有处理女性问题，不仅是因为女性流浪者数量少，还因为研究所立足的基础存在根本性问题。即，关注流浪者主体性及抵抗行为的研究视点本身就是以男性为前提而设立的，其中已经包含排斥女性的因素。

3 抵抗的主体与女性排斥

露宿者数量刚开始急剧增长的时候，其中的大多数人都在聚集地有过日结劳动的经历。因此，聚集地研究一边维持青木所提出的研究视角——从被排斥的日结劳动者的视点重新诘问现代社会——一边将研究的对象从日结劳动者切换到了露宿者身上。

此后，社会学中的露宿者研究也沿袭了这一视角。比如，中根光敏认为，着眼于露宿者的"主观感受"和"个人层面的抵抗"能对抗试图排斥露宿者的社会意识形态，带来社会变革（中根，2001：16—17）。他关注过去在新宿站描绘生动画作的纸板屋群体，认为这明确说明即使露宿生活有许多艰辛，"生活者们也更想过露宿生活，这种日子总比被政府之手隔离、收容要好"

(中根，1999：92）。中根希望基于露宿者主体意识的社会抵抗能成为这种变革的重要起点。另一方面，也有立场认为，即使当事人没有明确的抵抗意识，通过着眼于弱者的糊口手段也能够把握跳出社会规则的弱者的主观感受。通过关注露宿者在困难日常中的"生存战略"，山口惠子强调了露宿者的主体性和创造性，认为他们重新定义了强制的约束规定，从中找到了都市对抗国家的可能性（山口，1998）。

此外还有一种见地，认为经过长期实践的生活习惯有可能超脱本人的意愿成为抵抗的基础。妻木进吾论述，不愿践行行政组织给出的"自立"路线而继续露宿的人会被定性为"逃避社会生活者"，但很多时候并非如此。相反，定量研究表明，通过劳动自力更生的公民社会价值观已根植于一种固定的生活模式之中，露宿者的本意也是想要"在不麻烦任何人的情况下靠自己活着"，结果却反而可能导致露宿现象作为"对生活结构的抵抗"继续存续（妻木，2003）。妻木的指摘很重要，它显示出露宿者其实并非偏离公民社会价值观的"他者"。

但妻木也指出，当通过劳动自力更生的价值在生活中被结构化时，他所假设的露宿者的前露宿生活特指聚集地劳动者的生活。这种通过劳动自力更生的露宿者形象，恰恰是以男性为前提创造的。但是，在露宿者之中也存在不工作的人和少数女性。在这种情况下，如果依然主张露宿者是靠工作来自立的，那么为了对抗排斥露宿者的视点所提出的主张，就会再次排斥那些在露宿者中被进一步边缘化的人们。

妻木、中根和山口等研究者试图关注露宿者主体性带来的抵抗，他们的立场也存在相同的问题。之所以这样说，是因为他们所设想的是一种主体形象，基于一以贯之的自立意识来合理选择自己的行动。但是，研究者在探明露宿者的生活世界的实际情况之前，就预先设想了自立的主体，并在他们的露宿生活之中寻找变革的意愿和抵抗。这种研究方式不仅忽视了关系性中的多种主体样态，还在人们——这些人有时露宿，有时在福利机构中度过无家可归的时光，还会在两种状态之间反复——偶然发生的一系列生活实践过程中单单截取了露宿的场景来研究。

过往研究认为露宿者是应该被优化的客体，而上述抵抗社会、自力更生的露宿者形象则因为批判了过往研究而得到了提倡。我们确实需要重申这一重要意义。但是，要么是被结构规定的客体形象，要么是被提倡为对抗者的自立的主体形象——这种只能二选一的看法无法看清所有现实。同样的问题不仅存在于流浪者研究，也存在于女性流浪者和与之相关的底层女性的研究之中。

4 女性流浪者在女性主义研究中的位置

如前所述,以女性为对象的流浪者研究极度稀少。然而,也有一系列研究通过将流浪广义地理解为居无定所,得以将因没有住处而暂居福利机构的人也纳入流浪者之中进行考量。这些以使用福利制度的女性为对象的研究被称为"女性福利",是社会福利学中的一个分支。

引领女性福利研究的林千代作出说明,"女性福利"就是"分析那些基于女性性别而威胁到生活的多重歧视,探讨支援女性的策略,同时以确立女性的人权为目标"(林,2008:190)。她的问题意识中透着一股焦虑,因为福利制度将儿童、高龄人士和残障人士等群体分门别类地进行"垂直分割管理",却没有将性别歧视的社会结构制造出的"女性问题"视为共通问题。于是,她将性交易问题作为自己研究的出发点，将一直针对性交易出台福利政策的妇女保障事业置于核心，提倡必须确立新的"女性福利法"来综合应对"女性问题"。因为女性流浪者之中也有不少参与性产业的人，再加上无家可归的女性流浪者在使用福利制度时经常使用"妇女保障事业"[1]，所以女性福利研究的对象也包含了女性流浪者。

关于自己研究的出发点——性交易，林作出了以下论述："性交易，让金钱介入了性的交流，否定了最反映人性的性、包含精神因素在内的相互融合以及触及双方人格的性关系……可以说，这是一种人格受损的状态……卖春，虽然产生了交换价值，却不是劳动，也无法称其为职业。"（林，1990:9）关于卖春女性的意愿，林进一步论及："将女性逼到卖春这一步的，是社会结构造成的'无职、无钱、无居'的状况……因为女性自己都说了是自愿，所以肯定是真的——能这样拍胸脯

---

[1] 指在根据《防止卖春法》《防止配偶暴力和保护受害人法》对遭受侵害的妇女进行保护的一系列行政措施。——编注

把话说死的人脑回路实在太短了,丢失了全面的视野。因为本人的意愿也可能是某些迫不得已的结果。"(林,1990:10)总之,对林而言,弥漫着女性歧视的社会结构所制造的卖春都是"某些迫不得已的结果",她不认可卖春女性本人的意愿和主体性。林等研究者主张将卖春理解为"逼迫女性服从的社会结构所生产出来的性奴隶"——这类围绕卖春的讨论被称为"人权派"。

然而,虽然女性福利理论的原意是着眼于女性主义关注的人权侵害和性别歧视并试图从中解放女性,却最终错误地定义了女性福利的对象——"女性"。"女性的性"是女性福利理论的基础,根据林的说明,"从生物学的角度来说","女性的性,就是怀孕、生产的生命历程"(林,2008:191)。但恰恰是这个"生物学意义上的女性的性"——而且这里的"性"到底指的是"sex"还是"sexuality"也不清楚[1]——才是被社会性构建出来

---

[1] "sex""gender""sexuality"三个词一般分别被翻译为"性""性别""性存在"。"性"通常指基于生物学的生理性别;"性别"指根植于文化的社会性别;"性存在"包含与性相关的各种行为,包括性别认同、取向、态度和活动等。——译注

的，20世纪90年代之后的女性主义研究早就揭露了这一点。这些女性主义研究指出，文化和社会一直以来都在生产这样一种想法——"男性"和"女性"可以在生物学上被一分为二，并且只有男女在家庭中以生育为目的的性行为才是正当的。这种女性主义理论诞生的背景是性少数研究的兴盛，现在已经不能单纯地将"生物学意义上的女性的性"视为铁板一块了。而女性福利却无条件地接受了"生物学意义上的女性的性"，并试图基于这种"性"来构想应对歧视的政策，这违背了当时的理论倾向，将女性统一视为需要保护的存在的同时也制造了针对她们的排斥。

这一点在以下论述中得到了明确的体现，林在其中谈及女性流浪者，并阐述了自己对女性福利的立场。"今年春天，朋友们邀请我去隅田川边的蓝色帐篷村走走。朋友告诉我：'流浪女性没办法独自生存。她们必须和男性共同生活。'这又让我想起了自己的问题意识：为什么女性流浪者这么少？男性的流浪过程和女性的流浪过程是否有差异？这句话说明了一切。女性并非一定具有依存性，或缺乏自立性，她们这样做，是在本能地回避身为女性容易在性方面遭遇的危险。我的女性福利研究，就是从这里出发的。"（林、堀，2000：269）林原原本本地接受了主流的性存在，陷入了本质主义的窠臼，认为女性就是会"本能地回避性方面的危险"。其结果便是，她只看到女性露宿者都是和男性共同生活的，并认为"这句话说明了一切"，而看不到其中有三至四成单身女性露宿者[1]及性少数群体[2]。她没有意识到，自己这样做就相当于视后者为不具备"回避性方面危险的本能"。正是因为女性福利认为一切都是强制性的结果，并将卖春置于理论的中心，才会采统一保护的方式对待女性，将一切都归结为以性为基础的支配关系，将女性固定在从属地位上，同时将男性和无法受到福利

---

[1] 根据《路上生活者实态调查》（都市生活研究会，2000），每14名女性露宿者中就有4名单身人士（29%），和友人、熟人同居的有2人（14%），和配偶、家人同居的有8人（57%）；根据《露宿生活者（流浪者）相关的综合调查研究报告书》（大阪市立大学都市环境问题研究会，2001），每20名女性中就有7名单身人士（35%），和友人、熟人同居的有1人（5%），和配偶、家人同居的有12人（60%）。

[2] 在我过去遇到过的女性露宿者之中，也有因为在日朝鲜人和女同性恋身份而一直游走在社会边缘的例子。她后来入住的福利机构是一家专门面向女性的机构，那里的工作人员曾经头疼不已，因为像她这样的性少数群体的入住人数达到了一定比例，工作人员不知道该如何应对。

第一章　着眼于女性流浪者的民族志

保障的女性驱逐到视野之外。

另一方面，起源于性产业劳动者运动的性工作理论则反对林这种将卖春视为强制性结果的立场。这些被称为"权利派"的研究者认为，对除了性劳动之外没有糊口手段的人而言，卖春是谋生手段，既然无法立刻改变迫使人们卖春的社会结构，那就不能仅凭禁止卖春来解决问题。此外，还出现了一些性工作者当事人，主张自己当时其实有从事性产业之外的选项，但依然基于本人的自由意志选择了性劳动。对当事人而言不适的点在于，卖春被当成了一种犯罪。只要卖春依然是一种犯罪，那么即使劳动现场出现暴力行为，性劳动者也会因为害怕被处罚而无法提起诉讼。为此，"权利派"把卖春视作劳动，试图通过卖春的去犯罪化来改善劳动条件，主张性工作者作为劳动者的权利。

但是，部分"权利派"会对否定卖春的人们说："归根结底，你们也只是在凭个人喜恶否定卖春罢了。但你们有什么权利干涉那些喜欢性交易的人呢。"（松泽等，2000：344）由此可见，"权利派"之中也存在将他人影响和干涉排除在性交易决定之外的言论。这些主张最初被提出时，是为了抵抗对性工作者主体性的否定。当事人主张，卖春依然存在，许多人正在从事这一行，所以应该努力消除性交易中的暴力、酬劳拖欠以及剥削等问题，相信不论是谁，都会认可这些主张的迫切性和重要性。然而，过度强调与他人脱节的自我，可能会掩盖"我的意愿"中不易识别、相互矛盾且依赖他人的部分，将这一切通通归结为个人的自由意志作出的选择。[1]

从流浪者研究中也能看出，"人权派"和"权利派"围绕性交易所展开的这一争论和围绕人类形象的两种看法有着相似的架构。将人视作被结构所规定的客体形象，并不能体现行动者的自身意愿及改变处境的可能性。然而，与之抗衡的自立的主体形象也会将一些部分排除在视线之外。上述两种对立的看法深深影响了过去的流浪者研究，本书将结合流浪女性的日常生活，具体探讨这些研究方法到底忽视了什么。本书想关注的重点是朱迪斯·巴特勒（Judith Butler）针对主体这一概念所

---

[1] 也有像青山薰（2007）那样的研究，将围绕卖春的"人权派"和"权利派"双方的探讨衔接起来。

提出的问题,她曾经理论性地、透彻地探究了生物学性别差异(sex)的社会结构性(Butler, 1990)。

5 后结构主义的性别与主体

巴特勒的研究因促进了性别概念的革新而为人称道。在此之前的性别概念，被构建为社会性的"男性特质"和"女性特质"，这种构建反映了被两极分化为"男"与"女"的生物学性别差异（sex）。然而，以巴特勒为代表的后结构主义性别研究认为，并非是性规定了性别，而是性别规定了性。也就是说，性的概念，让大家将形形色色的身体性差异，理解为两极化的"男"与"女"这种生物学性别差异，而这一性的概念恰恰是社会性结构的产物。在她的理解中，这里的性并不具备身体和人格的实体，而是话语产生的作用，是话语赋予了身体和人格以意义。

巴特勒在性别研究领域中确立了关注话语作用的后

结构主义视点。她所质疑的，是确定的、固化的女性主体的存在本身。据巴特勒所言，性别是一种赋予意义的实践，是在文化层面不断地、重复地运作人们能够理解的规则，在这种赋予意义的实践之前，主体是不存在的，主体是被赋予意义的实践所生产出来的，是后者的成效。如果主体存在于话语实践之前，那就可以理解为，主体可以选择服从或不服从"这样或那样的性别"话语，但性别并不是以这种方式被选择和获得的。

巴特勒采用了主体性（agency）的概念来替代主体。在日语中，"agency"一词被译为"行为体""行为遂行体""行为媒体"等，意为由言语所形成并且使用言语的媒体。并不是主体在讲述言语，而是主体性的话语实践在事后析出了一种能在文化上被理解的主体。主体性所能用来进行话语实践的言语资源，是在社会性的世界中广泛流传的诸多话语。巴特勒认为，在执行话语实践的场域中，虽然人们只能从那些被预先限制的目录中"引用"别人的说辞，但言语仍有被误用和滥用的可能性。她考虑到，通过误用和滥用，我们不再仅由言语所决定，而是有可能不断变革言语的使用本身。

总而言之，巴特勒通过导入主体性这一话语实践的媒体概念——既不是完全的能动性，也不是完全的被动性——获得了另一重视点，用以把握既被结构规定又作用于结构的实践过程。

在日本，最早将这种后结构主义的性别研究视点纳入实证研究的，是教育社会学的一系列研究，这些研究探讨了孩子的性别化过程（西躰，1998；中西，2004；片田，2006；等）。比如，片田孙朝日提出，过去的研究认为孩子会内化性别角色。但是，用本质主义的想法预设性别是二元对立的，并且认为孩子是被性别给社会化了的被动存在，恐怕会强化性别的刻板印象。相反，后结构主义的视点将性别视为一种过程，在这一过程中，是孩子自身通过参照性别范畴的实践，不断构建了性别主体与权力关系。也就是说，性别并不会作为某个时间节点上获取的知识与形成的人格而固化，性别是一个不断变化的过程。这一视角，可以用来观察流动性的、语境性的实践，还有主体和权力构造的多样性（片田，2006）。

本书也将采用这种视点，在逐个观察流浪女性生活的第四章之后，将基本不再以性别为既定前提来展开，也就是说，不预设被二元分化为"男"与"女"的性别范畴。相反，本书将把性别视为在运用性别范畴的各种语境下展开的话语实践，用以观察相互行为中，性别范畴是如何被提出和使用的。本书还会将女性流浪者作为主体性的实践者来考察，她们一直在与运用性别范畴提出"女性特质"的众多规范进行交涉。在此过程中，本书试图校准女性流浪者使用或重新定义其"女性特质"的实践过程。

通过采取这一视点，我们能看到什么呢？为了讨论这一点，我想先介绍一下美国人类学家乔安妮·帕萨罗的研究，她所进行的关于流浪者和性别的研究意味深长。因为，帕萨罗虽然赞赏巴特勒的性别研究视角是一个"强有力的分析视角"（Passaro, 1996: 11），但她似乎无法将其完全纳入自己的论述。

帕萨罗关注到美国流浪者之中黑人男性居多的现象。她认为，持续在流浪的总是特定的性别和种族，这取决于"社会福利的法律制度、福利机构职员的评估实践以及决定哪些流浪者值得收获税金和同情的日常评估实践"，其中反映了有关性别和种族的刻板印象。因此，对于不得不仰赖公共支援和公众同情的流浪者而言，不遵从主流的性别角色会很危险。

帕萨罗采访了近400位流浪者，探讨了男性与女性的差异。她得出结论，因为女性流浪者有着男性所没有的福利选择，所以相对于不得不露宿街头的男性，女性只要能够体现"理想"的女性形象，就能够生存下去。虽然女性有自己的福利制度，但女性流浪者之中"还是有维持露宿街头的人，因为这些女性背弃了性别。也就是说，她们对受到保护、再次建立有害的家庭、接受当局的庇护和家长主义持谨慎态度"（Passaro, 1996: 63）。换句话说，帕萨罗将维持露宿生活的女性与接受福利保护的女性之间的差异，解释为对主流女性角色顺从与否的差异。

不同于后结构主义的视点，此处对性别采用了本质主义的理解方式。性别被视为埋藏于福利制度体系之中的静态规范，即一种人的永恒属性。因此，帕萨罗将使用福利制度的女性与不使用福利制度的女性之间的区别理解为"她们是否具有身份认同，以令自身能够按照主流性别规范行事"。优先展示男性与女性流浪者之间的差异，并不能反映女性流浪者个体之间的差异，以及流落街头的女性露宿者所面临的具体困难。即使是在女性流浪者之中，她们的性别认同也存在巨大的个体差异，且并不总是一致。帕萨罗忽略了这一点，将露宿的女性视为"性变态"。虽然这是为数不多关注流浪女性的重要研究，但是帕萨罗还是将不使用福利制度、持续露宿的女性露宿者视为例外，再一次将她们排斥在了理解范围之外。

事实上，正如帕萨罗所言，福利制度是一种优待近代家庭的形式，因为近代家庭会进行性别角色的分工；福利制度还体现为一种规范体系，来引导女性遵从主流的女性角色，只要女性想要使用福利制度，就无法逃离这种规范。但是，在个别制度被运用的实际场合，这种规范体系并非总能影响个别女性的人生，自治体和社会工作者的裁量也很关键。于是，不同场合下导向也会各不相同，性别不过是大家希望女性遵从的几项规范中的一项罢了，拿性别举例的这些规范，也会根据不同的制度使用者、时代和地域而有所变化。须藤八千代探讨了何为蕴藏在社会福利制度之中的理想女性形象,还区分了福利制度的存在和其在现实中被实施时的实操情况,她提出,有必要关注实操情况,即在福祉事务所进行咨询时的双方行为(须藤,2000:97)。每一个想要使用福利制度的女性流浪者,都会以接受某种期待作为交换。大家期待的到底是什么?为了查明这一点,我们不仅要观察深埋于制度体系中的规范,还必须具体观察这些规范被行使时的情况。

后结构主义的性别研究视点聚焦于这些具体场景,并且将性别视为在这些具体场景之中展开的话语实践。也就是说,我们不必将福利制度中包含的理想女性形象视为单一的形象,而是有必要观察,在理想女性形象被提出的每一个具体实操情境之中,性别范畴是如何被使用的。通过这种视点,可以捕捉因时而异的、不一定贯彻始终的性别样态,即同一个人并不总是拥有固定的性别认同。这也意味着不将女性看作拥有共通性的集体,而将其视为各有差异的存在。对于本书这样旨在描绘每一个女性流浪者不同的性别样态和独特生命历程的民族志而言,这是一种恰当的方法。除此之外,本书为了不在女性流浪者中制造进一步的排斥，还以指出过去的流浪者研究对女性的排斥为出发点，采用了能处理个体生命历程的性别视点。这是立足于本书的出发点、与本书主干相关的必然设定。

这种设定还体现在别的方面。女性流浪者的行为是被结构所规定的吗？还是出于主体对结构的抵抗？比起从身为他者的研究者立场出发作出解释，或进行二选一的生搬硬套，本书更想重视行为被结构规定，而这些被规定的行为又反过来改变结构的可能性，来仔细审视使女性成为流浪者的诸多社会结构条件，以及在这些限制条件"被选择"的女性个体行为的内在逻辑。通过这些调查方法，本书将具体探讨，以自立主体为前提的过去的流浪者研究忽视了什么，为何这些忽视会导致女性流浪者被排除在研究对象之外，并且将女性的生活视为有时间跨度的过程来观察。

6 调查方法

在进入正式的论述之前，我想先交待本书的基本调查方法。关于女性流浪者，本书将进行四种类型的调查。

第一，采访那些与女性流浪者会使用的福利制度有关的专业人士。在东京都和大阪府，我会以福利从业人员（社工、女性咨询师）和妇女机构职员为对象，询问制度的运作和实施情况。

第二，将使用福利制度的女性列为调查对象。本书的研究对象不仅有女性露宿者，还广泛地涉及了流离失所的女性流浪者。在这些研究对象之中，我选择了女性暂住的福利机构之一——位于东京都内的A住宿处，进行参与性的观察和采访。

A住宿处原本是一家非盈利组织（NPO），是被称为免费廉价住宿处[1]的福利机构，起着支援露宿者、给生活贫困者提供住处的作用。我是从2002年开始调查的，A住宿处是当时为数不多的、明确宣称支援女性流浪者的机构之一。我拜托运营的NPO，让我住在机构里担任志愿者。时间从2002年底到2003年初，为期两周。那时，我在住宿处的身份虽然是一名"借宿人"——既不是使用者也不是工作人员，但由于可以自由进出只有工作人员才能进入的办公室，我感觉机构使用者还是会把我理解为一个身份接近工作人员的人。此后，从2003年1月起的9个月里，我被聘为兼职雇员，每月工作几次，同时进行参与性观察。因此，算上担任志愿者的时间，我在A住宿处的调查期间共计10个月左右。2003年7月，我对15名住宿处使用者进行了单独采访，每人1至3小时。这些采访与平时边工作边做的参

---

[1] 所谓免费廉价住宿处（無料低額住宿処），是指免费或低价提供住处给低收入人群的第二类社会福利事业的机构。这类机构只要提交申请就能较为简单地启动，因此以NPO为主的各类团体都在近年纷纷开设免费廉价住宿处。

与性观察不同，是边做记录边进行的，在得到许可的情况下还录了音。

第三，在调查A住宿处的同时，我还在东京都内的B公园做了参与性观察和采访。B公园有女性露宿者的支援组织，我参加了几次组织的集会之后，拜访了在那里相识的女性露宿者。从2003年1月开始的10个月里，我断断续续地前往该公园。当我开始能以个人身份拜访她们并且和她们缔结了友谊时，我说明了调查的主旨，取得了一些女性的理解，聆听了她们的故事。我在B公园认识的露宿者有时也会给我介绍其他女性露宿者。2003年9月，我住进了生活在B公园的女性露宿者的帐篷中，和她们共度了一周。

由于采用了这种研究方法，我所能接触到的B公园中的女性露宿者，仅限于那些已经在帐篷中安顿下来，并与露宿者支援团体及其他露宿者建立了人际关系的人。露宿者的生活方式主要分为两种类型：一种是住在公园或河岸区域的帐篷或小屋中的定居型生活方式，另一种是每晚在车站或路边找地方睡觉，早上再收拾离

第一章　着眼于女性流浪者的民族志

开的流浪型生活方式[1]——两种生活方式及人际关系的缔结方式都有很大不同。在我2003年进行研究时，约有250名露宿者在公园扎了帐篷安顿下来，除此之外也有不少人过着流浪型生活，只在施食时间和晚上才来公园，我无法与这些过着流浪型生活的女性露宿者建立联系。

2003年在B公园的调查之后，因为东京都的"地域生活转移支援事业"[2]，帐篷的数量锐减，露宿生活的情况也今非昔比。不仅是B公园，目前露宿者能够搭建帐篷和小屋用以定居的场所在都市空间中越来越少了。露宿者的生活会受到时期和环境等外在因素的强烈影响，本书的记述自然也不能展现女性露宿者的普遍生活。虽然许多采访夹杂在杂谈之中，但关于生活史的部分，我另外安排时间对每个人分别进行了2至10次采访。大多数叙述都是在征得同意的情况下进行录音，但其中也包

---

[1] 也有折中了定居型和流浪型的生活方式，即白天整理睡觉的场所，只在那里留下行李，夜晚再回到固定的场所睡觉。
[2] 东京都于2004年开始的行政措施。为了减少帐篷数量，政府租下空置房间并以2年3000日元的价格借给露宿者，促使其经济独立，不过对象范围仅限于在都内指定的公园里搭帐篷生活的露宿者。

帐篷林立的B公园

括部分事后靠回忆写下的笔记。

　　第四，我一边在女性露宿者的支援团体活动中发挥核心作用，一边展开调查。这个团体是女性露宿者和从事露宿者支援的女性们于2003年在大阪结成的。此团体提出了一个具体的目标，即改善露宿者支援活动排斥女性露宿者的普遍情况。团体以每月一次的集会为主轴，让大家能够互相倾诉近况与烦恼，并开展一系列活动，比如从事外联社会工作、少量借款，以及响应大家的需求帮助申请生活保障。另外，即使一些女性露宿者结束了露宿生活，又从机构生活转移到了家宅生活，支援团体还是会帮助她们完成日常生活需要的手续，为她们设置交流的场所。我一边以支援者的身份参与这些活动，一边记述着我的见闻。

关于在团体中的基本定位，我认为自己与其说是调查者，不如说是支援者。因此，有时我也会超越单纯的观察，介入女性们的生活，对她们的生活和行动产生很大的影响。从这一点来看，虽然都是以露宿者为研究对象，但这一次和我在B公园采取调查者立场的接触方式不同，最后能够缔结的关系，其性质也不同。不过，即使是在这个团体中，我也会一直告诉大家我正在做女性流浪者相关的调查研究，在进行个别访谈时，也会事先说明调查目的，征得她们的同意，并在她们许可的情况下录音。另外，所有人都将以匿名的方式出现在书中。在采访资料中，我会用【】来表示调查者的发言，用……来表示省略。

7 本书的结构

接下来我想简单介绍本书的结构。在第二章中，为了进一步阐述女性流浪者的相关理论，我会先概述日本的情况。首先，本书所使用的"流浪者"一词是参照欧美的研究来定义的，为何女性更容易成为"隐性流浪者"而非露宿者呢？我将从劳动市场和社会福利制度的样态出发来说明这个问题。接着，我将从33名女性流浪者的生活史来探讨女性成为流浪者并被排斥的过程，将其特征与男性流浪者进行对比。

在第三章中，我将以大阪府为案例，历史性地探讨从20世纪初的社会福利事业成立期直至今日，女性在扶贫政策之中遭到了何等待遇。贫困女性在传统上只能作为卖春妇或单身母亲被监护起来，这一体制一直持续至今。

在第四章，通过调查女性流浪者生活的福利机构之一、位于东京都内的A住宿处，我探讨了女性使用福利制度之时，会被要求服从的规范到底是什么。正如我在第三章中的分析，以贫困女性为对象的福利制度，是作为承袭近代家庭规范的体系而存在的。然而，女性并不会按部就班地接受这些规范，在每一个场景中，女性总是不断地和这些规范拉扯。我将把这一具体的过程置于实际的福利机构运用场景中来观察。

从第五章开始，我将聚焦女性露宿者生活的实际情况。我将着重记述东京都内B公园中的女性露宿者的生活样态：她们如何确保衣食和住宿？在男性居多的公园中经历着什么样的生活不便？她们有着什么样的人际关系？

第六章以B公园的女性露宿者为例，具体描绘以往的露宿者研究对女性的排斥以及被忽视的露宿者实践。我检视了女性露宿者们对露宿生活的定义，在此基础之上，着眼于她们在持续露宿和摆脱露宿生活之间作出决定的情境。基于此，我在具体的情境之中，探讨了迄今为止以男性为中心的露宿者研究到底忽视了什么。

第七章观察了大阪市内的女性露宿者支援团体。在我参与并开展支援工作的漫长时期，女性露宿者的生活样态也在变化，与之相伴，她们选择是否要继续露宿的"意愿"也在变化。本章通过观察其变化的过程探讨了，设想出一个拥有自由意志的主体将会使得哪些实践被无视。

第八章将以卡罗尔·吉利根（Carol Gilligan）的"关怀伦理"理论为主轴，梳理着眼于抵抗和主体性的研究视角为何会导致女性被排斥，这一视角长期以来忽视了什么。我会提及对截至目前的讨论的总结、正在不断扩散的女性贫困的实际情况，以及相对应的政策课题。

第二章

身为女性流浪者

1 被隐藏的女性流浪者

说到流浪者，大家最常想到的都是中老年男性的形象。虽然数量很少，但女性流浪者同样存在。其数量仅占全部流浪者的3.2%（厚生劳动省，2012），而且女性为了避免危险，往往会东躲西藏地生活，所以不太能被看到，估算数目可能会低于实际情况。

可是，为什么女性流浪者的数目会压倒性地少于男性呢？目前为止的研究，将流浪者都是男性视为理所当然的前提，因此没有人质问过这一点。女性流浪者的存在本身几乎没有被提及过，也不清楚这些女性是否有其独有的特征。

本章将采用与男性进行对比的方式来研究女性流浪者。虽然女性更容易陷入贫困，但街边出现的流浪者大半都是男性，我会考察出现这种现象的原因。接下来，我想要列举具体事例来探讨女性流浪者的特征，以及她们被逼至流浪的过程，来考察只针对女性运作的社会排斥模式。

1-1 发达国家的流浪者

20世纪90年代初，随着泡沫经济的结束，流浪者的身影开始频繁地出现在日本。然而，在许多其他发达国家，如北美和欧洲，早就有了流浪者增加的问题。

比如在美国的20世纪50至60年代，大部分流浪者都是白人高龄单身男性，他们中的许多人集中住在被称为贫民窟（skid row）的日结劳动者聚集地。当时，流浪者的平均年龄接近50岁，白人占了90%以上，女性的比例仅占3%（Bogue, 1963），接近20世纪90年代中期日本流浪者的情况。然而，20世纪70年代中期之后，美国流浪者的数量开始爆发性增长，流浪者的身影蔓延出贫民窟周边，出现在了更大范围的都市空间之中。这段时期增长的流浪者被称为"新流浪者"（Rossi, 1989），有着不同于之前流浪者的特征。新流浪者是20至30岁、以黑人为主的少数族裔以及女性。这一身份的流浪者开始占据较大比重，从质上改变了这一群体。自那以后，女性流浪者的增加占到了整个增加量的三成（Urban Institute et al., 1999）左右。最近几年，日本的年轻人和女性流浪者数量也增加了（生田，2007：81），从中可以看到日本与欧美经历着相同的变化迹象。

然而，相较于日本，其他发达国家的女性流浪者之所以比例更高，是因为双方对流浪者的定义不同，而不是因为欧美各国露宿街头的女性真的更多。在日本，人们认为流浪者一词一般指露宿街头的人。《流浪者自立支援法》也将流浪者仅仅定义为露宿者，并称"所谓'流浪者'就是无故将城市公园、河川、路边、车站等设施作为生活起居场所，经营日常生活的人"。但是，如果照字面意思将"流浪"解释为"无家"，就可以将露宿生活之外的各种情况也纳入考量。比如在网咖和快餐店过夜的人就是典型例子。而在欧美各国，流浪者一词一般来说也常常包含处于前述状态的人。换言之，欧美对流浪者的定义要比日本宽泛。

本书的重点是要拓宽流浪者的研究对象范围，将许多女性也考虑进去。有流浪女性的研究者说，女性常常会变成"隐性流浪者"，如果只关注流落街头的女性，就会忽略问题的真实体量（Edgar and Doherty, 2001: 4）。也就是说，在无固定住处的流浪者之中，女性更容易采取露宿之外的生活方式。因此，为了研究女性流浪者，我们必须观察这一"隐性流浪者"群体。

1-2 何为"流浪者"

欧美拥有精细的框架，能够梳理各种各样的流浪状态，包括上述的"隐性流浪者"。流浪状态一般会被大致分为四类：(1) 没有居所（rootless），(2) 没有家宅（houseless），(3) 不安定，(4) 不舒适。(1) 没有居所，从字面上理解就是生活在街边的露宿者；(2) 没有家宅，指虽然没有露宿，但也没有固定住处，并且暂时留宿在某机构或类似场所；(3) 不安定，指虽然居住在家宅之中，但是处于借宿状态，并且居住环境称不上安全，容易遭受家庭暴力等情况；(4) 不舒适，指虽然居住在自己家里，但是居住空间过于拥挤，或居住在一般不被视为住所的地方。从（1）到（4），流浪者的定义变得更加宽泛。当我们讨论流浪者时，要先定义它的范围包含（1）至（4）中的哪些情况。参照这一分类，日本主要采用的是（1）的定义。[1]而本书想以容易变成"隐性流浪者"的女性为对象，所以预备采用更宽泛的定义，即将（1）与（2）都视为流浪者。

根据日本的情况，我梳理了包含定义（2）在内的广义的流浪者状态（图1）。流浪者的极限形态，即露宿，处于中心位置，周围还有四种流浪者形态：留宿在熟人家里；留宿在廉价民宿和深夜营业的商店等商业机构中；留宿在宿舍或工棚等职场和住所一体化的劳动住宅中；[2]留宿在医院、拘留所、福利机构等社会机构中。这些不同的流浪者形态无法明确区分，即使是露宿者，

---

[1] 长谷川贵彦探讨了7个发达国家的流浪者政策，调查了这些政策中的流浪者定义，他指出，只有日本使用了最为狭义的定义（1），美国、英国、德国和挪威都采用了定义（2），芬兰和澳大利亚则采用了定义（3）（长谷川，2005）。
[2] 劳动住宅比起普通住宅更不安定，因为一旦失业就会连住处也一起失去。从露宿者全国调查之中，我们能看到33.4%的人是从劳动住宅流落到街头的（厚生劳动省，2012）。

也有不少人会根据自己当天的身体状况、手头宽裕与否、人际关系而留宿在网咖或熟人家里，分别在几个不同的场所睡觉。[1]这张模式图，并不意味着滞留在这些场所的人都是无家可归的流浪者。

那么，处于这种流浪状态的到底有多少人呢？其中，女性又占多少比例呢？根据2012年的全国性调查，

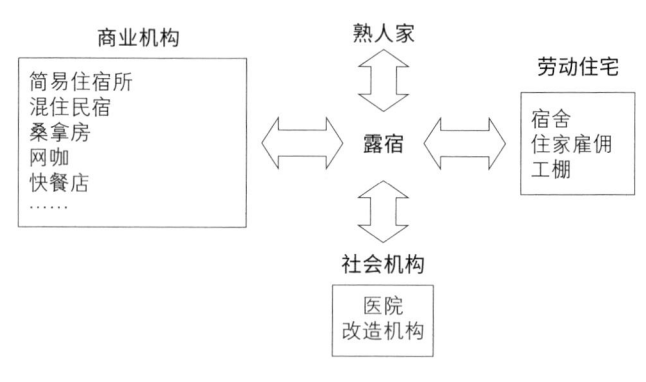

图1 广义的流浪者概念图

出处：修改自岩田（2009：96）

---

[1] 一项以东京的网咖难民为对象的调查中，列举了除网咖之外大家常常使用的地方，如街头（29.5%）、快餐店（23.7%）、桑拿房（23.2%）等（厚生劳动省职业安定局，2007）。

通过观察能够确认处于极限流浪形态的露宿者数量为9576人。他们大多是男性，其中女性有307人，仅占3.2%（厚生劳动省，2012）。而另一方面，如前所述，要确认广义上的流浪者状态的人数从定义流浪者这件事本身开始就很困难。但据说，每年约有10万人新近陷入丧失住所的状态。

如图1所示，在广义的流浪者状态之下，虽然很难把握借宿熟人家、滞留商业机构的人数，但是关于使用福利机构的人数，厚生劳动省对全国社会福利机构的年度调查显示，如果只看有收容能力的机构，收容人数的上限约为59万（表2）。这是具有强烈公共性质的第一类社会福利事业机构，[1]最近急速增长了一些以"贫困生

[1] 福利机构分为两种：基于第一类社会福利事业创建的机构和基于第二类社会福利事业创建的机构。第一类社会福利事业是指"因为对其使用者有着重大的影响，所以非常需要保持稳定经营来保障使用者的事业"，表2中的入住机构就是以这类事业为基础的。原则上，第一类社会福利事业的机构，其经营主体必须是政府和社会福利法人，具有很强的公共性质，因此运营机构和提供服务的经费都由市町村政府和地方公共组织支付。第二类社会福利事业被定义为"对使用者的影响相对较小，因此几乎不需要公共监管的事业"，对经营主体没有限制，只需提交申请即可开设。因此，许多NPO法人都认识到为流浪者提供入住机构的必要性，在过去10年左右，这类机构的数量一直在增加。

表2　全国提供入住服务的社会福利机构

	提供入住服务的社会福利机构	种类	名额上限（人）
第一类社会福利事业	保障机构	4	19818
	老人福利机构	5	146152
	障碍者支援机构等	2	71750
	身体障碍者更生援护机构	6	16182
	智力障碍者援护机构	3	55833
	精神障碍者社会回归机构	3	6240
	妇女保障机构	1	1363
	儿童福利机构	12	65100
	其他社会福利机构等	2	203565
合计			586003
第二类社会福利事业及其他	免费廉价住宿处 未登记机构 流浪者自立支援中心及临时保护所		

出处：根据厚生劳动省（2011d）制表

意"著称、向低收入人群提供免费廉价住宿的第二类社会福利事业机构，甚至还有没登记开业的未登记机构。这些机构也收容了许多露宿者以及广义上的流浪者。为了掌握免费廉价住宿和未登记机构的实际情况，厚生劳动省在2010年开展紧急调查，发现全国免费廉价住宿机构的容纳能力为14964人，而未登记机构的入住者中领取生活保障的有16614人，这一数字远高于其他基于第一类社会福利事业机构的统计。另外，有1314家未登记机构中居住着生活保障金领取者，这些机构的入住对象类型多样（表3），其中很多地方也会收容高龄人士和前露宿者（厚生劳动省，2011a）。表4列出了这些福利机构中有哪些收容了流浪者，尤其是本书所说的广义上的流浪者。像这样，爱邻对策、生活保障、妇女监护、母子福利、高龄福利等——这些机构的设置目的和应用对象都分门别类、各有不同。但也具有一个共性，即入住者普遍收入低下且没有家宅。

迄今为止，为了了解以多种形式丧失住处的人们，

表3 收容生活保障领取者的未登记机构的使用者

未登记机构的使用者	％
高龄人士	48.9
流浪者	16.3
酒精成瘾症人士	2.8
药物成瘾症人士	1.8
其他	30.2
合计	100

出处：根据厚生劳动省（2011a）制表

许多机构展开了调查,这些调查的对象包含三种不同状态的人,试图把握实际情况——(1)通过全国流浪者支援团体的支援,摆脱了流浪状态并转移至居宅或机构的人(转移者调查);(2)入住以流浪者支援团体的名义运营的居住场所的人(入住者调查);(3)被全国的福利事务所判定为需要提供生活保障的流浪人士(福祉事务所调查)。在这些调查之中,女性的比例分别为:(1)7.6%、(2)6.5%、(3)11.9%(全国流浪者支援网络,2011)。因此我们可以看到,比起限定于露宿者的情况,广义流浪者之中的女性比例,在(1)(2)(3)三种情况之下都更高。也就是说,女性在广义流浪者之中,更容易以非露宿生活的形态存在。因此,只要我们不将范围局限于过着露宿生活的人,而是拓宽视野,把丧失住处的人都包含进来,那么流浪就不再只是男性的问题,而同时成了很多女性的问题。[1]

---

[1] 在以网咖"难民"为对象的调查之中,女性的比例占到了17.4%(厚生劳动省职业安定局,2007),从这一点我们可以看出出现在街头的"隐形流浪者"之中也有很多女性。

表4 收容流浪者的主要设施（大阪府）

事业种类	名称	事业内容	法律依据	使用者
爱邻对策	爱邻临时夜间紧急避难所	为被迫露宿的日结劳动者提供紧急、暂时的住宿场所		单身
流浪者对策	生活关怀中心	暂时收容大阪市内居无定所者之中因高龄和病弱等问题需要短期援护的人，希望通过生活指导等促进其自立		单身男性
	自立支援中心	为拥有劳动意愿和能力的流浪者提供住宿和食物，进行就职相关的咨询，支援流浪者通过劳动达成自立	流浪者自立支援法	单身男性
	救护机构	为因任身体或精神上有明显障碍而难以独自生活的人提供收容保障	生活保障法	单身
生活保障	更生机构	收容和保障由于身体或精神原因需要照顾和指导，预计在不久的将来能够重新融入社会的人	生活保障法	单身男性
	住宿处	收容因火灾、被驱逐、高房租等原因产生住房困难的低收入人群，以及因生活困难等原因无法确保住房的人群	生活保障法	单身

第二章 身为女性流浪者 63

续表

事业种类	名称	事业内容	法律依据	使用者
妇女保障	妇女咨询处	为因躲避丈夫暴力而寻求庇护的妇女，因生活困难、不务正业等原因而无家可归的妇女，需要自立援助的妇女及其随行子女提供咨询	卖春防止法、家庭暴力防止法	单身女性、母子
	妇女保障机构	收容在需要保障的妇女之中，被妇女咨询中心主任判定为需要收容的人	卖春防止法、家庭暴力防止法	单身女性、母子
母子福利	母子生活支援机构	单亲家庭中的母亲在无法充分养育孩子的情况下，一起收容母亲和孩子，提供保障和生活支援	儿童福利法	母子
高龄人士福利	老人照护之家	收容65岁以上、出于身体、精神、环境以及经济上的理由难以居家接受照护的人，并为其提供照护服务	老年人福利法	单身
更生保障	更生保障机构	为犯罪和有不正当行为的人提供一段时间的监护，并支援他们自力更生	更生保障法	单身男性
其他	免费廉价住宿处	向生活困难者免费或低价出借简易住房，或让其使用收容所及其他设施		
	未登记机构			

64

2 女性露宿者为什么这么少

2-1 结构性地被家庭所缚

那么,女性露宿者的数量为何远远少于男性呢?还有,为什么女性在住房方面有困难时,比起露宿生活,会更倾向于成为"隐性流浪者"呢?这与近代家庭被视为日本社会的基本生活单位息息相关。近代家庭实施性别分工,男性在外从事雇佣劳动,女性在家承担家务劳动,劳动政策和社会保障政策是以这种家庭为模型设计的。

劳动之中最体现这一点的就是"家庭工资制"的思考模式。丈夫之所以能在外长时间地从事雇佣劳动,是因为妻子在家承担了家务、育儿等再生产劳动,夫妻的整体劳动之中包含了妻子的免费劳动。因此，公司支付给代表家庭的男性一笔足以抚养妻子和孩子的工资作为等价交换，这就是"家庭工资制"的基本思考模式。以此为前提，男性正规劳动者的工资被设定为能够抚养整个家庭的水准，另一方面，即使女性从事雇佣劳动，她们的收入也仅仅被视为用来补贴家用，从而被压得很低。实际上，从事兼职等非正规劳动的人，在女性劳动者之中超过半数（55.0%），而在男性劳动者中则只有20.0%（厚生劳动省，2011a）。女性劳动者的工资仅为男性的69.3%，即使是在双方都是正规劳动者的情况下，女性的工资也还是比男性低很多，约为男性的72.1%（厚生劳动省，2011b）。也就是说，因为女性负担着再生产劳动的责任，所以她们不仅被强迫从事不稳定的劳动，女性劳动者全体的薪酬还被结构性地定在了很低的位置。

以近代家庭为模型设计的制度不仅涉及薪酬，还涉及税金和社会保险。那些主要由男性养家糊口的家庭中的妻子，年收入在103万日元以内才可享有税金的配偶减免制，年收入在130万日元以内才能以被抚养者的身份加入丈夫的社会保险。因此，女性如果想工作，一般会倾向于控制自己的年收入，选择兼职劳动。另外，虽然年金制度正在被重新评估，但在目前的有效制度之下，雇员的妻子可以成为第三类被保险人，无需自行缴费。这说明男性从事雇佣劳动、妻子承担再生产劳动的家庭受到制度优待。也就是说，税金和社会保险制度也是以近代家庭为基本单位的，其设定是为了让家庭利益最大化。

在这种制度之下，只要和作为家庭主要收入来源的男性伴侣在一起，女性的生活在经济上就能保持相对的安定。然而，一旦脱离近代家庭的模型，比如保持单身或者因生离死别等失去负担家计的男性，那么，女性陷入贫困的可能性就会立刻提高许多。在以性别角色分工为前提的劳动市场，女性的工作大多低薪资且不稳定，其收入很难负担最低生活水准。尤其是单身母亲，因为同时背负了养育孩子和雇佣劳动的双重责任，她们中的很多人生活都很贫困，这种情况最显著地体现了以性别角色分工为前提的社会所导致的女性贫困。

另外，上述女性贫困问题在她们步入高龄后更容易显现出来。作为老年生活支柱的养老金，其金额是由人们长年的劳动方式决定的。但是女性容易因为家务、育儿、照护而离开职场，长时间从事低薪资、不稳定的劳动，从而无法满足领取养老金的必须条件（参保期25年以上），于是只能领到低于最低生活水准的养老金。事实上，女性平均每月能领取到的年金金额总是比男性更低——男性能领到187545日元的厚生年金，女性则只能领到106912日元；男性能领到58490日元的国民年金，女性则只能领到47252日元（社会保险厅，2007）。

而且，女性自身在心理上也被家庭束缚，妨碍了她们构建自己的独立家庭。尤其是带着幼童的母亲，她们对离婚有很强的抵触情绪。另外，遭到伴侣暴力的女性会被对方控制，被剥夺正常的判断力和行动力并陷入虚脱状态（川喜田好惠，1999；等等），无法从中脱身。很多人觉得女性很难维系露宿街头的生活，这也可能是阻止女性离家出走的原因。由于经济条件使女性难以独立，再加上女性自己的心理障碍，有不少女性难以下定决心选择离婚。实际上，日本的离婚率（每年每1000人中的离婚人数）为2.0，在发达国家中属于最低一档

（总务省统计局，2012）。[1]

在离婚率很高的美国，"贫困的女性化"从20世纪70年代后期就开始了。在贫困家庭中，女性是户主的比例超过半数，其中大半都是单亲母亲带孩子的家庭。人们指出，引发这种现象的原因是在离婚率和未婚率上涨、女性户主家庭增加的情况下，女性依然不得不从事低薪劳动，而本该弥补社会不平等的社会保障和社会福利政策却没有充分运作（Goldberg and Kremen, 1990）。这种贫困的女性化现象在发达国家基本都有，但是在日本尚未显现出来，反而一直被称为"特例"。其原因是，日本的离婚率较低，女性户主家庭本身较少，在经济上援助单亲母亲家庭的儿童津贴等发挥了一定的效果（Axinn, 1990；杉本，1993）。关于这一点，在世界范围内首次提及日本女性贫困的琼·阿克辛（June Axinn）形容道："讽刺的是，现在的日本女性实在是太不独立了，她们甚至都走不到贫困的女性化这一步，因为她们

---

[1] 除日本之外，其他发达国家的离婚率分别为：美国6.8、英国2.0、瑞典2.5、俄罗斯4.5（总务省统计局，2012）。

根本不可能离婚和经济独立。"(Axinn, 1990: 104)女性要想离家独立经营家庭就必须经济独立,但日本女性还无法实现这一状态,也就是说,在当今的社会条件之下,构建女性户主家庭这件事本身就很困难。[1]

劳动市场和社会保障政策规范了男性从事雇佣劳动、女性从事家务劳动的家庭模型,在这种框架下,女性想要挣脱规范、独立谋生并非易事。这给女性离家出走的想法踩了刹车,使她们无法逃离家庭,哪怕她们在其中要面对许多困难。其结果是,容易陷入贫困的女性户主家庭在日本并不多见。这是日本女性露宿者不多的原因之一。

---

[1] 木本喜美子和她的同事对近年来日本贫困的女性化进行了研究。她们认为,虽然单亲母亲家庭和老年单身女性的贫困问题已经日益凸显,但在日本,贫困的女性化依然没有那么明显,毕竟日本不像美国,贫困家庭中的半数以上都是女性户主家庭。然而,鉴于日本的情况,已婚妇女如果失去男性伴侣的话也很容易陷入贫困,因此从更广泛的意义上讲,贫困的女性化在日本也有所体现(木本、萩原,2010)。

2-2 作为次等措施的生活补助

而且,这一以性别角色分工为前提的近代家族模型,将女性更多地与社会福利和政府扶助而不是社会保险挂钩。这种制度虽然会保障因苦女性的生活,但也成为女性露宿者问题难以被关注的另一大原因。

为了保障生活,福利国家的制度大致分为保险和扶助两个板块。一般来说,国家期待国民能够劳动,但如果因为某些缘由无法工作,也有福利制度来保障人们的生活。其中,雇佣保险、医疗保险、年金等社会保险需要人们付出劳动,然后用劳动所得的报酬来缴纳保险费。因此,即使到了需要生活保障的状态——比如失业、生病、高龄等情况——在领取保险金的时候也不会受到财力调查,因为这是通过此前缴纳的保险费获得的权利。另一方面,以最低《生活保障制度》为代表的扶助制度会保障出于某些理由被排除在社会保险之外的人,这是一种即使没有缴纳费用也能生效的制度。但它也因此不再是权利而成了恩惠,领取扶助金时总是伴随着耻辱,还要接受财力调查,并且,被保障者的生活水准必须被限制在最低水平。

因此，在保险和扶助之间，存在着一种序列。这一序列的机制与男女的分裂状态也有重合。因为国家期待男性从事雇佣劳动，所以即使他们因为某些原因无法劳动，也会更容易申请到社会保险。而女性因为总是在家庭内承担再生产劳动，所以被雇佣时间不长，就算从事雇佣劳动，也总是容易被分配到低薪的工作，长此以往，当她们需要生活保障时，就更容易与社会福利和政府扶助绑定。也就是说，保险和扶助被分为两层结构，男性和女性被不均衡地分配在其中。

为此，当男性掉出社会保障的网络，想要使用社会福利和政府扶助的时候，就会被严苛地查问劳动能力的有无。如果被判定为还有劳动能力，那么即使他在现实中没有工作，也不被允许使用福利和政府扶助，容易陷入露宿街头的生活。[1]另一方面，女性本来就不是雇佣保险和养老金的对象，她们中的大半都是被社会保险排

---

[1] 这种应对措施违背了公共援助初的理念——覆盖所有生活困苦的人。不过最近也因为经济衰退的严重影响，有劳动能力却没有工作的男性也比以前更容易获得生活保障了。

除在外的低薪资劳动者,和男性相比,更容易被允许使用福利和政府扶助。然而,福利和扶助的使用总是伴随着耻感,每次使用都要进行的财力调查不仅涵盖女性本人的财产和收入,还会涉及可能给她们带来收入的异性关系,这种监视和管理渗透到她们生活中的各个角落。

综上所述,女性在就业和社会保障的领取方面属于弱势群体,社会条件让她们很难离家出走、自立谋生。不过,只要能够接受牵涉异性关系的屈辱式财力调查和最低水平的生活,女性就能更容易地使用福利制度和政府扶助,这些制度能让女性不至于露宿街头。这也是女性露宿者不多的另一重原因。

3 贫困女性的实际生活情况

接下来，我想依据现存的调查研究来探讨，身处上述条件中的贫困女性实际上过着怎样的生活。如前所述，贫困女性中最典型的代表，就是没有能赚钱的男性伴侣的女性。关于这些女性生活的调查研究还不充分，她们的实际情况也不甚明了。在这类女性中，关于单亲母亲家庭和高龄单身女性实际生活情况的研究积累相对较多，我想在这里先考察她们的概况。

根据全国单亲母亲家庭相关调查（厚生劳动省，2007b）推算，日本单亲母亲家庭的数量在2003年达到了123万户。伴随着离婚的增加，这个数字有逐渐扩大的倾向，其中有89.6%的单亲母亲家庭都因离婚而出现。因为家人去世而形成的单亲母亲家庭有遗属年金作为收入保障，若领不到这类年金，离异单亲母亲家庭就会陷入严峻的经济状态。从未在丈夫那里收到过抚养费的离异单亲母亲家庭的占比攀升到了59.1%，于是国家通过儿童抚养津贴对收入低于标准的这类家庭实施经济援助。然而，即使加上这些钱，也有不少家庭难以维系最低的生活水准，在这种情况下，《生活保障制度》会保障其最低生活需求。一般家庭领取生活保障的比例为18.9‰，相对于此，单亲母亲家庭的比例则高达129.6‰（国立社会保障与人口问题研究所，2009），单亲母亲家庭的贫困率有多高，由此可见一斑。

就算加上所有面向单亲母亲家庭的援助，单亲母亲家庭的平均年收入也只有213万日元，仅为一般家庭564万日元年收入的38%。而且在单亲母亲家庭中，有高达84.5%的母亲都在工作，纵然如此也难以摆脱低收入的命运。女性能够任职的工作，薪资本来就很低，再加上她们还要同时抚育孩子，能够获得的收入就更有限了，不得不变成"穷忙族"（working poor）。只要一个家庭不施行性别角色分工，就难以同时负担劳动与孩子的养育。在此，造成这种情况的社会系统的问题已经昭然若揭。

单亲母亲家庭的经济状态当然也会影响到她们的住宅问题。葛西理沙[1]等人（2004）调查了单亲母亲家庭的居住状态，查明了比起一般家庭，单亲母亲家庭的家宅持有率更低，多数情况下是在租借民宅。另外，通过利用公营住宅允许单亲母亲家庭优先入住的制度，租住公营住宅的人也占了很高的比例。[2]甚至还有不少单亲母亲无法组建独立的家庭，只能和亲朋好友住在一起，这部分人的数量占到了单亲母亲家庭总数的32.5%。能借此得到育儿和家务等方面的援助是一大影响因素，但选择与亲朋好友同居的主要原因可能还是在于经济状态或丈夫的家庭暴力迫使她们需要紧急找到一个可以入住的家，最后不得不违背个人意愿选择这种同居方式。这也可以被视为隐性的流浪状态吧。葛西等人（2005）论述道，单亲母亲家庭中的73.8%会以变成单亲母亲家庭为契机搬家。其中，移居至民间住宅的家庭中有20.9%，

---

[1] 原名葛西リサ，此处为音译。——编注
[2] 母子生活支援机构虽然会为单亲母亲家庭提供住处和生活支援，但正在利用和曾经利用这些支援政策的人数依然低于单亲母亲家庭的总数，停留在3%。

和家人同居的人中有30.3%，都在一年之内搬家了。从中我们可以看到，这些女性被迫处在不稳定的居住状态中。

接下来让我们看看高龄女性的情况，根据国民生活基础调查（厚生劳动省，2010），65岁以上的女性单身家庭有307万户。女性的平均寿命比男性长，很多女性会在单身状态下度过高龄期，其数量高达男性单身家庭的三倍左右。其中有很多女性生活贫困。有65岁以上高龄人士的一般家庭的平均年收入为510.1万日元，相比之下，65岁以上高龄女性单身家庭则只有180.7万日元，其生活状况和其他家庭相比最为贫困（图2）。即使是在领取生活保障的人里，高龄女性的比例也最高（图3），从中我们也能发现，高龄人士的贫困问题在女性中尤为显著。这些高龄女性的贫困状况和年金制度密切相关。如前所述，领取年金需要25年以上的参保期，有不少女性因为家务、育儿和照护等原因离开职场，只从事兼职等短时间的低薪劳动，从而无法满足这一要求。另外还有个问题，就算从20岁到60岁，完整缴纳整40年的国民年金保险费，每月能够领到的金额也不

（万元）

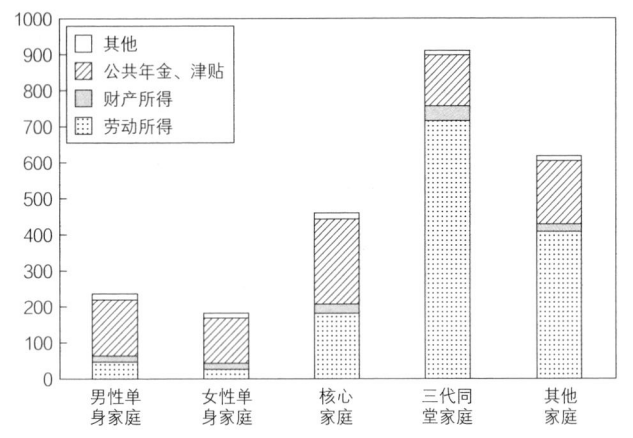

图例：
- 其他
- 公共年金、津贴
- 财产所得
- 劳动所得

图2　有65岁以上高龄人士的家庭的平均年收入详情

出处：根据厚生劳动省（2010）制图

到7万日元，仅靠这点钱依然难以满足最低水准的生活。更多参保国民年金而非厚生年金的女性，自然也就更容易陷入贫困。[1]

---

[1] 女性之所以更多地参保国民年金而不是厚生年金，是因为前者是以个人为单位缴纳的，而后者是以企业或机构为单位、根据员工的工资基数按一定比例缴纳的。因此对比男性更难进入和维系雇佣关系的女性而言，国民年金更容易参保，即使其保障金额更低。——译注

(岁)

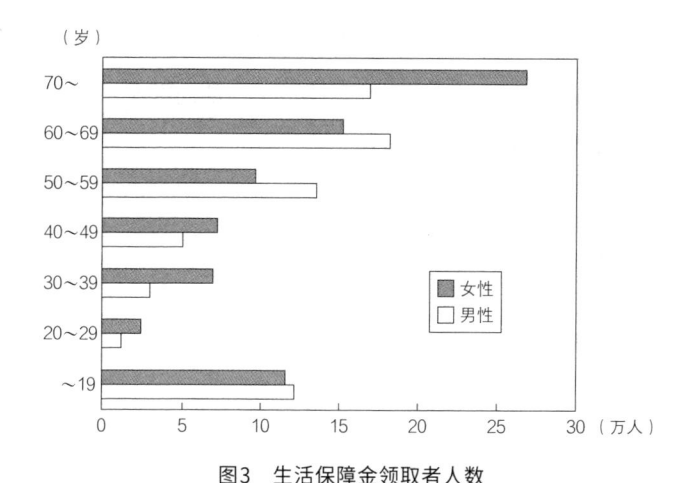

年龄	
70～	
60～69	
50～59	
40～49	
30～39	
20～29	
～19	

■ 女性　□ 男性

0　　5　　10　　15　　20　　25　　30（万人）

图3　生活保障金领取者人数
出处：国立社会保障与人口问题研究所（2009）

泉原美佐（2005）调查了高龄女性的住宅情况，她指出，很多未婚女性以及年轻时经历了生离死别的女性没机会继承财产或享受企业福利，因此无法在高龄期拥有住宅或租借民宅，不得不住进聚集了大量低收入者的公营住宅和养老院。

从以上这些情况可以看到，缺乏能赚钱的男性伴侣的女性户主家庭（以单亲母亲家庭和高龄单身女性家庭为代表)的生活有多贫困,想要居住在独立住所又有多困难。其中,不少处于无家状态的人只能与父母等人同居,或者住进福利机构里。

4 在被排斥中通往流浪

接下来，我想要具体观察女性成为流浪者之前的生活史，以及其失去住所的过程。我的研究对象是目前为止我采访的流浪者中能够详细追溯生活史的33名女性（表5）。[1]其中的19名，是我从2003年到2009年期间在东京和大阪街头邂逅的，剩余14名是我在东京的机构邂逅的。我想通过对比这组数据的数值和以男性为主的过往研究，来进一步明确女性的特征。我用以比较的数值，取自厚生劳动省于2007年开展的《关于流浪者实际情况的全国调查》的分析结果（关于流浪者实际情况的全国

---

[1] 需要注意的是，我在这里观察的33人仅限于那些生活史可以被详细追溯的人，因此并不包括许多被认为有智力或精神障碍的人。同时，我也想指出，后者在女性流浪者之中并不少见。

调查研讨会，2007）中只收集男性数据的交叉表。[1]

我的调查样本很少，采访的方式和时期也不统一，所以统计学方面的价值并不高。此外，作为比较数据的厚生劳动省的调查仅以露宿者为对象，我的调查却包含身在机构中的流浪者，因此无法单纯地进行比较。虽然有这样的缺陷，但鉴于重点关注女性流浪者的调查到目前为止几乎没有，这种研究方法对把握女性流浪者特征的一隅而言，依然具有一定意义。

4-1 女性流浪者的特征

我所采访的33名女性流浪者的平均年龄是59.0岁，相较于厚生劳动省调查的57.5岁年龄有些偏高龄，而且还包括住在机构里的流浪者。在厚生劳动省调查中，没有婚史的男性占半数以上，与此相对，我所调查的女性

---

[1] 厚生劳动省于2007年开展了该调查，在对结果进行交叉分析时，"为了明确分析的视点，只选取了男性样本"（关于流浪者实际情况的全国调查研讨会，2007：4）。鉴于露宿者调查中没有采取性别分类的分析，而这又是本书公开发表时唯一一项仅覆盖男性露宿者的统计结果，所以我认为该数据适用于本次比较。

则在婚史方面有共同特征，接近九成都有婚史（包括事实婚姻），其中半数以上有过不止一段婚姻（图4）。之所以有这种多次结婚的情况，可能是因为对贫困女性而言，拥有男性伴侣是维持生活的一种手段。另外，结过婚但没有孩子的人有19名，占了一半以上，这也是特征之一。虽然一般认为多子家庭会比较贫困，但通过流浪女性中很多人没有孩子的事实就能明白：如果有孩子，就算和丈夫关系恶化也容易对离家出走感到犹豫，而且，如果有未成年儿童会更容易领取福利，也有可能在孩子成年后得到此类援助。况且流浪者总体来说学历偏低，最终学历在初中以下的女性占了半数以上，比男性还要再低些（图5）。从工作履历来看，虽然有些人在第一份工作（从学校毕业后最初就任的工作）起就是正式员工，但她们中的大半只能从事兼职等低薪的不稳定劳动（表5）。其中许多人曾经做过兼职保洁、陪酒、旅馆住宿帮佣、在土木工程或矿山的劳工宿舍负责伙食等工作。虽然33人中有26人曾有过露宿经历，但因为相较男性，女性只要本人有意愿就更容易领取到福利，所以很多女性能在相对较短的时期内摆脱露宿生活。

(单位：人)

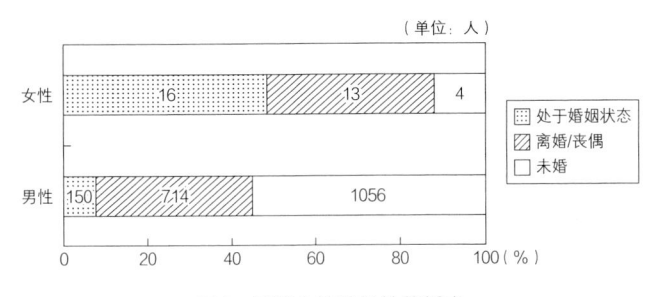

女性：16 | 13 | 4
男性：150 | 714 | 1056

图例：处于婚姻状态 / 离婚/丧偶 / 未婚

图4 流浪女性和男性的婚史

出处：男性的数据根据关于流浪者实际情况的全国调查研讨会（2007）制图

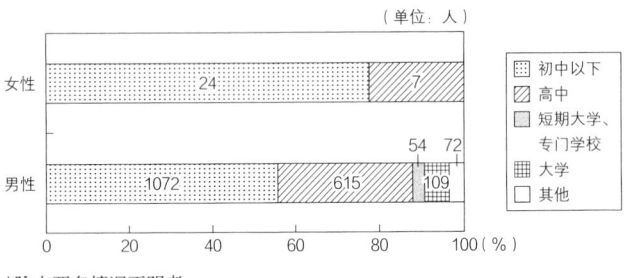

(单位：人)

女性：24 | 7
男性：1072 | 615 | 109 | 54 | 72

图例：初中以下 / 高中 / 短期大学、专门学校 / 大学 / 其他

*除去两名情况不明者

图5 流浪女性和男性的学历

出处：男性的数据根据关于流浪者实际情况的全国调查研讨会（2007）制图

针对如何经历排斥直到走到露宿这一步，过往的露宿者研究一般采用的方法是关注职业，以此把握其阶层下降的过程。比如岩田把工作履历和住所的变化组合起来，将男性露宿者被社会排斥的轨迹分为三种类型：突然沦落型、长期排斥型、劳动住宅型（岩田，2008）。然而，关注工作履历、把握阶级移动的方法本身就是以拥有职业的男性为中心设计的，无法适用于女性的经历。[1]因此，为了捕捉女性被排斥的特质，就有必要观察女性走到流浪这一步为止的生活史，不仅要关注她们的职业，还要关注她们的家庭关系。33名女性失去住所的直接原因可以分为三类[2]：（1）丈夫失业型，夫妻中的丈夫失业，因此夫妻二人一起成为流浪者；（2）本人失业型，单身女性因本人失业成为流浪者；（3）人际关系

---

[1] 阶级流动的研究历来将女性地位理解为被男性户主代表并掌控的存在，并因此受到大量批判。自那以后，人们一直在讨论应该用什么指标来呈现女性地位（赤川，2000；等等），但至今仍然没能确立方案。桥本摄子（2003）指出，从根本上来说，阶级研究的主题本身是通过职业来发现不平等，女性的问题只能以被排斥和边缘化的形式存在。

[2] 其实成为流浪者的因素往往是多重和交叠的，我在此只对主要因素进行列举和分类。

断交型，女性和丈夫或家人断绝关系后成为流浪者。在这次调查的33人中，类型（1）有11人，类型（2）有15人，类型（3）有7人，关于这三种不同类型，会在接下来列举具体事例分析。

4-2 女性被排斥的案例

（1）丈夫失业型

丈夫失业型是指，夫妻俩原本共同生活，但因为丈夫失业而双双成为流浪者。这种类型很符合过往研究中已被查明的男性流浪者的被排斥轨迹。丈夫从事的职业大多是建筑劳动业，和露宿者曾经从事过的典型职业一样。大半男性露宿者要么未婚，要么中途离婚，但丈夫失业型的女性一般不会选择离婚，而是和丈夫保持夫妻状态一起成为流浪者。他们中的许多人在成为流浪者之前就在贫困中挣扎了，所以夫妻双方都会工作，可一旦能赚钱的男性失业，他们就是会失去住房。

表5 33名女性流浪者的生活史

* 我会用四行的格子来展示她们每个人的生活史。第一行是住所,第二行是同居人,第三行是谋生手段,第四行是她们处于此种状态时的年龄。
* 第一列是我总结生活史时她们的年龄,第三列则是最终学历。
* 深色部分表示流浪状态。
* 粗框表示有男性伴侣的时期。

(1) 丈夫失业型

① 澄子 70岁 小学毕业

	亲戚家	住家雇用	公寓	住家雇用		住家雇用	公寓	劳工宿舍	公寓	露宿
原生家庭	单身	单身	丈夫和丈夫带来的孩子	单身（离婚）	原生家庭	单身	事实婚姻的丈夫（建筑工人）	事实婚姻的丈夫	事实婚姻的丈夫	事实婚姻的丈夫
	在亲戚的自营店做帮手	辗转工作	工厂兼职	旅馆工作		旅馆工作	工厂及保洁等兼职	负责餐食	工厂及保洁等兼职	
	12岁	13岁	?（2年）				42岁	?（5年）		69岁

入院	住宿处
单身	单身
生活保障	生活保障
69岁	69岁

第二章 身为女性流浪者

续表

		原生家庭	旅馆	住宿处	更生机构	公寓	公寓	公寓	母子生活支援机构	公寓	公寓	拘留所	父亲家	妇女咨询中心
② 29岁	初中毕业		单身	单身	单身	单身	丈夫(公司正式员工)和孩子	丈夫(生病)和孩子	孩子(丈夫在另一家机构)	丈夫(孩子在另一家机构)	单身(丈夫在机构中)	单身	父亲	单身
			自由打工者	生活保障	生活保障	公司正式员工	公司正式员工	生活保障		生活保障	生活保障	生活保障		
			15岁	29岁	29岁		20岁	25岁			29岁	29岁	29岁	29岁

		原生家庭	公寓	公寓	露宿	露宿
③ 藤子 48岁	高中毕业		丈夫(司机)	丈夫	丈夫	丈夫
		医院行政	医院行政	全职主妇(做过一段时间兼职)		
			20多岁	20多岁	46岁	50岁

		公寓	庇护所	公寓
④ 53岁		丈夫(建筑工人)	丈夫	丈夫
		兼职行政	生命保险的销售	生活保障
		20多岁	52岁	53岁

88

续表

		原生家庭	自有住宅	姐姐家	住家雇用	公寓大楼	露宿	救护机构	公寓
⑤	高中毕业 66岁		丈夫、孩子和婆婆	单身（离婚）	单身	事实婚姻的丈夫（自营业务）	事实婚姻的丈夫	单身	单身
					旅馆工作	旅馆工作			生活保障
			28岁	33岁	33岁		59岁	65岁	65岁

		原生家庭		姐姐家	住家雇用	公寓大楼	露宿	民营女性庇护所	妇女保障机构	露宿	公营住宅
⑥ 裕子	高中毕业 65岁	公司正式员工	公寓 丈夫 公司正式员工	单身（离婚）公司正式员工	单身 自营业务	事实婚姻的丈夫（建筑工人）自营业务	事实婚姻的丈夫 临时保洁的兼职等	单身（逃亡）生活保障	单身（逃亡）	事实婚姻的丈夫	丈夫 生活保障
		63岁	20多岁	20多岁	40岁	52岁	55岁				61岁

第二章　身为女性流浪者　　89

续表

⑦ 71岁	初中毕业	自有住宅	公寓	公寓	公寓	自有住宅	公寓	公寓	公寓	露宿	公寓
		原生家庭	丈夫和孩子	单身	单身	原生家庭	女性	单身	事实婚姻的丈夫(建筑工人)	事实婚姻的丈夫	事实婚姻的丈夫
		公司正式员工		陪酒等		陪酒	陪酒	在不同的店里陪酒	兼职保洁		生活保障
		17岁	19岁	21岁	22岁	22岁	30多岁	47岁	51岁	62岁	69岁
⑧ 31岁	初中毕业	自有住宅	公寓	公寓	监狱	露宿					
		原生家庭	丈夫	丈夫	单身	事实婚姻的丈夫					
		美容院	美容院	兼职超市工							
		15岁	26岁		22岁	30岁	31岁				
⑨ 69岁 逸子	小学毕业	自有住宅	公寓	公寓	医院	住家雇用	监狱	住家雇用	简易住宿	公寓	劳工宿舍
		原生家庭	丈夫和孩子	丈夫和孩子	丈夫和孩子	单身(离婚)	单身	单身	丈夫	丈夫	丈夫
		火柴厂及农业	火柴厂	罐头厂		艺伎	柏青哥店	简易住宿的保洁	生活保障	负责餐食
		13岁	15岁	18岁	22岁	22岁	46岁	47岁	53岁	55岁	55岁
		露宿	公寓								
		丈夫	单身								
			生活保障								
		57岁	69岁								

90

续表

⑩ 初中毕业 72岁

住所	宿舍	自有住宅	公寓	露宿	医院	公寓
家庭		丈夫和孩子	丈夫	丈夫	单身	丈夫
工作	护士	护士				
年龄	15岁	18岁	65岁	70岁	71岁	72岁

⑪ 初中毕业 62岁

住所	自有住宅	公寓	自有住宅	劳工宿舍	公寓	露宿	公寓
家庭	丈夫和孩子	孩子(丧夫)	单身(离婚)	单身	丈夫	丈夫	丈夫
工作	公司正式员工	生活保障	占卜师		负责宿舍餐食	简易住宿的保洁	生活保障
年龄	24岁	40岁	46岁	50多岁	50多岁	61岁	62岁

(2) 本人失业型

⑫ 高中毕业 50岁

住所	原生家庭	自有住宅	宿舍	公寓	公寓	医院	公寓	公寓	公寓	露宿	医院
家庭		丈夫(农业)	单身(离婚)	单身	单身	单身	单身	单身	单身	单身	单身
工作			托儿所保育员	桑拿房工作	兼职酒店保洁	生活保障(生病)	兼职保洁(领取一部分生活保障)	兼职酒店保洁	生病退职		生活保障
年龄		25岁	28岁	30岁	32岁	34岁	34岁	36岁	49岁	50岁	50岁

住宿处
单身
生活保障
50岁

第二章　身为女性流浪者

续表

		原生家庭	住家雇用	公寓	公寓	朋友家	露宿	入院	住宿处	入院	住宿处	医院
⑬和子	初中毕业		单身 公司正式员工 15岁	单身 日结工 月结工 22岁	单身 兼职几份 保洁工作 48岁	单身 50多岁	单身 66岁	单身 生活保障 66岁	单身 生活保障 67岁	单身 生活保障 68岁	单身 生活保障 68岁	单身 生活保障 78岁
									露宿	老人之家	
				丈夫(公务员)	公寓 单身(离婚) 出版社兼职 30多岁	亲戚家 单身 出版社兼职 34岁	公寓 单身 出版社兼职 34岁		生活保障 78岁	生活保障 78岁	
⑭	初中毕业	原生家庭	单身 出版社正式员工 15岁	原生家庭 自营业务帮工							
								住宿处 单身 生活保障 79岁			

		原生家庭	住家雇用	朋友家	露宿	旅馆	住宿处
⑮	小学毕业	原生家庭 自营业务 20岁	单身(丧夫) 在不同的饮食店工作 27岁	单身 餐厅工作	事实婚姻的丈夫(建筑工人) 59岁	单身(逃亡) 生活保障 69岁	单身 生活保障 69岁

92

续表

⑯ 71岁 初中毕业	原生家庭	丈夫（银行职员）全职主妇（做过一段时间兼职） 26岁	公寓	单身（丧夫） 任不同的饮食店工作 40多岁	公寓	单身 靠存款生活 66岁	公寓	单身 生活保障 71岁	医院	单身 生活保障 71岁	老年人照护保健机构	单身 生活保障 71岁	住宿处
⑰ 65岁 小学毕业	自有住宅	住家雇用 单身 厨师 12岁	原生家庭	单身 餐厅及化妆品零售等 17岁	娘家	原生家庭 生活保障 63岁	公寓	医院	露宿 单身 62岁	自有住宅	住家雇用 单身 厨师 21岁	丈夫、孩子和婆婆 全职主妇	宿舍 单身（离婚） 厨师 28岁	公寓 丈夫 全职主妇	住家雇用 单身 厨师 30岁	公寓 丈夫（公司员工） 厨师 31岁	住家雇用 单身（离婚） 旅馆招待 46岁	公寓 单身 厨师	公寓 单身 医院护工 59岁
⑱ 53岁 初中毕业	原生家庭	住家雇用 单身 见习护士 17岁	公寓	单身 陪酒 18岁	公寓	丈夫和孩子 陪酒 25岁	住家雇用	单身（逃亡） 旅馆招待 41岁	露宿	单身 50岁	公寓	单身 生活保障 52岁

第二章 身为女性流浪者

续表

⑲ 65岁 初中毕业

自有住宅	住家雇用		住家雇用	住家雇用	露宿	住家雇用	露宿	露宿	紧急临时机构
原生家庭	单身	丈夫	单身(逃亡)	丈夫(同行)	单身(逃亡)	单身	单身	丈夫	单身(丧夫)	单身
	陪酒		陪酒	柏青哥店	先后在几家劳工宿舍负责餐食		在劳工宿舍负责餐食			
	18岁	20岁		43岁	49岁	53岁	53岁	54岁	60岁	61岁

救护机构
单身
生活机构
61岁

⑳ 49岁 初中毕业 惠子

自有住宅	宿舍	住家雇用	自有住宅	自有住宅	住家雇用	露宿	露宿	露宿	医院	公寓
原生家庭	单身	单身	丈夫及丈夫的家人	父母(离婚)	单身(逃亡)	单身	男性	单身(逃亡)	单身	单身
	工厂的正式员工	先后在几家餐厅工作	全职主妇		先后在几家劳工宿舍负责餐食					生活保障
	14岁	15岁	23岁	24岁	29岁	37岁	54岁	55岁	46岁	46岁

㉑ 55岁 高中毕业

自有住宅	自有住宅	自有住宅	住家雇用	住家雇用	露宿
原生家庭	母亲和哥哥(离婚)	丈夫和孩子	母亲和哥哥	单身	丈夫
	帮佣	全职主妇	帮佣	家政服务员	
	40岁	26岁	46岁	54岁	55岁

续表

② 30岁	初中毕业	原生家庭	儿童养护机构	住家雇用	更生机构	露宿	住宿处	精神病院	住宿处		
			单身	单身	单身	单身	单身	单身	单身		
				先后在几家餐厅工作	生活保障		生活保障	生活保障	生活保障		
				15岁			27岁	29岁	29岁		
③ 36岁	高中毕业	原生家庭	公寓	公寓	露宿	住宿处	鲁鲁家	公营住宅	住家雇用	监狱	公营住宅
			单身	单身	孩子	单身（孩子在机构中）	母亲	母亲	单身	单身	母亲
			见习护士			生活保障	先后在几家餐厅工作	先后从事几份保洁工作	旅馆招待		保洁
			派遣员工								
			20岁	21岁		34岁		34岁	37岁	48岁	52岁
④ 78岁	小学毕业	租借住宅	更生保障机构	监狱	旅馆	姐姐家			住宿处		
		原生家庭	单身	母亲	单身	单身			单身		
			负责餐食	经商	电机厂	自营业务帮工			生活保障		
		印刷厂									
		自营业务帮工									
		17岁	61岁	20岁	24岁	30岁			77岁		
			单身			单身		单身	单身		
			负责餐食			高龄人士紧急临时机构		妇女咨询中心	老人中心		
						75岁		75岁	75岁		
									生活保障		
									77岁		

第二章　身为女性流浪者　　95

续表

㉕ 初中毕业 61岁	自有住宅 原生家庭 食品制造厂 12岁	自有住宅 原生家庭 纺织厂 16岁	自有住宅 原生家庭 陪酒 20岁	公寓 单身 旅馆 34岁	公寓 丈夫 旅馆兼职 41岁		单身(离婚) 旅馆兼职 49岁	露宿 单身 60岁	露宿 丈夫 60岁	公寓 单身 生活保障 61岁
㉖ 小学毕业 70岁	住家雇用 单身 烧炭	住家雇用 单身 饭馆	公寓 丈夫和孩子	公寓 孩子(丧夫)	住家雇用 孩子 厨师		单身(丧子) 先后从事几份建筑业相关工作			生活保障
			17岁	24岁			48岁	56岁	68岁	68岁

(3) 人际关系断交型

		公寓		朋友家	妇女咨询中心	住宿处
㉗ 明希 高中毕业 40岁	原生家庭 正式员工	单身 正式员工	丈夫(正式员工) 正式员工→生病退职	单身(逃亡)	单身	单身 生活保障
	18岁	25岁	28岁	39岁	39岁	39岁

96

续表

									高龄人士紧急临时机构	住宿处		露宿	公寓
㉘ 小学毕业 82岁	住处	原生家庭	姐姐一家	自有住宅	自有住宅	公寓	女儿的自有住宅	公寓	单身（逃亡）	单身			
	同居人		照看孩子	丈夫（自营业）和孩子	丈夫和孩子	丈夫	丈夫及女儿的家人	儿子（丧夫）					
	工作			全职主妇	家政服务员	家政服务员		生活保障		生活保障			
	年龄		19岁	23岁			75岁	80岁	81岁	81岁			
㉙ 英子 小学毕业 66岁	住处	原生家庭	住家雇用	住家雇用	宿舍	自有住宅	公寓	公寓	高龄人士紧急临时机构	住宿处	公寓		
	同居人		单身	单身	单身	单身	丈夫（建筑工人）	单身	姐姐和她的孩子	单身	单身		
	工作	照看孩子	医院护工	纺织厂工作			工厂兼职	兼职 生活保障	兼职		生活保障		
	年龄	10多岁	15—19岁				25—29岁	50岁		53岁	63岁		
㉚ 玉子 初中毕业 41岁	住处	自有住宅	自有住宅	自有住宅	公寓	公营住宅	旅馆	朋友家	露宿	朋友家	露宿	公寓	
	同居人	原生家庭	原生家庭	原生家庭	丈夫	丈夫	单身（逃亡）	事实婚姻的丈夫	事实婚姻的丈夫	事实婚姻的丈夫	事实婚姻的丈夫	事实婚姻的丈夫	
	工作	正式员工（作为障碍者被采用）	医院食堂兼职	缝纫厂兼职	工厂兼职	兼职保洁						生活保障	
	年龄	15岁	28岁		29岁		32岁	32岁	35岁	36岁	36岁	38岁	

第二章　身为女性流浪者

续表

③① 57岁	原生家庭	事实婚姻的丈夫 正式员工 16岁	丈夫和孩子 全职主妇 18岁	孩子（离婚） 陪酒 35岁	公寓大楼 丈夫和孩子 陪酒 42岁	公寓大楼 丈夫和孩子 全职主妇 54岁	露宿 单身 55岁	公寓 丈夫 56岁	露宿 单身 56岁	公寓 单身 生活保障 57岁
③② 初中毕业 80岁	原生家庭 养父母 陪酒 20岁	宿舍 单身 护士 30岁	丈夫和孩子 全职主妇	父母（丧夫）	丈夫和孩子 护士 23岁	宿舍 孩子（丧夫） 护士	公寓 姐姐	住宿处 单身	公寓 单身 生活保障 79岁	
③③ 初中毕业 45岁	自有住宅 养父母 陪酒 20岁	自有住宅 养父母和丈夫 兼职 30岁	住家雇用 单身（离婚） 餐厅工作 40岁	姐姐家 姐姐的家人 41岁	妇女咨询中心 单身 41岁	住宿处 单身 生活保障 41岁	公寓 单身 餐厅工作 41岁			

A女士（①；表5，下同）

A女士70岁，腿脚有轻微残障（身体残障五级），总是拖着腿走路。在她小学毕业那会儿，父亲再婚了，她同继母和继母带来的孩子一起生活了一阵，很快就被送到亲戚家的理发店做学徒。因为差点被逼去嫁人，所以她逃出亲戚家，辗转做了些类似保姆的住家工作之后结了婚，丈夫是再婚，带着两个孩子。A女士从事一些兼职。没多久丈夫入狱。A女士想不明白为什么丈夫都不在了，自己还要替他抚养孩子，于是独自一人离开了家。之后她去旅馆做了住家佣工。42岁的时候，她遇到了现在的丈夫，两人租了间小公寓生活。A女士的丈夫是一名建筑工人，她自己也会做兼职补贴家用。某段时期，他们一起住进劳工宿舍，丈夫在建筑工地工作，A女士则负责伙食。然而随着年岁渐长，丈夫失去了工作，生活变得困难。于是两人到处借债，最后还不上钱，只能一起离家，露宿街头。

A女士学历也低，和娘家的关系也不大好，因为想早点离家，从第一份工作开始就在辗转从事住家佣工。再婚对象从事的职业也是不稳定的典型男性工作——

建筑劳动。A女士和丈夫的情况是两人原本各自过着相似的不稳定生活，邂逅后决心共同生活但也有开始露宿生活之后才相遇的男女——这两种都是女性流浪者中常见的结婚形式。

（2）本人失业型

类型（1）比较接近男性流浪者的特征，与此相对，明确展现女性特征的就是类型（2）了，这种模式是指单身生活的女性失业并成为流浪者。她们之中有一些终生未婚，也有一些在与丈夫生离死别后回归了单身，后者的情况比较多。中老年女性能从事的工作种类仅限于低薪的不稳定劳动，即便如此，在挺长一段时间里，她们中的许多人还是靠较低的收入精打细算，维持住了穷忙族的生活，这是此类型的一个特征。这些职业大都不在失业保险和厚生年金的范围之内，如果因为生病和高龄而无法工作，她们就会立刻陷入流浪生活。另外还有一部分人患有精神疾病和轻度认知障碍，容易在人际关系方面引起纠纷，无法长期工作。

B女士（⑬）

B女士68岁。初中毕业后，她以正式员工的身份在玻璃厂工作。22岁时，她转职去了相册制作公司。那家公司采取日结月结制，不会为员工缴纳失业保险和年金。她租了间公寓，在那家公司工作了26年。但因为工资一直不涨，生活逐渐变得困难，她辞去了工作，同时做两份保洁兼职。交不上房租的时候，就靠朋友的帮助补上空缺。后来，朋友以浪费房租为由，邀请她同住，她就一边借助在朋友家里，一边做兼职。这样的生活持续了10年左右。因为年纪大了，她遭到解雇，又因为已经欠了朋友很多钱，很难继续借住在朋友家，最终只能露宿街头。她从来没有结过婚。

C女士（㉑）

C女士55岁。高中毕业后，在娘家帮忙家务。后来和在贸易公司工作的男性结了婚，生了三个孩子，成为全职主妇，过着优渥的生活。然而，丈夫一心扑在工作上，整天不着家，孩子老让她受气，再加上丈夫的出轨等问题，她罹患神经症，在40岁的时候选择了离婚。她把孩子留给丈夫，自己回了娘家。一边和母亲、兄长同住，一边开始做帮佣。不久后，她离开娘家去柏青哥店做住店佣工，辞职后又去做帮佣，过上了宿舍生活，但因搞不定宿舍里的人际关系，再次回到娘家。因为附近邻居爱嚼舌根，她很难在娘家继续待下去，于是又当起了住家的家政服务员，最后连这份工作也丢掉了，不得不露宿街头。

B女士没有结过婚，C女士则是离婚之后回归单身。B女士在快要50岁的时候尝试转职，却找不到工作，只能同时兼职几份保洁工作艰难地维持生活。之后就去朋友家借住了。不过女性因为掌握家务等生活技术，所以有不少会回娘家或借住在朋友、亲戚家。

另一方面，C女士虽然曾和身为精英上班族的丈夫过着富裕的日子，却因为离婚突然陷入了不稳定的生活。因为C女士曾是全职主妇，工作经验很少，能做的为数不多的工作就只有帮佣和家政服务员等符合主妇业务的职业。虽然C女士失业后再次回到娘家，但最后还是选择了露宿街头，可见娘家对她而言也并非能够安心居住的空间。

（3）人际关系断交型

和（2）一样，另一个对女性而言很典型的模式就是与家人交恶，成为流浪者。其中有许多人是为了逃离丈夫的暴力，但也有一部分人是受到来自丈夫之外的家庭暴力。因为同时失去收入和住所，所以处于这种模式的女性会经历最戏剧性的生活变故。

D女士（㉛）

D女士57岁。高中退学后，她在缝纫工厂成为正式员工。18岁时，她和一名从事计算机行业工作的男性结婚，成了全职主妇，生了四个孩子。35岁时，她和丈夫离婚，带着孩子离家，开始做陪酒小姐。3年后她独立出来，开了自己的店。42岁时，和在机械厂工作的男性再婚，带着孩子搬进了高级公寓生活。那之后她也继续开店，夫妻二人都有收入，日子过得十分滋润。54岁时，她身体垮了，关门大吉。从她再婚时起，丈夫就对她施加精神暴力，虽然她一直选择忍耐，但终究还是在自己停止工作及小儿子结婚后逃离了这个家。她在酒店和桑拿房等场所住了一段时间,最后花光了手头所有的钱,只能露宿街头。

E女士(㉘)

E女士82岁,腿脚不好,总是拄着拐杖走路。小学毕业后,她在姐姐家里帮忙带孩子、做家务。因为她没怎么上过学,到现在也识不了几个字。23岁时她和经营建筑公司的男性结婚,生了两个孩子,成了全职主妇,住在自己持有的房产中,过着安定的生活。然而,丈夫在45岁时生病,变得需要照护,一家人开始靠丈夫的残障年金生活。虽然E女士也开始从事家政服务补贴家用,但生活费还是不够,最后只能卖掉房子去租公寓。75岁时,她带丈夫一起回到娘家,开始和娘家人同居。但因为涉及丈夫的照护问题,她和娘家人的关系也恶化了,丈夫去世后,E女士搬到儿子家。儿子有精神疾病,靠领取生活保障金生活,E女士得贴上自己的年金,如果还不够,就靠生活保障金来填补缺口。然而儿子对她有暴力行为,所以她紧急逃进高龄人士机构中,寻求暂时的庇护。之后她又无处可去，最终进了救济机构。

D女士是受到来自丈夫的暴力，E女士则是受到来自儿子的暴力，她们最终都离家出走了。如果是为了逃避暴力，很多人会像D女士一样，同时失去收入、住所和交友关系，不得不远走他乡从头开始，被迫遭遇各种艰辛。甚至有人因为害怕丈夫的追踪必须销声匿迹、使用假名，处于不能登记户籍等情况中。D女士在重建生活的很长一段时间里都活在这种不自由的状态下。

E女士在青少年期几乎没怎么上学，所以几乎无法读写汉字。虽然第一眼可能看不大出来，但学历低、青少年期在贫困中成长的女性之中，无法自如读写文字的人比想象中多很多。这些人能找到的工作十分有限，也没有什么渠道获悉可使用的福利制度信息。

女性——尤其是没有能赚钱的男性伴侣的（2）、（3）型女性——走到流浪这一步的过程，体现了特有的被排斥轨迹。（2）型女性，不论是未婚还是与丈夫生离死别之后，在劳动市场中能找到的大半都是低薪且不稳定的工作。她们难以就任正式岗位，只能一边兼职，一边在小公寓里小心翼翼地生活。也有一部分会去做住家的工作。她们很容易因为生病和高龄失去工作，陷入流浪状态。如前所述，她们能做的工作大多不会帮她们参保年金和失业保险，所以患病和高龄化会直接导向流浪。（3）型女性就算曾经生活富裕，也会为了逃避与家人的冲突（比如暴力等）而失去主要收入来源并突然陷入贫困。烙印在这类女性流浪者，尤其是单身女性的生活史之中的，是女性在性别歧视的社会中蒙受的结构性不利因素。

如前所述，女性容易成为隐性流浪者，她们中的不少人都无法拥有独立住处，曾经借住在家人或朋友家中。因为很多女性有做家务的能力，所以相较于男性更容易得到借宿机会。以女性为对象的机构纷繁复杂，女性可以借宿或者入住其中，她们中的许多人都在露宿之外的、形态多样的流浪状态中辗转。这也是女性流浪者身上的一大显著特征。

5 女性流浪者的问题

正如本章所述，不将流浪者的范围限定在露宿街头的露宿者，而是把无固定住处的人也囊括其中，很多女性就会被包含进来。流浪不仅仅是男性的问题。女性流浪者，尤其是单身女性，有着自己特有的、与男性不同的被排斥轨迹。男性从事雇佣劳动、女性从事家务劳动的性别角色分工，不仅仅是家庭内部的分工，也规定了劳动市场的规则。女性被迫从事低薪劳动让单身女性的生活陷入困难，也成了她们被排斥为流浪者的一大要因。

即使有这种让单身女性轻易就陷入贫困的社会构造，女性露宿者依然很少，其中一个原因是女性独立谋生很困难，所以很难形成女性户主家庭。另一个原因则是，对于缺乏能赚钱的男性伴侣、生活穷困的女性而言，有很多以女性为对象且种类繁多的福利制度，这些制度让她们能勉强维持一种伴随耻辱感的低水准生活。

上述男性与女性流浪者的不同，很大程度上也源于福利制度的规定。当我们将流浪者的范围扩大到没有固定住所的人时就会发现，正是福利制度决定了哪些人会被收容进福利制度内，哪些人会被赶到街上去。我想在下一章历史性地探讨，制造出如今这种男女流浪者差异的福利制度体系是如何形成的。

第三章

以女性流浪者为对象的福利体制的建立

1 流浪型扶贫政策与女性

社会福利本来就是以克服贫困为目标发展起来的。然而，随着社会整体变得富裕，其主要对象也逐渐从一部分贫困者，变化为以高龄人士为代表的全体国民。虽然战后的日本看似克服了贫困，但近年来，贫困再次以穷忙族、网咖"难民"等形式成为大众关注的焦点。本章尝试再一次系统性地、历史性地调查从战前到当代的国家方针的变迁——一直以来，国家是如何处理贫困问题的？又是如何介入贫困者生活的呢？

福利政策不仅以消除贫困为目的伸出援手，也有另一重带有构建性质的功能，即从各种各样的生活状态中提取并定义贫困。一个人贫困与否，是由社会福利来决定、分类的。被认定为值得援助的人就能获得一些相应援助，而被认定为不值得援助的人就会被排除出去。本章想要探讨的是这种分类被执行时的基准。话虽如此，基准也只是一种表象，用以展示理想人生模范的普世价值，而社会福利又是这种规范性价值的集合体，也因此，社会福利的对象并不仅限于贫困者，而是包含了所有人，它是一个规定和限制所有人生命与生活的结构。

现在，应对贫困的最主要福利制度是生活保障。所有无法达到最低生活水准的国民，都能无差别地、平等地获得领取生活保障的资格，他们的个人品行、道德并不会受到检视和筛选。但是生活保障的领取率（在生活保障水准以下的贫困家庭中实际领取到生活保障的家庭比例）约为20%，[1]也就是说，很多人就算在现实中生活困苦，也无法无差别地、平等地领取生活保障。尤其是处于劳动年龄层的人被严格限制领取，他们有时会在办事窗口被打发走，甚至无法完成申请，还会被特殊对待，比如被追问一些私德问题，等等。

---

[1] 法国的生活保障捕获率是91.6%，德国的则是64.6%（生活保护问题对策全国会议，2011）。相较其他发达国家，日本这一比例极低。

遭遇特殊对待的典型例子，就是无固定居所的流浪者。这里说的流浪者不仅包括露宿者，还广泛地包括那些留宿在简易住宿处或工棚、网咖等不稳定住宿场所，以及无家可归、被迫暂时滞留在机构和医院的人们。战后的福利制度脱离了仅以贫困者为对象的筛选型扶贫主义，蜕变成为以全体国民为对象、以提高全民福利为目标的制度。在变化期间，福利制度参照人们所归属的国籍、户籍登记、职业集体等，逐渐掌控、管理了每一个人。但是，贫困有时正是伴随住所、职业等归属场所的丧失而出现的。因此对这些流浪者而言，随着福利国民化的发展，他们很容易受到区别对待，并且成为被生活保障等一般扶贫政策排除在外的对象。

国家是如何应对这些流浪者的呢？岩田的研究（1995）出色地论述了这一点。岩田把战后东京都对"无固定居所的贫困者"实施的对策，包括其前史，置于与一般福利政策的关系之中讨论，并探索了政策的变迁，通过这一调查，反向揭露了战后福利体制中不成文的前提，即将持有固定居所和归属于家庭、职业集体视为一种标准化的条件（岩田，1995）。本书也承袭了岩田许多富含启示的观点。正因为社会福利一直在把某种生命、生活的模版标准化，所以才令脱离常规的人长期固定在弱势状态，持续地扩大差距。考虑到这一点，在大家越发关注贫困和差距的当下，检视、论证福利制度所起到的排斥后果，就变得越发重要。

但是，我认为岩田的论述存在一个问题，即她没有考虑到性别。不过，岩田的重点是要把握占据"游荡者对策"中心位置的流浪者的情况，所以她的研究实际聚焦在那些以在露宿者中占多数的男性为对象的对策。其结果就是，女性流浪者被排除在了研究之外。然而，这件事本身也反映了福利国家被性别化的问题。在以性别角色分工为前提的社会之中，女性在劳动市场的地位依然很低。因此，针对不与主要承担雇佣劳动的男性伴侣一起生活的女性，保障最低生活水准的福利制度以各种各样的形式发展了起来。这些制度让失去住所并陷入贫困状态的女性不至于露宿街头，让女性相较于男性更容易成为滞留在某些机构的"隐性流浪者"。许多时候，这些制度采用了不同于"游荡者对策"的应对基准和范围。因此，如果要调查女性流浪者，就必须将"游荡者对策"之外的制度也纳入探讨范围。

鉴于上述内容,本章将以针对女性的政策和机构为例,来具体观察应对流浪者的对策。我想通过这一调查方法,来检视这些政策和机构是用何种基准来分类贫困女性的。因为川原惠子已经对战后东京都的对策做过类似整理(川原,2005),所以本章将以大阪府作为案例。对案例进行更加详细的检证则是未来的课题,在这里,我想先通观贫困女性一直以来置于何种的位置。

2 战前的政策

2-1 一般的流浪型扶贫政策

战前时期针对一般的流浪型贫困的对应政策，虽然没有限定性别，但也和现在一样主要面向男性。大多数现存的记录并没有关于使用者性别的记载，不过也存在一部分混杂着女性和家属的记载。

日本近代国家成立之后，最初的普及型扶贫制度是1874年制定的《救济法规》(「恤救規則」)。政府希望民众能够优先依靠家人和地区间的互相扶助，只有失去指望的老人、病人、孩子等没有劳动能力的人，才有使用这套制度的资格。然而，要领取福利必须有户籍，所以流浪型的贫困者被排除在外，他们只有倒在路边时，才能依靠《路边病人对策》(「行路病人对策」) 获得一些救急应对。

国家政策的范围如此限定，地方也无法靠自己的政策进行弥补。大阪府在1871年开设了大贫院，来收容以露宿者为代表的无依无靠的贫困者，之后在1881年设定了《贫民免费救治法规》(「贫民施疗规则」)，1889年设定了《穷民救助法规与贫民免费救助法规》(「穷民救助规则·贫民施疗规则」)，主要以生病的贫困者为对象，救助那些《救济法规》顾及不到的人们。也有一些民间活动，比如小林佐兵卫哉在1881年开设的小林再就业培训院，收容病患、残障人士、受灾者、露宿者等，对还有劳动能力的人进行职业训练。该院最初创设时共收容190人，迁移至小松原町后扩大为近400人的庞大规模，小林再就业培训院创建后，市里的"乞讨者"人数锐减。虽然女性入院者一开始占了半数以上，但后来男性入院者逐渐增加。

在当时的大阪府，名护町等贫民区因为农村人口的涌入而日渐扩张，引起众人关注，逐渐成为社会问题。进入20世纪10年代后，政府开设了职业介绍所附属的劳动宿舍，从贫民区居民中挑选有用的劳动者，并将他们安置在"对无宿、无家、无业者无害的机构之中"（大阪府社会课，1920：390），这既是出于治安的需要，也是为了确保城市有足够的劳动者。1918年的"米骚动"[1]成为一个契机，使得这类社会事业在日后得到正式推行。大阪市为了安抚社会动荡，领全国之先创设了社会部，开始推行各项事业，其中，主要应对流浪型贫困的除了前述的劳动宿舍外，还有共享住宿。这些机构被用来替代环境恶劣、不利于社会统治的木赁宿[2]，是一种可以低价使用的公营住宿机构，主要供单身男性使用，也有些机构同意家属同住。这段时期，政府设立了免费使用的今宫庇护所，尤其以"游荡在公园等地的流浪者、乞讨者、失业者等无宿者"（大阪市疫所社会部，1923：44）为目标，自那以后，大阪市的露宿者锐减。政府还特意为使用共享住宿的勤勉家庭提供了搬去市营住宅的

---

[1] "米骚动"指1918年（大正七年）发生的民众暴动。富山县鱼津渔村的女性们对米价飞涨提出抗议，以此为契机，要求政府降低米价的暴动扩散至全国。——译注

[2] 原指在江户时代，一种向客人收取薪柴的费用、替客人料理他们带来的食材并提供住宿的旅店。这里指日结工们经常留宿的廉价旅店。——译注

途径。从社会事业成立至今，劳动者及其家属一直得到优待，而露宿者则被区别对待。

在向贫困者提供医疗的大阪慈惠医院和小林再就业培训院之后，还出现了一些民间组织，如1912年设立的弘济院。弘济院不仅推行医疗、再就业、育儿等事业，还致力于保护受灾者、军人遗属、路边病人、露宿者等流浪型贫困者。另外还有曾是警察的中村三德于1912年开设的大阪自疆馆，自疆馆现在也在以釜崎为中心、大规模扩建面向露宿者的机构。虽然面向单身者开放的廉价劳动住宿处使用者大半是男性，但也混杂着极少数的女性。1920年，自疆馆设立了以家庭为对象的向上寮。除此之外，1931年为救济贫困者创设的大阪救护协会也在收容住在公园等场所的露宿者。

进入昭和时代后的1929年，政府制定了《救护法》（「救護法」）来替代《救济法规》作为普遍的扶贫制度。虽然与《救济法规》相比，新法规所保障的人员数量大幅增加，但它依然残留了一些前现代的特质，比如不由分说地将有劳动能力的人排斥在外，不承认他们请求保障的权利，剥夺被保障者的选举权，等等。另一方面，新法规也会给一些贫困者特殊待遇，其中之一是受灾者，因为受灾是无可奈何的，所以灾民多少会被宽容对待。军人及家属也是一早就受到了优待，国家在正值日俄战争的1904年制定了《下士兵卒家属救助令》，在第一次世界大战期间的1917年制定了《军事救护法》，发放的补贴金额是一般救护和母子保障的近两倍。那时，对国家有用的军人是受到保护的。

2-2 母子政策

上述扶贫政策并不限定性别，而最早发展出来的、仅针对女性的援助是面向母子的。在日俄战争爆发的1904年，加岛敏郎在大阪府投入个人财产开设了孤儿院大阪泛爱扶植会，这是最早为出征军人家属开设的托儿所和临时庇护所。因为战争而失去全家顶梁柱的单亲母亲家庭可以入住这些机构。明治时代的慈善机构有很多都以儿童为对象，这些地方会在保护儿童的同时以附带的形式顺便保护孩子的母亲。

其他负责母子保障的儿童机构还有孤儿院和托儿

所。有名的有1922年在东京都设立的二叶托儿所的母子寮，更早的是从1918年就开始收容母子的大阪府泉尾爱儿园。泉尾爱儿园发现，在他们为勤劳家庭的子女提供育儿服务的过程中，这些单亲母亲家庭中的孩子会面临一些悲惨遭遇，他们可能在母亲因生活困苦而寻死时被一同拖上黄泉路，也容易出现营养不良、发育不全的问题。因此，泉尾爱儿园在托儿所里设立了保障母子的节妇馆，为母亲们提供住宿场所并介绍工作。节妇馆最初预想的使用者是丧夫的单亲母亲家庭和被丈夫遗弃的母子，不过正如机构所记载——"警察托付给我们的，有深夜游荡在街边的母子，有想要回归故乡的游荡者以及因丈夫入狱而突然生活困难的家庭，寡妇反而很少见"（泉尾爱儿园，1919：15）——实际使用该机构的母子形态更加多样。援助方针是"允许那些希望再婚的人再婚，让有丈夫的人坚守贞节，防止她们自暴自弃、走向堕落，要让她们在精神和物质方面积极向上"（泉尾爱儿园，1919：15），此方针以婚姻制度为前提，要求女性不得脱离婚姻制度，并且要为此守贞。

20世纪20年代的日本，因为经济萧条，人们的生活都极度穷困，单亲母亲家庭的生活则尤为困苦，母子一起自绝的新闻报道层出不穷，一些有志者被这些报道打动，推动了《母子扶助法》的设立。政府也开始探讨类似的法案，于1929年制定了《救护法》，因为对象包括母子，所以放弃了单独制定《母子扶助法》。然而，那时《救护法》的对象仅限于孕妇和带着1岁以下婴幼儿的母亲，范围非常有限。为了弥补这一对策的不足，大阪府的民间团体进一步开展了母子保障活动。1929年，孤儿院博爱社开设了同时收容母子的鸣尾母亲之家。次年，泛爱扶植会设立了母子保障部，开始并一直收容、保障这些母子，两年后开设了作为母子宿舍的泛爱寮。

昭和初期，经济状态因为金融恐慌而恶化，贫困者的生活进一步被逼上绝路，推动更重视无产阶级生活问题的《母子扶助法》的运动，以社会民众党为中心广泛开展起来。然而，一次又一次的镇压让运动被迫缩小规模，后作为妇女参政权运动的一环继续展开。当时母子自杀的事件频发，也吸引到许多女性的关注。因此，为了通过参政权运动让更多的女性参与进来，就必须在参政权运动的同时开展"母性保护运动"。就这样，作为女性团体团结的一环,促进制定《母子保护法》的妇女联盟结成了,母性保护运动也正式开启。我们可以看出,这是一种极为母性主义的想法——只有保护母性才能衔接到女性解放。1937年,我们终于看到了《母子保护法》的制定,但是其内容却和运动追求的有所不同。涵盖对象是抚养13岁以下的孩子且没有配偶的母亲,虽然其规定较《救护法》有所宽限,但发放金额和《救护法》几乎一样。而同样是单亲母亲家庭,以军人遗属为对象的《军事扶助法》发放的金额就高出近一倍,与之形成了鲜明对比。另外,根据"如果母亲因性格、行为或其他原因不适合抚育孩子,则不得向其提供帮助"的记载,还加了一条质问母亲是否值得援助的条例。换句话说,建立这套扶贫制度的目的,不过只是为了守护家庭制度,而那些被认为在道德上不合格的母亲会被排除在外。作为妇女运动的成果得以制定的《母子保护法》受到了严厉的批判,因为妇女解放运动的一贯思想是只有保护母性才能达成女性解放,结果却制定出把母亲角色强加于女性的规范性制度。

随着《母子保护法》的制定,大阪府内母子寮的数目也有所增加。1937年开设的大正市民馆附属母子寮接下泉尾节妇馆的班，成为最初的公立母子寮。当时，战争的气息愈发浓烈，面向军人家属设立的母子寮的需求量越来越大，于是，1938年新设立了市立主吉母子寮、勋之家阿倍野寮，1939年新设立了勋之家城北寮等设施，开始收容军人遗属。民间机构则有光德寺善邻馆母子寮，此外，1941年开展再就业救助的八尾善邻馆也开始收容、保障在该处工作的母子。面向军人家属的机构在民间也逐渐扩大，博爱社在1937年开设了新的母子寮马大之家，供出征军人的家属使用。一般单亲母亲家庭虽然是《母子保护法》的对象，但是她们能够入住的母子寮不及面向军人家属的母子寮多，两者的条件也可以说天差地别。

2-3 单身女性政策

和上述以母子为对象的政策相比，单身女性政策从根本上就属于不同的谱系。大阪府内最早一家以单身女性为对象的机构是1907年开设的大阪妇女家园。日俄战争之后，日本正式与世界列强展开经济竞争，占据中心位置的重工业需要大量的工厂劳动者，当时很多人都从农村来到城市求职。为了保护这些女性免受危险与诱惑，由林歌子领导的基督教矫风会大阪支部"决定为求职妇女建立机构，于是在中之岛设立大阪妇女家园，为她们介绍、指导工作并提供个人咨询服务"（基督教妇女矫风会大阪支部，1929：4）。该机构不仅派工作人员在车站为刚到大阪的女性提供咨询服务，为其介绍女佣等工作，还提供留宿场所。

以单身女性为对象的机构，之前已经有两家——矫风会在东京都开设的克里坦顿慈爱馆和救世军开设的妇女救济所——大阪妇女家园是全国的第三家。矫风会和救世军在当时沸沸扬扬的废娼运动中起到了核心作用，作为该运动的一环支持废止卖春产业。因此，这两家位于东京都的机构的首要目的是救济卖春妇，而大阪妇女家园则以求职的一般女性为对象，以促进她们的经济独立为目标，这种方针在当时独此一家。

推行废娼运动的矫风会和救世军等的活动，将公娼制度视作问题，支持让卖春妇自愿停业，对此，有一部分人表示赞同，另一部分人则提出批判，正如"丑业妇"这种用语所表现的那样，废娼运动家们的视线中含有对卖春妇的污蔑。此外，因为他们将一夫一妻制视为理想，所以"与其说他们站在娼妇的立场，倒不如说是出于母性主义的角度，自始至终都没有摆脱贤妻良母的思想"（藤目，1997：302）。当时几乎没有任何针对贫困女性的公共支援对策，因此就算女性有志者致力于帮助解救卖春妇，她们与陷入贫困、被迫卖身的女性之间也有一道无法跨越的阶级鸿沟。[1] 大阪妇女家园最初设立的目标虽然不是为了救济卖春妇，但它"为了让妙龄妇女不要误入歧途，并实现家庭幸福"（基督教妇女矫风会大阪支部，1937：5）而努力给妇女介绍工作，其视点依然属于性道德的范畴，致力于守护纯洁的良家少女的婚姻生活。后来，大阪妇女家园也开始逐渐把卖春妇救济置于活动的中心。曾根崎游郭和难波新地游郭分别于1909年和1912年被烧毁，以此为契机，大阪也开始

---

[1] 藤目由纪（藤目ゆき）批判废娼团体不仅无视了阶级统治，还协助日本进行了亚洲侵略，并且默许了从军慰安妇制度，以此来支援对殖民地的统治（藤目，1997）。

推行废娼运动，大阪妇女家园顺理成章地成为运动的一大据点，因为大阪是当时冲在运动前线的林歌子的居住地，也是矫风会大阪支部事务所的所在地。但是根据当时的入住记录，实际入住的不只有想要金盆洗手的卖春妇，还有求职者、孕妇、单亲母亲家庭、露宿女性、家庭暴力受害者等，该机构应对了各种形式的女性困境（表6）。然而，大阪妇女家园对卖春妇的救济不过是对外的表象，实际承担这一责任的另有名为"日本救援团"这一团体。这是英国传教士为了救济日本卖春妇而设立的团体，在让仙台的女性救济机构步上正轨后，该团体于1927年进驻大阪府。在飞田游郭开展支援卖春妇自愿停业的救援团，先将大阪妇女家园作为最初的紧急救援窗口，再将她们转移到救援团的其他机构，为想要躲避色情业者搜捕的卖春妇们提供了藏身之处。机构最初在民宅之间辗转，后来为了免遭色情业者的追踪，于1932年选择在远离人烟的百舌鸟设立慈爱馆，开展正式活动。但是，这些活动将卖春妇视为"有悖伦常的人"，其目的是向她们宣讲基督教，很大程度上是站在特权阶级立场施展的布道活动。此外，那时的大阪妇女家园确

表6 大阪妇女家园一年间的入住记录

入住理由		人数
以求职为目的来到大阪的人		79
离家出走的人	向往都市的人	5
	夫妻不合的人	10
	家庭不和的人	11
	其他	11
从花街柳巷逃出的人		43
因为《防止卖春法》退出行业的人		3
意外怀孕的人		5
四处流浪并无处可去的人		6
为了精神修养而来的人		10
单纯来住宿的人		18
在工作单位因为生病或其他原因变为闲散人员的人		3
为了打官司而来的人		1
跟着母亲而来的婴幼儿		13
当年在妇女之家出生的婴儿		3
合计		221

出处：大阪妇女家园（1934）

立了将卖春妇送往救援团、将母子送往博爱社的流程，机构之间一起携手，根据贫困种类和家庭类型对妇女们进行了分类。

然而，这样的状况没有持续很久。1940年，日本、德国、意大利三国缔结同盟关系，变为敌国人士的英国传教士紧急回国，救援团也停止了活动。在那里工作的日本工作人员虽然在茨木市设立了大阪妇女家园分馆，持续保障着原有使用者们的生活，但随着战争的激化，也已无力扩大救援范围来保障新的女性使用者。1945年，妇女家园的本馆也因躲避战火而被疏散到茨木市，活动范围不断缩小。

3 战后的政策

3-1 一般的流浪型扶贫政策

1945年迎来战争结束的时刻，所有日本人都处于贫困当中。受到空袭的大阪市内有许多人失去家园，街上满是露宿者、遣返者、失业者以及战争寡妇等。睡在大阪站周边的灾民、孤儿和遣返者络绎不绝，再加上从地方地区流落至此的人们，总计高达3万人。为了应对这些人群，从1946年至1947年，新的收容机构相继开设。根据大阪市的说法，这些"游荡者的收容机构以及简易住宿处可以大致被整理为以下四个系列"（大阪市，1966：310—311）：面向单身男性劳动者的廉价简易住宿机构；为单身男性露宿者提供生活指导和职业指导，让他们能在3个月内"自力更生"的机构；收容生病或老龄露宿者的弘济院和医院等；面向家庭、"让大家尽快自力更生"的廉价住宿机构家族厚生寮。另外还有关目寮等以遣返家庭为对象的机构。像这样，哪怕是在战后的混乱时期，这些机构也会根据劳动能力和家庭形态进行分类。但是，仅凭这些市营机构，无法应对持续增加的住房困难户，大阪府和大阪市还委托从战前就开始支援贫困者的民间团体帮助提供收容保障，对于妇女来说，"流浪的母亲和孩子"会被安置在圣家族之家（曾于战前开展睦邻活动的机构）等组织中。

市民咨询处从战争时期起就存在于大阪车站内，主要负责为露宿在车站周边的人们提供咨询和保障服务。1946年，政府还开始施行临时监护，在"游荡者"大搜捕中被带走的人们在此被分类为"儿童、游荡男性、游荡女性、母子、普通病人、结核患者、老人、精神病患者"等，并被送往各类收容机构。这些人的数量在1948年3月达到了19649人，其中半数以上都是男性，大约两成是成年女性，还包括一些儿童。1949年，市民咨询处更名为梅田厚生馆，其监护范围不再仅限于"游荡者"，而是扩大到大阪市内所有需要收容的人,作为临时监护和"分门别类"的机构发挥着作用。将需要监护的人集中管理起来,这种方式后来以"大阪方式"而为人所知。从这里开始对人们进行调拨分配的收容机构多种多样,有儿童机构、勤劳住宿处、医院等,对女性而言,如果她们有孩子,就会被送去赤川家园和八尾邻保馆等母子寮,单身人士则会被送去朝光寮、成美寮等以卖春妇为对象的保障更生机构。

一般的扶贫政策,有1946年制定的旧《生活保障法》,以及1950年制定的《生活保障法》(囊括了之后公布的新宪法的主旨)。与之前的制度不同,这项制度的进步之处在于,每个人的经济贫困度只要低于某个标准,无论其劳动能力和个人道德如何,都将有权利无歧视地、平等地领取福利、申请保障。对于居住地不详的流浪型贫困者,则明确规定了就地保障的原则,并将生活保障机构分为更生机构、救护机构、住宿提供机构等五类。大阪市认为"对游荡者进行保障的应急对策期差不多结束"的时候刚好是翌年的1951年,政府自那以后也遵从这一分类,开始重组、整备战后用来处理"游荡者"大搜捕和居住困难户而紧急创设的各类"千差万别"的机构。在大阪市1955年的"收容保障机构"整理（大阪市，1966：312）中，更生机构共有梅田厚生馆、弘济院、由母子寮变更而来的三国家族寮、由引扬寮变更而来的关目家族寮等六家机构；住宿提供机构有包括广教家族寮在内的六家机构；简易住宿机构则有两家。以上机构除厚生馆、弘济院以及三家家庭寮之外，其他几乎都只收容单身男性。

进入20世纪60年代，大阪府内的露宿者聚集在了简易住宿处和窝棚林立的釜崎周边。釜崎在1961年发生暴动。自那以后，治安对策和劳动福利对策同时在这片区域集中开展，爱邻会馆和西成劳动福利中心等在此成立，肩负着地区综合性福利的任务。

1966年，梅田厚生馆因为机构老旧等原因被统合、重组，并改名为中央更生咨询处，该机构原本一直在大阪市主要承担流浪型贫困者的评估与保障工作。1971年，爱邻会馆也被统合，名称也被改为更生咨询处，并迁移到需求较多的釜崎地区。此时，该机构的职能从处理全市需要监护的人变更为只处理釜崎这一特定区域内无固定居所、需要监护的人。这导致釜崎的露宿者受到了极为特殊的对待，只有他们是在更生咨询处而非福祉事务所获得生活保障的。在此被分类的各个收容机构中，许多都是反映出露宿者人口构成并面向单身男性的机构。直到1962年在釜崎地区内以家庭为对象的爱邻寮设立，1965年今池生活馆设立。他们的对策是让生活稳定的家庭优先搬出釜崎地区，为他们分配公营住宅，这导致骚乱发生时，占人口近半数的女性逐渐从釜崎消失。另一方面，单身男性开始聚集在这里，使这里成为劳动力的供给基地，逐渐变成了像今天这样以单身男性为主的街区。

一边游走在简易住所和劳工宿舍，一边重复一天至数月的工作，这些釜崎日结劳工们的生活虽然在根本上很不稳定，但景气的时候工作岗位会剧增，露宿的人就没有那么多。然而，进入20世纪90年代，露宿的日结劳工开始增加，那之后，露宿者的身影也跨越了釜崎一带，蔓延到各地。当初收容保障这些人的，是实行两周短期保障的生活关怀中心（在釜崎发展起来并提供法律规定范围之外的援助保障的机构），以及大阪市内比起其他地区数量高出很多的生活保障机构和福利医院（行路病院）。但自1999年起，露宿者对策正式推行，超越了这些过往的釜崎对策。1999年，以露宿者为对象的巡回咨询开始实行，2000年设立了三家自立支援中心，为人们提供长达数月的暂居地和就业支援，公园内还设立了临时庇护所，以及只允许夜晚入住的夜间避难机构，等等。2002年，国家制定了流浪者自立支援法，积极地着手应对。然而，上述露宿者对策几乎都只面向男性单身者。公园内的临时庇护所虽然能让夫妇和女性入住，但实际能够应对在露宿者中仅占3%的女性的，并不是露宿者对策，而是我之后会详述的单身女性对策。

3-2 母子政策

1946年，旧《生活保障法》制定，战前以母子为对象的《军事扶助法》和《母子保护法》被废止。与此同时，幸免于战火的母子寮为新制定的《生活保障法》提供住宿场所，收容、保障需要住房的单亲母亲家庭。在此基础上，大阪府还为在战争中失去住房的人们提供了应急对策，于1946年新设立了以母子遣返者为对象的赤川家园，1947年新设立了以战争灾民为对象的三国母子寮。当时这些机构的成立与其说是一种母子对策，不如说更能看出浓厚的处理战后问题的色彩。实际上，在混乱中入住机构的并非只有母子。根据母子寮相关者的手记，虽然大阪府内当时以母子为对象的机构有5所（大阪社会事业史研究会，1985：303），但也有相当数量的单亲母亲家庭混杂在以一般住房困难户为对象的收容保障机构中。此外，四天王寺悲田院、圣家族之家等民间团体在保障"游荡者"和其他战争灾民的同时，也在保障"游荡母子"。

1947年《儿童福祉法》制定后，母子寮从遵从《生活保障法》的机构变更为遵从《儿童福祉法》的机构。其背景是女性议员们强调必须"以儿童为本，保障母亲和儿童的整体利益"，而不是像《生活保障法》规定的那样只提供住房。大阪府也紧跟其后，新设了守口母子寮和堺市母子寮等机构，其中14家机构被认可成为《儿童福祉法》制度下的母子寮。不过，战后的游荡者对策虽然看上去告一段落，但进入20世纪50年代后，受到朝鲜战争导致的物价飞涨等现实的影响，许多人的生活陷入贫困，"游荡母子"的数量再次急速增长，仅凭《儿童福祉法》规定的母子寮无法应对这一情况。1952年，以八尾善邻馆为首的7家母子寮再次被归类到《生活保障法》之下，收容保障那些从梅田厚生馆被转送过来的"游荡母子"。与那些在遣返或战争中失去丈夫、生活困苦的普通母子不同的是，"游荡母子"受到了明显的区别对待。然而2年后，政府又以社会已经安定下来为由，劝告这7家机构从成本较高的生活保障机构转型成为其他类型。

20世纪50年代曾是母子寮的增设期。1949年公布了《母子福祉对策纲要》，明确表示了紧急增设母子寮的必要性，自那以后，母子寮在全国范围内数量激增。大阪府也相继成立了公立母子寮，地点主要在泉大津市、八尾市、高石町、池田市、高槻市、泉佐野市、吹田市、岸和田市、和泉市、箕面市等郊外地区。配合这场增设，1950年厚生省也出台了《母子寮运营要领》来确立母子寮的运营方针。其中，母子寮被强调是"为了儿童而建的机构"，"着重于让身为未来希望的儿童们能够幸福和茁壮地成长"。母亲的人权仅仅被视作儿童的附属品。此外,该纲要还指出必须认真调查、选择机构的使用者,以免"母子寮成为任性妄为的妇女逃避家庭制度的落脚点,或者成为培养懒散的依赖心的场所",离婚和生活贫困的援助问题被归结为女性个人的道德问题,是"任性妄为的"行动和"懒散的依赖心",这透露出要根据女性的行为来限制其使用母子寮的想法。

此后的20世纪60年代后半至20世纪70年代,母子寮的入住者减少,母子寮的数目也开始随之削减。当时制定了其他母子住宅对策和《母子福祉法》,并且动用了公营住宅,针对单亲母亲家庭的支援对策才勉强就位,虽然女性的就业机会也有所增加,但是为了收容战争灾民而紧急建设的母子寮居住环境恶劣、建筑老化,大大妨害了女性的使用。大阪府也在这一时期相继关闭了以郊外地区为主的母子寮。另外,从这一时期开始,离婚单亲母亲家庭的利用率提高,母子福祉起初是政府为战争寡妇所创建的生活保障,后来这一含义逐渐淡薄,转向为寻求个人的自助努力。

在1982年的厚生省通知中,家庭暴力首度被提及。

这则通知规定，如果妇女是为了躲避丈夫的暴力，那么即使在离婚不成立的情况下，为了孩子的福利，母子寮也应该对其提供保护。在那之后，大众逐渐认识到来自配偶的暴力不单单是夫妇间的纠纷，而是一个社会问题，政府终于在1999年公布了另一则通知《如何应对受到来自丈夫等人的暴力且需要保护的女性》。母子福祉再次成为政府必须作出应对的课题。新制度可以接纳来自都道府县以外的偏远地区且需要隐瞒居住地的家庭暴力受害者，没有子女的单身家庭暴力受害者也可以在母子生活支援机构（自1998年起，"母子寮"更名为"母子生活支援机构"）中得到庇护。2001年，国家进一步制定了《防止配偶暴力和保护受害者的相关法律》（以下简称为《防止法》），许多母子生活支援机构开始为受害者提供紧急临时保护。与此同时，大阪市于2001年起独立运作的市政事业开设了4家母子生活支援机构，为遭受家庭暴力的母子提供临时保护。

3-3 单身女性政策

战后最早提出的单身女性贫困者对策是针对卖春妇的。1945年8月18日，战争结束后仅仅过了3天，政府就开始讨论建设服务占领军的"特殊慰安机构"。于是，仅凭一句所谓的"为了守护大和抚子的纯洁"，就集结了7万名卖春妇并派她们去服务占领军。女性就这样被国家分为两类：一类是必须严守贞操的一般女性；另一类是理应成为"性防波堤"的卖春女性。但是，慰安机构里的性病开始蔓延，政府不得不关闭机构，并于1946年应盟军最高司令官总司令部（GHQ）的要求废止了历史悠久的公娼制度。不过，废止只是表面功夫，实际上，政府把卖春集中到了指定地点，采取默许态度。另一方面，那些无法被纳入管理范围的街头暗娼被视为"暗夜的女人"，遭到强制取缔和管制。与此同时，1946年公布了《妇女保障纲要》，提倡禁止卖春，开展街头暗娼的更生保障，翌年的1947年，全国开设了17家妇女福利机构来保障卖春妇的权益。大阪府曾经试图委托从战前就开始保障女性利益的大阪妇女家园接手更生保障事业，但是该机构的创始人林歌子在这一年去世，机构无人接管，于是大阪府只得放弃这个想法，转而开设救世军朝光寮和成美寮（之后迁址并改名为生野学园）。被搜捕的街头暗娼和单身女性露宿者也从梅田厚生馆被转送到这里。当时的相关者座谈会上提及了许多事实，诸如以前有过只收容街头暗娼的"潘潘[1]医院"，有许多令人困扰的街头暗娼反复逃出住宿处，还有一些妇女被送进精神病院强制接受绝育手术（五十岚，1986：153）。5年后，即1952年，大阪妇女家园以女性为对象，作为生活保障法的更生机构重新开设。

尽管有这些取缔并帮助卖春妇改行的政策，但还是有越来越多的妇女因为生活贫困不得不出卖身体，于是政府在1956年制定了《防止卖春法》。虽然防止法宣称禁止卖春，却没有将买春行为本身列为处罚对象。在公共场所招揽生意的街头暗娼则被视为"扰乱社会良俗"，并按规定遭到处分。与此同时，政府还制定了防止卖春

---

[1] "潘潘"（パンパン）是一种蔑称，用来指代在美军占领时期服务美军的日本街头暗娼。——译注

的妇女保障条例，致力于对那些"因为本性或环境影响而可能走上卖春道路的女子"实施更生保障。这些妇女保障事业就这样开始了，它们虽然是福利事业，却被纳入刑法，和其他福利事业有着明显的界限和区别。与此同时，大阪府于1957年在梅田和天王寺，于1959年在西成区、浪速区、港区开设了咨询处，为"需要保护的妇女"提供咨询和临时保障。提供更加长期的收容保障的妇女保障机构有朝光寮和生野学园，后来又分别在1958年和1961年新设了玉藻寮和茜寮。

但是，这些妇女保障事业从开设之初起，使用人数就一直不到最大收容人数的六成。之后，卖春妇发展出更加"巧妙"的卖春形态，比如不进行到最后那步，就不至于触犯法律，机构的使用者也因此越来越少（图6）。此时，政府的一次转向决定了《防止卖春法》日后的发展。从立法颁布之时起，妇女保障事业的使用者不再限于卖春妇——"即现在正在红线地带等处从事卖春的妇女——还广泛包括了因离家出走和游荡等原因而有堕落风险的妇女"，通过"有堕落风险"这一更广义的解释，政府就可以为不涉及卖春的形形色色的

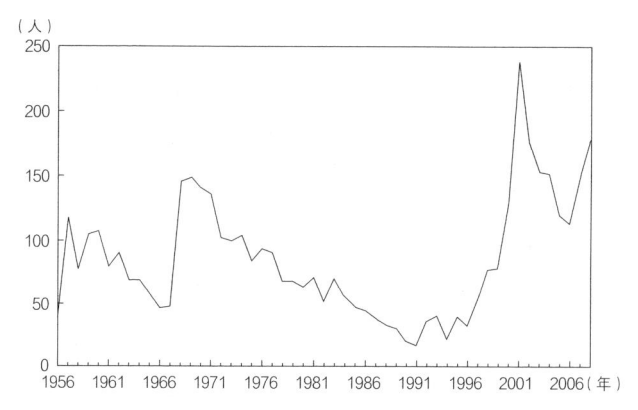

图6 大阪府妇女保障机构的入住者数量
出处：根据大阪府妇女咨询中心（1984—2009）制图

女性提供保障。

1970年，厚生省发出通告，确认了"即使是被认为没有堕落风险的妇女"，只要她们难以维系日常生活且无法使用其他机构，就允许她们使用妇女保障事业。据此，《防止卖春法》开始授权保护各类流浪型的贫困女性——诸如"失去工作、失去住所、人际关系不顺以及逃避家庭暴力的女性"等（大阪府女性咨询中心，2001：12），这才填补了机构的空位。其实看图6也能明白，使用者从这段时期开始激增。尤其是大阪府，与其他府县相比，此处缺少接收精神病院出院人员的机构，因此妇女保障事业就成了精神、智力障碍者的住宿处，并且完成了补全障碍者福利的任务。这些"被认为没有堕落风险"的女性使用者，远远超过了最初法定的卖春妇目标人数。1992年，随着使用人数的再次减少，厚生省发布了一项新通知，明确规定该事业的对象也包括"目前没有从事卖春的倾向""家庭关系破裂""生活贫困"以及"性受害者"的女性。这等于公开承认妇女保障事业已经脱离其原本的防止卖春的目标。在这一使用者减少的时期，大阪府也以设施老旧为由废止了府内三家妇女保障机构，并统合成府立女性自立支援中心，1997年后，这成了大阪府内唯一的妇女保障机构。

1999年又确立了一个新方向。关于"如何应对因受到家庭暴力而需要保护的女性"，厚生省发出通知，规定妇女保障事业和母子对策一起承担保护家庭暴力受害女性之责。同时，妇女保障事业也摒弃了一些过往的做法，比如根据使用者是否有卖春经历来分门别类，以及将使用机构的女性称为"需要保障的妇女"。据称这是为了减轻将《防止卖春法》作为正式接纳家庭暴力受害者的法律依据所带来的耻辱感。此外，2001年制定《防止家庭暴力法》时，唯一被具体举例的适合保护家庭暴力受害者的现存机构，就是妇女咨询处和妇女保障机构等《防止卖春法》指导下的机构。从图6中还可以看出，从这一年开始，使用妇女保障机构的人数急剧增加。

在大阪府，妇女咨询处（大阪府内的名称是大阪府女性咨询中心）主要负责紧急临时保护，[1]妇女保障机构（府立女性自立支援中心）则负责更长期的保护。[2]但是从次年的2002年开始，大阪市就开始将临时保护家庭暴力受害者的生活关怀中心作为独立的市级事业，[3]大阪府内的流浪型贫困女性主要根据其居住地，被分配到妇女保障机构和生活保障机构并保护起来。换言之，出现了以下情况，住在大阪市内的单身女性主要由《生活保障法》制下的机构保障，除此之外的女性则主要由《防

---

[1] 有时也会委托同妇女咨询处签约的福利机构和民营庇护所进行临时保护。
[2] 此外，还有一项制度允许家庭暴力受害者可使用府营住宅长达6个月，以帮助受害者自力更生。
[3] 2004年制定的《大阪市支援露宿生活者（流浪者）自立的实施计划》中，也明确提到生活关怀中心的事业是应对女性露宿者的措施。

止卖春法》制下的机构保障。再加上在《防止家庭暴力法》制定之后使用者的数量增加，其中家庭暴力的受害者会被优先保护，导致原本的法定使用者，即卖春女性和其他流浪状态的女性反而难以使用这些机构了。2004年，人口贩卖对策行动计划将妇女保障事业定位为保护人口贩卖受害者的机构。

如果观察最近的大阪府妇女保障机构使用者的入住理由（图7），我们会发现在使用者中，法律原定的对象（卖春相关女性）仅占一成以下，家庭暴力受害者占七成，"没有住所"的女性占两成。[1] 然而，旨在惩罚、保护和改造卖春妇的妇女保障机构在预算和人员配置方面有明显不足（这一点我会在第四章中详述），这些"没有卖春风险"的人们本应享有更好的生活保障。《防止卖春法》的本质是惩罚、改造女性，但该法在现实中却被用来保护许多没有参与卖春的贫困女性，现在是时候重新审视这一现状了。

---

[1] 自2001年以来，使用者有所减少，这可能是由于大阪市于2002年开始提供自己的临时保护事业，导致大阪市内的使用者转向了那里。

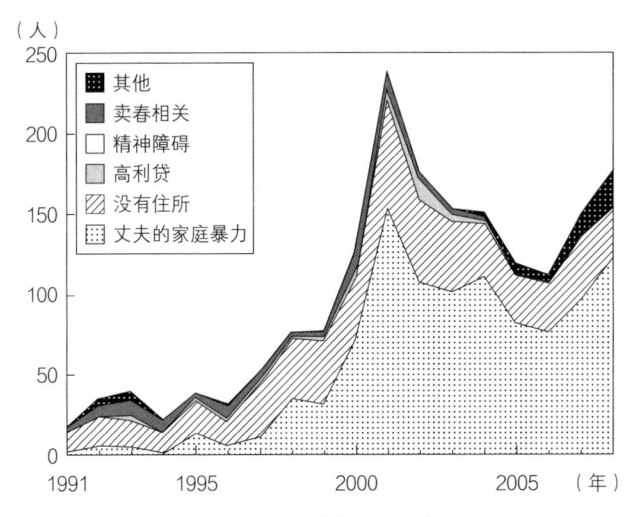

图7 大阪府的妇女保障机构的入住理由

出处：根据大阪府妇女咨询中心（1991—2009）制图

*大阪府妇女咨询中心在1996年之前被称为大阪府妇人相谈所，《事业概要》这一标题在1984—1996年原为《妇人保护的概要》，在1997—2003年原为《女性保护的概要》，在2008—2009年改称《大阪府妇女咨询中心事业概要》。

4 扶贫政策中的两种女性形象

如前所述，无论什么时代，人们在领取福利时一定会被质问是否有劳动能力。只要有劳动能力就不能领取福利，这一点从以前的《救贫法》到现在提倡平等无歧视的《生活保障法》，基本没有改变，是扶贫政策的一大前提。然而对女性而言，这并不是唯一的标准。因为社会的一般价值观会认为，评价女性更重要的一点是她们是否完成了主流的女性性别分工。从这个意义上出发，再配合劳动能力的有无这一标准，在领取福利时，最重要的问题就变成了一个人是否适配从事雇佣劳动的男性和从事家务劳动的女性组成的现代家庭。

在缺乏能赚钱的男性伴侣的女性中，最早得到保障的是养育孩子的母亲。然而，由于成为单亲母亲家庭的理由各异，所以对策的建立时期和福利水平也各有不同。军人遗属的母子能受到更多的优待，而和丧夫的单亲母亲家庭相比，面向离异的单亲母亲家庭和未婚母亲的福利制度创设得更晚，福利水平也更低。这一应对阶段的差别，是根据个人对近代家族的适配程度和对国家的有用程度进行排序而产生的，那些不符合所谓理想生活、离婚或者成为未婚母亲的女性会被质问私德，其利益也会受损。

另一方面，针对单身女性的政策，从制定之初就和针对母亲的政策分属于不同谱系。作为针对卖春妇的救济措施，其发展的起点与其说是保护人权，不如说是维持治安和性道德。其中不仅伴随着对卖春妇的蔑视，事后还可能会对她们进行处罚，但从来不对买春的一方问责。应对卖春妇的措施不仅被用来保障卖春妇，也被用来保障处于各种贫困状态的女性的基本生活，因为人们认为，如果放任不管，女性就"有可能"成为卖春妇。像这样，脱离一般婚姻制度的单身女性就成了威胁近代家庭的存在，成了同时需要保障和处罚的对象。在《防止家庭暴力法》已被制定的现在，这些女性之中的家庭暴力受害者得到了优先保障。然而，当我们回望明治时代的机构入住者统计数据时，会发现得到保障的女性实际上包括逃避丈夫暴力行为的女性、卖春妇、露宿者等，和现在没有太大差别，唯一的变化只是不同时代颁布了不同的法律，这些法律决定了受保障者的优先顺序。也就是说，一名女性会成为受保障的对象还是成为被取缔的对象，会得到众人的同情还是遭到社会的非难——这是一个关于如何解释女性需求的极度政治性的问题。

即便是现在的家庭暴力受害者保障，相关公共措施主要使用的依然是两套既存系统——母子机构或卖春妇保障机构。因此，当广义的流浪状态贫困女性需要使用福利时，她们只能在两种定位中二选一，要么是作为养育孩子的母亲被保障，要么是作为卖春妇成为被处罚和保障改造的对象，这是一个历史性的问题。我们的法律一方面诱导女性进入婚姻制度之中，另一方面又配备了卖春妇来满足溢出婚姻制度的男性性欲，再进一步地把卖春妇设为处罚对象，认为她们不过是例外而已。母亲与娼妓，这两种女性定位不论哪一方对婚姻制度的稳定性都是不可或缺的。从中获益的，是不论是否依赖婚姻制度都能满足自身性欲的男性，是能够维持婚姻制度稳定的国家，是凭借确保生育和家务劳动的女性来实现稳定的劳动力再生产的资本一方。

南希·弗雷泽（Nancy Fraser）指出，那些看上去性别中立的社会政策其实是非常性别化的产物（Fraser, 1989）。从事雇佣劳动的男性陷入危机时，领取的是失业保险和社会保障。因为这是对他们过往劳动的支付，所以福利水平很高，发放时不会伴有羞辱，机构也基本不会介入和监视他们的生活。与此相对，女性被强加了另一套模范生活，即主要以雇佣劳动者之妻的身份承担家务劳动，因此当女性陷入危机时，女性自身的私德就会受到质疑——比如被怀疑是不是她们的私德问题招致了危机——伴随着羞辱的福利发放形成了一整套制度，很多女性即便接受了福利也无法摆脱贫困，这就是现状。像这样，整套福利制度本身就有性别差异，是以女性必须完成性别分工为前提而设计的，不仅如此，这套制度本身还强迫不得不依附制度的女性进入女性角色，规定限制了贫困女性的生活，为实现社会安定而任意摆布她们。这里几乎没人关注如何消解性别歧视的体制，如何帮助女性作为一个人过上有尊严的生活。

最近，在女性福利领域也出现了工作福利型的福利，不同于基于性别角色分工的传统福利，这种福利让女性与男性一样承受着越来越高的就业压力。女性的经济独立原本确实应该能提高女性的自由度，但考虑到现在劳动者的概念本身就多指男性劳动者，因为这建立在以女性从事家务劳动为前提之上，所以如果一味追求女性就业，就会强加给女性家务和就业的双重负担，这只会加重她们的贫困。

在下一章中，我们将通过对具体情况的考察，探讨女性流浪者如何一边与上述规定贫困女性人生方向的福利制度保持距离，一边在这种制度之下存活。

第四章

福利机构的使用与性别规范

1 福利制度中内藏的女性观

第三章通过纵观应对流浪女性的福利制度的历史性发展过程，探讨了被纳入或排除在援助范围的女性被分类的方式。福利制度对男性和女性提出了两套标准，一方面质问男性是否有劳动能力，另一方面对女性提出更多要求，与主流女性角色的适配程度——与从事雇佣劳动的男性和从事家务劳动的女性构成的近代家庭的适配程度——决定了她们能获得的福利待遇。

这一现象，不仅让男性和女性在福利制度选择上产生分歧，还决定了被迫依赖福利制度的人们的人生方向。我在第一章提及了帕萨罗的研究，她将这一情况放在流浪者研究中进行探讨。帕萨罗提到，因为政府为女性流浪者准备了男性所没有的福利选项，所以女性只要遵从以福利制度为前提的理想女性形象，就能够存活。不仅如此，"继续露宿生活的女性都是背弃性别的人，换言之，是对受到监护、再次建立有害家庭、欠政府人情以及父爱主义持审慎态度的女性"（Passaro, 1996: 63）。

正如帕萨罗所言，福利制度实际上就是一个规范近代家庭，并将女性导向主流女性角色的体系。也因此，帕萨罗将使用或不使用福利制度的女性之间的差异，理解为适配或不适配主流女性角色的差异。此时的性别，不仅成了被埋入福利制度体系中的静态规范，还被认为是人类恒常具备的固定属性。因此，帕萨罗将坚持留在街头的女性露宿者视为反抗主流性别角色的女性。然而，这种对性别的理解方式，忽视了女性流浪者在性别意识上的巨大个体差异，忽视了性别意识富含变化的特质，并将街头女性视为性别体系的逃逸者。此外，帕萨罗还忽略了一个事实，即福利制度体系内含的理想女性角色不仅是一种基于性别范畴的存在，不一定会在女性使用福利制度时直接显现，还会以福利制度的使用作为交换条件，规定女性的种种人生方向。

因此，在下文中，我将如第一章所述，借鉴基于后结构主义的实证研究成果，把性别视为一种过程，展示人们如何通过参考性别范畴的实践在其中构建性别主体和权力关系。站在这一视角，就可以避免像帕萨罗那样，将福利制度体系内含的规范性女性角色预先理解为静态的存在——将每一个行为主体要么视作内化这种女性角色的存在，要么视作背弃了这种女性角色的存在——而是根据每一个互动行为的场景，一边参照被性别化了的概念，一边展现行为主体之间不断交涉、实践的过程。通过这种方法，我们可以从福利制度运作的具体情况，看到被埋入福利制度的女性理想形象，这种形象表露在使用福利制度的女性流浪者们的日常生活之中。此外，这一方法还能观察每个女性流浪者各有不同的、未必始终不变的性别形态。

因此，本章将概观第三章所述的包含女性形象的福利制度是如何在具体地域被运用的。我选择东京都为对象，观察福利制度的运用方式造成的结果，搞清最后是什么样的流浪女性在使用这些基于不同法律设立的福利机构。下一部分将重点介绍，在东京都被称为免费廉价住宿处的机构之中，女性的生活状况和福利制度的运作情况。在这类福利机构的空间里，流浪女性会收到一些要求她们服从的规范，本章的课题是观察这些规范以何种形式与性别相关。女性要经历什么样的过程才能领到福利金，女性本人和她身边的人如何理解并定义机构生活，女性要经历什么样的过程才能确定接受哪种支援方向并规划退宿后的生活，我想将这些问题放到日常生活中，以民族志的视角来分析。我将通过这一方法来探讨女性在使用福利制度时被要求遵从的规范，以及这些规范与性别有着怎样千丝万缕的关系。

2 针对女性流浪者的福利

2-1 以女性为对象的福利机构的现状

正如我在第二章中论述的那样，没有安定的住处、陷入生活贫困状态的女性流浪者能够使用的福利制度有以下几类：生活保障、妇女保障以及母子福利。那么，在流浪者之中，是抱持着何种需求的女性在使用哪种制度呢？这些不同制度之间的关系又如何呢？

生活贫困者使用的《生活保障制度》在法律上规定"其他法律提供的所有援助应优先于本法律提供的保障"，当有可以使用的残障人士措施和老年人措施时，应优先使用此类法律和措施。另一方面，妇女保障事业之中也存在其他法律优先的原则。如第三章所述，妇女保障事业的初衷，是保护和改造从事或可能从事卖春的妇女，但通过多次通知和对法律依据的补充，妇女保障事业的对象不断扩大，除了有过卖春经历的人、有可能从事卖春的人，厚生劳动省在2002年的最新通知中还将"受到来自配偶（包括事实婚姻中的配偶）暴力对待的人"以及"遇到难以维系正常生活的情况（如家庭关系破裂、生活贫困等）且目前找不到其他可以解决此问题的机构，从而被认定为需要保障和援助的人"也列为妇女保障事业的对象（引自《关于根据〈防止配偶暴力和保护受害者相关法〉执行情况实施妇女保障事业》）。因此，虽然在现实生活中存在各种问题（如生活贫困、残障、家庭暴力）的女性都会使用这套福利制度，但对生活特别困苦的女性而言，她们究竟应该使用生活保障还是妇女保障——因为两者都适用于其他法律优先的原则——则变得不甚明朗。

换言之，身陷生活贫困状态的女性在使用福利制度时，眼前有两个窗口：福祉事务所和妇女咨询处。福祉事务所是执行福利六大法（《生活保障法》《儿童福祉法》《母子及寡妇福祉法》《老人福祉法》《残障人士福祉法》《智力障碍人士福祉法》）相关事务的机构，也会处理女性流浪者的相关事务，如帮助她们办理生活保障手续、将她们安顿到保护机构、为单亲母亲家庭办理母子生活支援机构的入住手续等。妇女咨询处是通过《防止卖春法》设定的机构，不仅设置了临时庇护所，还会将妇女们安顿到妇女保障机构。《防止家庭暴力法》制定以来，妇女咨询处还常常兼具配偶暴力支援中心的功能，为家庭暴力受害者提供咨询和援助。

没有固定住所的女性流浪者不管去咨询这两个窗口中的哪一个，机构为了确保女性当下拥有住所，一般都会先将她们安顿在妇女咨询处和其他自治体所指定的机构，实施约两周的紧急临时保护。那之后，再根据本人的期望、丧失住所的原因、带着孩子还是单身、劳动能力、收入、资产、是否有能够抚养自己的亲属等要素，来决定这些妇女是前往亲属家或其他安稳的住处的同时领取生活保障，还是使用机构服务。被认定为只要有住处就能够生活的人——比如逃避家庭暴力的人等——能很快获得住宅保障，但如果被认定为需要复杂的行政手续且日常生活需要监护和支援，则会先被送进机构。

那些说自己一直露宿街头的人也会被暂时安置在机构里，因为很难知道她们在日常生活中是否需要支援。如果要使用机构，下一步则会决定进入哪一类机构。

生活困苦的流浪女性在接受紧急临时保护后所使用的机构如表7所示。[1]在这些机构中，仅限女性使用的有妇女保障机构和母子生活支援机构，除此之外，城市区域还有女性专用的救护机构和更生机构等。也有同时接收男性和女性的机构，不过，这些机构大多没有记载使用者的性别，所以无法把握女性的使用比例。此前，妇女们会进入哪家机构，是由家庭结构（单身还是带着孩子）、咨询的窗口、失去住所的原因等因素决定的。具体的结果不仅要看本人的上述情况，还常常被社工的定夺、机构的空位等外在条件左右。尤其是当同一家自治体内有几家功能雷同的机构时，每家自治体就会有自己独特的规则来决定如何分别使用这些机构。

此外，我还在表7右侧记录了这些机构在全国范围

---

[1] 基于流浪者自立支援事业的机构在建筑物的构造和应用层面几乎仅限男性使用，因此不包含在表7内。

表7 女性流浪者入住的机构

事业类别	机构名称	事业内容	入住率
生活保障	救护机构	向因为在身体上或精神上有明显障碍而难以独自生活的人提供收容保障	100.5%
生活保障	更生机构	对由于身体或精神原因而需要被照顾和进行生活指导的、需要保障的女性进行生活扶助	79.5%
生活保障	住宿提供机构	向没有住宅且需要保障的家庭提供住宅援助	61.6%
妇女保障	妇女保障机构	收容、保障那些需要保障的女性（指因为品行或环境缘故而有卖春倾向的女性）	38.2%
母子福利	母子生活支援机构	接纳无配偶的女性处于同等境况的女性及其需要监护的子女，保障并支援她们的生活，以促进她们的自立	
其他	免费廉价住宿处	为生活贫困的人免费提供或低价出租简易住宅和住宿处，或者帮助他们利用其他机构	
其他	未登记机构		

*此表不包含以紧急临时保护为目的的机构。
*母子生活支援机构的名额上限是以家庭为单位计数的，入住人数中也包含孩子，因此无法计算入住率。

出处：根据东京都福祉保健局总务部（2011），厚生劳动省（2011d）制表内的入住率（入住人数/名额上限）。虽然机构被使用的程度有着巨大的地域差异，但妇女保障机构的入住率只有38.2%，跟生活保障机构相比还是非常低的。另一方面，我还在表8展示了这些机构的成本和人员配置。机构的设置目的各有不同，无法一概而论地进行比较，不过妇女保障机构和救护机构、更生机构相比，运营的人均成本都更低。虽然免费廉价住宿处和未登记机构的使用费、服务质量以及房间大小等，都会因为运营主体的

表8 女性流浪者所入住机构的成本（月额）与职员配备基准

		人均行政费（日元）	人均事业费（日元）	职员人数（人）
生活保障	救护机构	175100	64240	18
	更生机构	121100	68050	13
	住宿提供机构	29800	?	3
妇女保护机构		87800	54600	9
母子生活支援机构		118090	3550	6
免费廉价住宿处、未登记机构		用135310日元的生活保障费来支付使用费		无规定

*本数据是根据东京都的基准（假设每家机构可容纳50人）计算得出的。母子生活支援机构假设的则是可容纳20户家庭的机构，金额是按每户家庭计算的。生活保障费是根据41—59岁的年龄区间计算得出的。
出处：根据中央法规（2012）制表

差异各有不同，但其运营成本总体而言要比第一类社会福利事业的机构低许多。[1]

2-2 东京都女性机构的使用者

接下来，我想要聚焦于接收女性使用者的机构，并以东京都为案例，来更加细致地观察横跨几套法案且定位各异的机构实际上如何被大家所使用。我在表9中列举了东京都的机构，尤其是那些收容了许多广义层面的流浪者的地方。我用表格中阴影的浓淡展示了女性使用者比例的高低。虽然救护机构没有明示使用者的性别，但其中确实有男性专用和男女混合的机构，女性使用者不到总名额的一半。东京都内有10家更生机构，其中有3家是女性专用。[2]住宿提供机构有7家，但在《防止家庭暴力法》颁布的2003年之后，政府预测需要紧急临时

---

[1] 最近有人指出，需要明确具有很强公共性质且由政府承担运营成本的机构的作用和意义，包括第一类社会福利事业的意义。因为一些免费廉价住宿处也在以低成本提供优质服务，如单人房间和出色的社工服务等。
[2] 因为女性机构不足，所以于2007年新开了一家。

第四章　福利机构的使用与性别规范

表9　东京都内女性流浪者入住机构的数量和名额上限

事业类别	机构名称	机构数量	名额上限（人）	女性比例
生活保障	救护机构	10	948	半数以下？
	更生机构	10	922	女性专用的机构有三所（女性的名额上限是130人）
	住宿提供机构	7	567	七成
妇女保障	妇女保障机构	5	230	仅女性
母子福利	母子生活支援机构	36	746（家庭）	仅女性家庭
其他	免费廉价住宿处	170	5316	有一部分女性专用机构
	未登记机构	?	?	有一部分包含女性使用者（包括家庭暴力庇护所）

*不包括仅以紧急临时保护为目的的机构。
出处：根据厚生劳动省（2011d）制表

保护的女性需求会增加，所以这些机构被改为专门提供紧急临时保护的地方。如此一来，这些机构的使用者就有八成为女性了（图8）。免费廉价住宿处的使用者多为男性，虽然因为使用者的性别信息没有公开，所以女性的数量不明确，但据我所知，女性专用的机构大概有

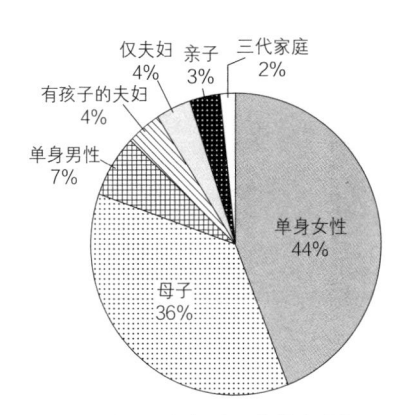

图8 住宿提供机构使用者的家庭细目

出处：根据特别区人事、厚生事务公会（2010）制表

20家，也有男女混合的机构。之后会详细分析的A住宿处也是此类女性专用的免费廉价住宿处。关于未登记机构，虽然我不了解实际情况，无法掌握女性使用者的数量，但其中确实存在男女混合的住所和以家庭暴力庇护所为代表的女性专用场所。

接下来，我将更加详细地比较这些机构的使用者情况，我的研究范围仅限于更生机构、住宿提供机构、妇女保障机构、母子生活支援机构这四类机构，因为这些

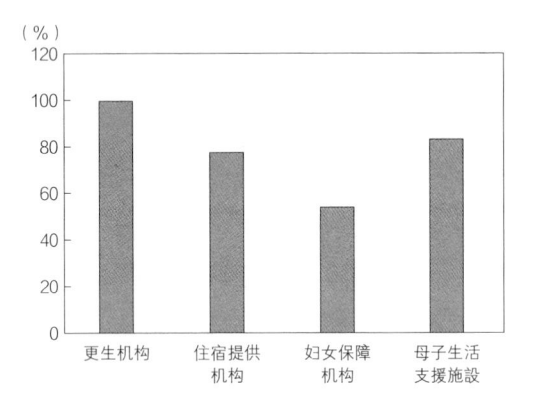

图9　入住率

*住宿提供机构与母子生活支援机构是以家庭为单位计算的。
出处：根据厚生劳动省（2011d）制表

机构公开了明确的事业概要和报告书等统计数据。[1]

---

[1] 以下是我使用数据的出处：关于更生机构和住宿提供机构的数据源自特别区人事、厚生事务公会的《更生机构、住宿提供机构、住宿处、应对露宿街头者的事业机构事业概要》(2010)和社会福利法人新荣会的《2001年度版事业概要》；关于妇女保障机构的数据源自《妇女保障机构实际情况调查报告书2008年度、2009年度》（东京都社会福祉协议会妇人保护部会调查研究委员会，2010）；关于单亲母亲家庭的生活支援机构的数据，我参照了《东京都单亲母亲生活支援机构的现状和课题》（东京都社会福祉协议会母子福祉部会，2011）。另外，住宿提供机构的数据排除了一家男性专用的机构。

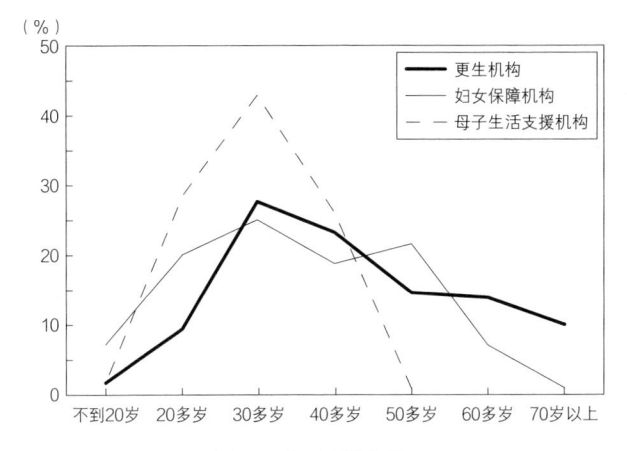

图10　使用者的年龄

*关于住宿提供机构的数据，因为不清楚一家之主的年龄，所以没有列入图表。
出处：参照P168脚注。表10、图11—14的出处也一样。

首先，我比较了各家机构的入住率（图9），机构之间差异很大，妇女保障机构低于六成，是最低的；母子生活支援机构有八成左右；更生机构是满员状态。住宿提供机构约八成的入住率无法单纯地与其他机构对比，因为它被特别用作提供紧急临时保护的机构，所以入住率有所偏差。

从使用者的年龄来看（图10），妇女保障机构的年

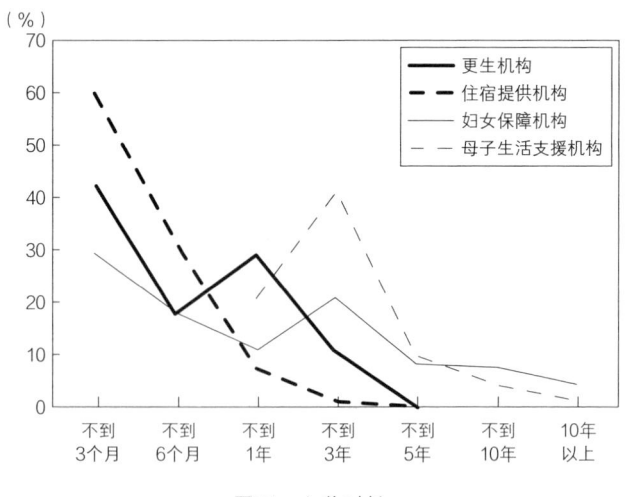

图11 入住时长

*更生机构和住宿提供机构的统计方式有所不同，计算的不是退宿家庭的入住时长，而是入住者的入住时长。

*母子生活支援机构没有入住不到3个月和不到6个月的区分数据，因此全部被归到不到1年的范畴里。

龄层比更生机构更低，而母子生活支援机构因为是为有孩子的母亲所设的机构，所以没有超过60岁的高龄人士。

关于入住时长（图11），专门提供紧急临时保护服务的住宿提供机构使用时长较短，妇女保障机构和母子生活支援机构则有一部分超过3年的长期使用者。

关于入住原因（表10），对于不同机构种类所采取的统计方法有所不同，所以很难比较，但我还是以回答人数由高到低的顺序列举：更生机构回答最多的是"没有住所""从医院出院后没有归处"；住宿提供机构则是"逃离丈夫的暴力""露宿生活"；妇女保障机构是"生活困难""怀孕生育"；母子生活支援机构则是"住宅困

表10　入住原因

	更生机构	住宿提供机构	妇女保障机构	母子生活支援机构
1	没有住所 49.8%	逃离丈夫的暴力 23.5%	生活困难 87.4%	住宅困难 47.3%
2	从医院出院后没有归处 23.3%	露宿生活 14.7%	怀孕生育 28.7%	丈夫等人的暴力 20.8%
3	居家生活困难 17.2%	拖欠房租 10.7%	障碍疾病 27.5%	经济贫困 17.1%
4	被驱逐出现住所 3.7%	亲属不和 8.9%	育儿学习 24.7%	生活环境不良 7.2%
5		难以独立自主地进行社会生活 7.7%	丈夫（事实婚姻的丈夫）的暴力 23.1%	身心不安、身心障碍 3%

*妇女保障机构有多个答案。

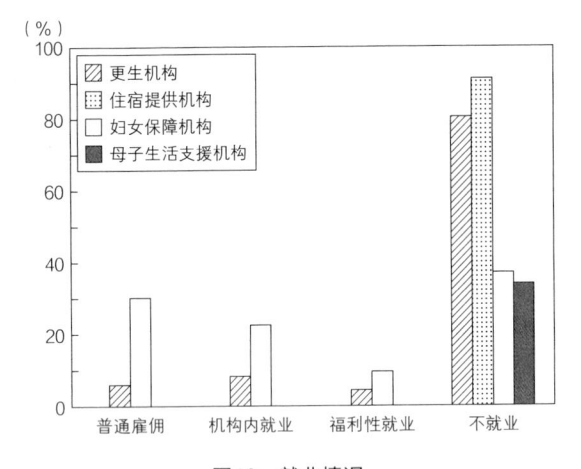

图12 就业情况

*在住宿提供机构和母子生活支援机构内就业的情况，未列入数据。

难""来自丈夫等人的暴力"。从中我们可以看到几个共通的入住原因——生活和住宅方面的困难、丈夫的暴力[1]以及残障造成的社会生活方面的困难。

关于就业情况（图12），妇女保障机构和母子生活

---

[1] 就更生机构而言，人们认为"没有住所"这一项回答中包括逃离丈夫暴力的情况。现在每3家机构中就有1家的统计表示，"没有住所"的原因中有"避难"这一项。

支援机构的就业率较高，这可能也是因为生活保障机构一般会在入住者不就业的情况下给予每月几千的零花钱，但妇女保障机构和母子生活支援机构不会发放这类零花钱，入住者如果想买香烟或化妆品等，就必须工作。而住宿提供机构因为只提供紧急临时保护，就业者也很少。

关于残障人士的比例（图13），更生机构的精神障碍者比例较高，妇女保障机构的智力障碍者比例更高。最近几年还有一些积极帮助大家领取疗育手帐（智力障碍者领取的障碍者手帐[1]）的妇女保障机构。可以说，上述数据是这些努力的成果。

关于退宿原因（图14），进行紧急临时保护的住宿提供机构的退宿原因多是"居宅保障"；妇女保障机构则以"自立"居多；[2]母子生活支援机构多是"其他"。

如上所述，居住了大量广义女性流浪者的更生机

---

[1] 日本政府向符合条件并通过认定的残障人士发放的官方认证文件，持有者可享受相关福利。——编注
[2] 妇女保障机构中的不少人会存钱转入居宅生活，积蓄花光的话就领取生活保障金，哪怕是那些一离开机构就被归类为"自食其力"的人之中，一般到了调查进行的那年年底，也会只剩下一半人还在自食其力了。

第四章　福利机构的使用与性别规范

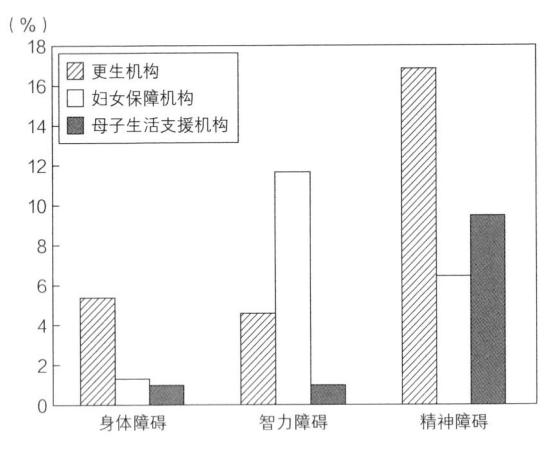

图13 障碍者比例

*只计算障碍者手帐持有者的数据。
*无住宿提供机构的数据。

构、住宿提供机构、妇女保障机构、母子生活支援机构的使用者虽然各有不同，但在入住原因方面有着相当多的共性，可以说许多人都有类似的问题。同样，这次没能获得统计数据的女性专用免费廉价住宿处等，可能也有类似的实际情况。然而，生活保障机构和妇女保障机构的入住率大有不同。生活保障机构，尤其是更生机构总是持续满员，由于机构不足，政府在2007年新设了女

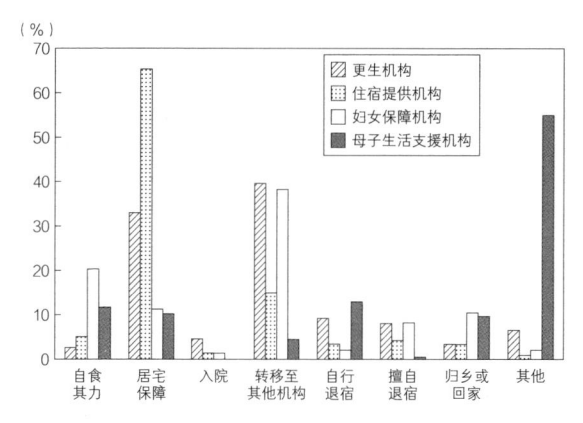

图14　退宿原因

*我在妇女保障机构的部分，使用了"退宿后的去处"和"退宿者生活状况"的数据。我将那些被视为就业和年金中心的收入状况的部分归类至"自食其力"，将领取生活保障的情况归类为"居宅保障"。

*另外，我将采用不同统计方法的部分归入含义相同的范畴中，而无法归类的部分则归入"其他"之中。

*母子生活支援机构的"其他"中包括因中选都营住宅而"改善了住房条件"（34.5%）以及使用期限到期（10.6%）等情况。

性专用的更生机构，此外，免费廉价住宿处等也在持续增加，另一方面，妇女保障机构只有六成的入住率，这是很不可思议的现象。我认为，我们需要将成本等层面也纳入考量，另行探讨这类机构被使用的倾向。[1]

[1] 尽管有类似需求的女性实际上都在使用生活保障机构和妇女保障机构，但两类机构的入住率却有很大差别。其中一个原因可能是这些机构所依据的法律目的不同：生活保障旨在保障生活贫困者的最低生活水平，而妇女保障事业则旨在为卖春妇和家庭暴力受害者提供支持。考虑到上述法律目的，有"性方面问题"的贫困妇女有时会被社工判定为更适合使用妇女保障机构，而不是生活保障机构。第二个原因是，各地区现有的社会资源、服务使用名额、机构设备等也会导致它们配备的福利制度不同。在地方区域，妇女保障机构和妇女咨询处的临时庇护所并立，很多时候是该地区唯一可以接纳女性的机构，因此导致妇女保障机构出现空缺；因为担心逃避暴力并接受临时保护的女性和因为身有障碍等复杂问题而接受安排入住机构的女性在同一空间内可能会造成麻烦，这些机构会选择避免类似安排。另一方面，在东京和大阪等都市地区，除了妇女保障机构，还有女性专用的生活保障机构等，这令将女性送进生活保障的福利体系还是妇女保障的福利体系，成了一个问题，但根据机构所在地和机构在福利实践中的专业领域，也可能存在地方性规定，如第三章里大阪府的情况。第三个原因是，每个运用这些制度的福利服务提供者的价值判断和知识都不同，因此如何截取和使用这些制度就成了关键。采取措施的人在"鉴别"需要开展何种社会福利工作时，会考虑各种因素，比如机构是单间还是多人间、当事人能否工作、机构的位置、所需的逗留时间、是否存在"性方面的问题"等，面临这些因素时，每个人的操作方式和思考方式并不统一。我听说，尤其是自2002年《防止家庭暴力法》被定位为妇女保障事业依据的法律以来，一部分妇女咨询处倾向于优先保护受害者，而将其他处于生活贫困状态的女性排除在外。第四个原因是，生活保障和妇女保障能够动用的机构有所不同。生活保障的社工只能动用生活保障机构，或者是被视为居宅保障的免费廉价住宿处和未登记机构等，妇女咨询处只能动用妇女保护机构。因此，即使生活保障的社工认为某位女性"适合入住妇女保障机构"，一般也会因为没有动用妇女保护机构的权限，而只能将这名女性安排进（转下页）

（接上页）生活保障机构等地方。于是，许多生活贫困的女性首先会去福祉事务所而非妇女咨询处咨询，这导致生活贫困的女性更倾向于使用生活保障而非妇女保障。还需要考虑的一点是，妇女保障机构的配备标准是低于生活保障机构的，尽管两者收容的女性群体相似。因此，如果要根据机构的收容能力来确定职员配备水平，以此应对具有相同问题的女性，那么职员配备规定较少的妇女保障机构将别无选择，只能把实际收容人数减少到收容上限以下。还有一种情况是，资源有限的妇女保障机构如果想把原本用作多人间的房间给单人使用，就不得不减少入住人数。关于妇女保障机构空缺的问题及其背景，请参考丸山（2013）。

3 A住宿处的概要

接下来,我想要具体考察在这些福利机构之中,流浪女性如何运用福利制度和生活,而福利制度又如何引导女性们的生活轨迹。

我调查的是女性专用的免费廉价住宿处。正如第二章表4所述,免费廉价住宿处是"向生活困难者免费或低价出借简易住房,或让其使用住宿处及其他设施"的机构,使用者几乎都在领取生活保障。不过,与根据措施决定是否入住的生活保障机构不同,免费廉价住宿处里的使用者是以个人身份与机构签订入住合同的,因为这属于第二类社会福利事业,所以大家认为它对使用者的影响很小。

免费廉价住宿处是只要递交申请就能比较容易开设

的机构，所以自2002年左右起，以NPO为主的各团体都在加入这一事业，机构的数量逐渐增长。然而，根据机构的设备和提供的服务收取高额使用费的机构也很多，陆续有报道爆料，免费廉价住宿处已经成为"贫困生意"的温床。因此也有很多自治体开始规范限制免费廉价住宿处，并且给出独特的开设指导方针，厚生劳动省也为把握实际情况开展了调查。根据其结果（厚生劳动省，2011a），现在已确认的住宿处机构数量有488家，入住者以曾经的露宿者为主，共有14964人，其中领取生活保障的有13689人。这些机构都集中在原本机构不足的城市和地区，其中四成在东京都。

我从2002年12月至2003年10月在A住宿处进行了为期10个月的调查，这里也曾是一家东京都内的单身女性专用免费廉价住宿处。A住宿处是由常年支援露宿者的某个NPO法人于2002年开设的。当时的东京正处于免费廉价住宿处增长的时期，但女性专用的机构很少，因此已经在运营几家男性专用的免费廉价住宿处的NPO法人设立了A住宿处，用以回应生活贫困的女性们的需求。此外，本章关于A住宿处的记述，都是我2002年至2003

年调查期间的情况。

在A住宿处给使用者发放的资料中写着关于该机构的说明——"本住宿处为使用者提供在社区内开展新生活的训练营",这表明它的自我定位是让没有住所的生活贫困者能够被转移到社区的过渡机构。因此,仔细观察这些女性退宿后的生活,会发现A住宿处致力于在使用者离开机构后也给予充分的生活支援,在她们还在机构中就开始帮助她们接洽医疗、福利机构等社会资源。另外,因为也有女性因逃避家庭暴力而来到A住宿处,所以A住宿处也像其他女性机构一样不公开地址。A住宿处的名额是17名,在这栋老旅馆改造的建筑物里,有4.86平方米的单人房(也有一部分双人房)和食堂、吸烟室等公用空间及办公室(图15)。整个24小时内至少会保证一名工作人员在场,白天还有一名负责伙食的工作人员,一日三餐都会提供在机构内现做的食物。

A住宿处的月租金被设定为53700日元,这是生活保障中住房补助的上限,此外还需要每天支付2300日元的公共服务费,每天的收费加起来约4100日元。因为使用者几乎都在领取生活保障(也有一部分人有年

图15 A住宿处的一楼平面图

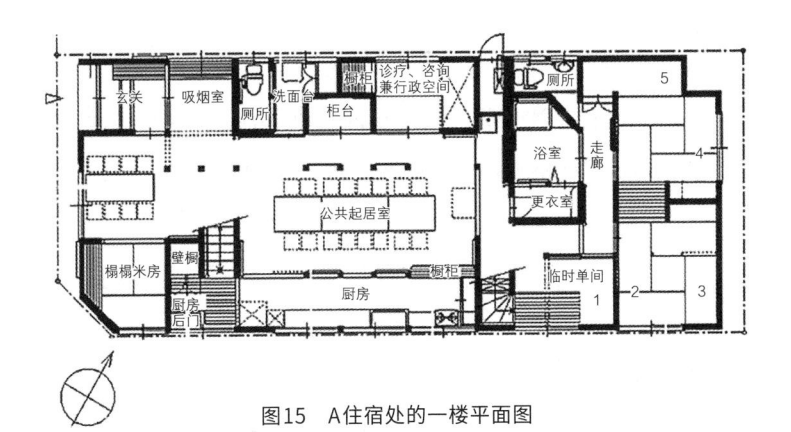

金可以领取，不够的部分再靠生活保障金来补贴），所以她们靠每月领取到的13万日元左右的保障金来支付这笔使用费，剩下的钱则留作零花钱。根据东京都在2003年开展的《住宿处实际情况调查》（东京都福祉局，2003），A住宿处的收费高于其他平均每日收费3253日元的免费廉价住宿处。[1]不过，A住宿处提供的服务涵

---

[1] 虽然厚生劳动省分别于2009年和2011年对免费廉价住宿处的实际情况进行了调查，但我想在这里将东京都于2003年发布的调查作为比较基准。这是为了观察在我进行住宿处实际情况的调查时A住宿处在一众免费廉价住宿处中呈现出的特征。

第四章 福利机构的使用与性别规范　　181

盖了全部八项调查项目——"日常生活救济"（有83.9%的住宿处提供这项服务）、"投诉处理"（同91.6%）、"健康管理"（同88.8%）、"就业援助"（同90.1%）、"帮使用者寻找住所"（同54.5%）、"退宿后的后续援助"（同15.4%）、"协助使用福祉服务"（同65%）、"业余活动"（同21%）——所以可以想见，A住宿处的服务质量也比其他免费廉价住宿处要高。

一些免费廉价住宿处会通过福祉事务所的介绍和托付接收使用者，另一些则自行在街头之类的地方招揽使用者。前者占NPO法人经营的住宿处使用者的52.2%，福祉事务所在某种程度上也认可这些免费廉价住宿处的环境和活动（东京都福祉局，2003），A住宿处的使用者也都是经由福祉事务所的介绍和托付入住的。其手续如下：福祉事务所的社工决定发放生活保障之后，会将没有住所的生活保障领取者介绍到A住宿处，让她们参观并且听取机构的相关说明，再让本人和A住宿处签署使用合同，最后办理入住。

A住宿处设定了22:00的门禁，但并不限制外出，只要事先申请，也允许外宿。住宿处规定了以下时间表：

使 用 者 时 间 表

上午6点	起床
上午7点	早饭
上午11点30分	午饭
下午2点—晚上10点	入浴（每天）
下午5点30分	晚饭
晚上10点	门禁、熄灯、就寝

＊取钱
　　工作日上午9点—晚上0点
　　　＊双休日及法定假日无法取钱

＊洗衣时间
　　上午7点—下午5点

图16　A住宿处的时间表

6:00起床，22:00熄灯，三餐的时间分别是早饭7:00、午饭11:30、晚饭17:30（图16），住宿处内的打扫、放饭、洗碗等劳动实行轮班制。其余时间，有一部分人会去日间照护中心或者作业所[1]，大部分人会自由地看电视、散

---

[1] 作业所指让难以就业的障碍者做一些简单工作、实现"心愿"和"生命价值"的场所。——译注

第四章　福利机构的使用与性别规范

步、闲聊度日。使用者可以每天洗澡，还能自由使用洗衣机。使用者的钱基本上由机构工作人员管理，只有在工作日，使用者本人可以申请取出自己的钱。几乎所有的使用者都在长期服药，所以工作人员还会管理大家的药物，以防使用者忘记服用。以上规则都是在入住时向使用者本人逐项确认过的，本人同意之后才能签署使用合同（图17）。

> **住宿注意事项**
>
> A住宿处是各位住宿者在社区中开展新生活的训练场。为了让大家过上新生活，我们设置了一些规定，希望大家能在日常生活中遵守。
>
> 1 每天的生活时间表请参考另一张纸。请大家注意在日常生活中严格遵循该时间表。
>
> 2 馆内的清扫采用轮班制，请大家前往各自被指派的场所。另外也请大家自觉清洁自己的衣物、身体和居住空间。
>
> 3 严禁在馆内饮酒、赌博。另外也严禁互相借贷金钱。
>
> 4 请在指定场所吸烟。严禁在居住空间内吸烟。
>
> 5 自己的物品请自行保管。贵重品将由本馆职员保管，使用请提出申请。另外请务必使用自己的牙刷、剃刀、毛巾等，不能互相借用。
>
> 6 餐食将由大家轮流负责盛装菜。当然本馆的职员也会给予建议和支持。请大家在不受伤的前提下体验做饭的乐趣。事后也请记得收拾。
>
> 7 本馆的运营费来自各位支付的住宿费和生活费。我们会在大家入住时一次性收取各位的费用，并根据大家的需求（如去医院需要交通费等）予以报销。等大家退宿时再计算并归还余额。
>
> 馆长

图17 入住A住宿处时出示给使用者的规则

4 使用者的生活史与入住经过

在我为期10个月的调查周期里，使用过A住宿处的人共有26名，平均年龄是60.5岁。根据A住宿处采用的分类，使用者的入住原因由分别是："露宿"（6人）、从医院"出院后无处可去"（5人）、"难以生活在自己的住宅中"（4人）、"家庭暴力"[1]（3人）、"从其他机构转入"（3人）、"其他及不明"（5人）。不过，这些分类都是入住的直接原因，在许多情况下，导致妇女们需要使用这

---

[1] 在现在的《防止家庭暴力法》中，来自配偶之外的家人或亲近的男性的暴力属于支援对象的范围之外，但是我在这里所说的"家庭暴力"不仅包括来自配偶的暴力，也包括来自配偶之外的家人的暴力。受到来自儿子和父亲等亲属暴力的人们，因为被排除在《防止家庭暴力法》的范围之外而无法得到公共机构的援助，因此更倾向于使用A住宿处这样的民间机构。

些机构的因素是多方面的。例如，只有6名使用者声称自己是出于"露宿"原因入住的，但其实，住宿处内有过露宿经历的人共有12名。另外有精神障碍者5名，智力障碍者3名。

接下来，我将从A住宿处的使用者之中选取4名为例，因为她们关于待遇的叙述和逸闻最为丰富，我会先具体观察她们进入A住宿处的经过。

70岁的澄子[1]（第二章表5①）是因为露宿生活而入住A住宿处的。她生来就有轻微的腿疾（身体障碍五级），一直拖着脚走路。她关心他人、细心周到，赢得了其他使用者和工作人员深厚的信赖。她就是我在第二章第四节介绍过的人物A。她在车站露宿4天后，从偶然邂逅的志愿者那里听说可以领取生活保障，就跟志愿者一起前往福祉事务所，领到了生活保障。但由于没有夫妇能够共同入住的机构，澄子和丈夫只能分别入住不同的住宿处，她丈夫去了男性专用的住宿处，她自己则

---

[1] 本书中出现的所有A住宿处使用者的人名的原文都是片假名，汉字皆为译者所译。——译注

在入院检查之后去了A住宿处。

"那会儿真的挺寂寞的,一开始的时候……因为我们已经各奔东西了呀。我丈夫……不是被人带走了么。然后我也立刻去了医院,因为他们告诉我得住院。真痛苦呀。我当时很害怕,不知道接下来会发生什么。在来这里之前我一直非常不安。即使来了,我一开始也不了解这里是干什么的,是一些什么人出于怎样的原因留在这种地方接受照顾,在搞明白这些以前,我非常不安。"

澄子说起当时的遭遇时称,虽然能领取生活保障,但因为不得不和丈夫分开生活而十分痛苦。而且她来到A住宿处的时候,也因为不清楚这是什么样的地方而不安,直到习惯了这里的生活。

68岁的和子(第二章表5⑬)是因为从医院出院之后无处可去而入住A住宿处的。和子因为幼时受伤导致一只眼睛几乎看不见,还有高血压等慢性病,需要医生定期上门诊疗。和子也是我在第二章第四节中介绍过的人物B,她被解雇后离开借住的朋友家,开始了露宿生活,更具体的生活史我就不赘述了。在持续了2个月的露宿生活之后,和子在偶然邂逅的志愿者的陪同之下前往福祉事务所,开始领取生活保障。

【丸山】"在那之前你都不知道可以去区役所之类的地方咨询吗?"
【和子】"不知道。因为我觉得去那种地方的一般都是男的。"

和子之前不知道可以领取生活保障,并且认为相关手续都是男性在办,从这点可以看出,她把公共制度的运用和性别联系在一起看待,并且认为身为女性的自己不适配这套制度。那之后,她暂时入院,还做了些检查,然后入住了不同于A住宿处的另一家女性专用住宿处。那里的生活对和子而言如坐针毡,她怀抱着"只要能收留我就好了"的羞愧想法度日,最令她讨厌的就是和工作人员打交道。

【和子】"那儿的**(工作人员)人还行吧,++(工作人员)真的非常两面派。我简直如坐针毡,就因为不得不一直和她待在一起。虽然大家都在说，只要能收留我就好了……但是她会自顾自地冲我们发火，喝令我们不许离开这里，还说不管发生什么都得忍着。"

【丸山】"你最不喜欢那里的是哪一点？"

【和子】"我认为还是跟负责管理那里的人的……态度有关。那个人太极端了。"

和子虽然在那里待了约一年，但之后因为病情恶化再次入院。出院后，在被问到是否考虑回之前的住宿处时，和子回答"如果要回那里，我情愿露宿街头"后被转去了A住宿处。

【丸山】"你是怎么确定转到这儿来的呢？"

【和子】"这个得问社工才知道。这儿是社工帮我找的，然后我就来了。"

【丸山】"你有没有提过要求呢，比如说想住在类似这样的地方？"

【和子】"我也不知道有哪些地方。这种只接收女性的福利机构还有哪里呢？"

【丸山】"所以你就是跟着社工来到这里的。"

【和子】"对,是社工接我来这里的。"

我向和子询问入住A住宿处的过程,她说必须得问社工才知道,并且说她既不清楚有哪些可供选择的入住机构,也没有传达过自己的要求,就这样被社工带到了A住宿处。

40岁的明希(第二章表5㉗)是为了逃避丈夫的家庭暴力而入住A住宿处的。她患有轻偏瘫,走路需要拄拐杖。为了治疗成瘾症,她每天白天都要去自助小组,晚上则回到A住宿处睡觉。明希高中毕业后,曾以正式员工的身份在超市和调查公司工作。某一年,她突然因为脑梗倒下,半边身体留下了轻偏瘫的后遗症。丈夫总是抱怨:"我可不是为了照顾你才和你结婚的。"那之后的一段时间,她还每天做康复训练和家务,但是渐渐地,开始把丈夫的工资、年金和生活费都投进了柏青哥店,债越欠越多。从那时起,丈夫也开始对她动用暴力。39岁时,明希逃到朋友家,朋友咨询了社区的保健中心后明希被介绍到了女性咨询中心,在那里作为家庭暴力受害者得到了为期2周的临时保护。她在那里被医生诊断为赌博成瘾症。为了治疗成瘾症，她听取医生的建议开始参加自助小组，A住宿处为当时的她提供了生活场所。

60岁的奈美惠是从其他机构转移到这里的（因为她的生活史中有太多不明确的地方，所以我没有把她列在第二章的表5之中）。奈美惠有慢性病，一只手有轻偏瘫，身体也总在小幅度地颤抖，因此很难拿碗筷、端盘子，不过她还是想方设法独自应付着日常生活。在之前入住的机构中她一直被视为智商水平低下，却没有取得疗育手帐。初中毕业后，她从事报纸和牛奶的配送工作，31岁结婚。丈夫一喝酒就在家中施暴，她的婚姻生活只持续了两年，没有孩子。那之后虽然丈夫入狱，奈美惠却依然留在夫家，继续配送工作。在配送途中，她遭遇了交通事故，从此留下了身体颤抖的后遗症。我不清楚她自那以后的生活史，只知道她过了2年露宿生活后入院检查，出院后在女性咨询中心得到了临时保护，最后入住妇女保障机构。那之后她又被转移到更生机构，因为和别的入住者发生争执而被迫退宿，转移到了A住宿处。

看到这些女性的生活史，我们可以想见，此前归纳的A住宿处的入住原因分类只是贪图省事，她们入住的主要原因其实是多重的，很多时候无法简单分类。和子与奈美惠在A住宿处的分类分别是"出院后无处可去"和"从其他机构转入"，但她们最初进入机构的理由都是露宿街头，明希的直接入住理由是家庭暴力和赌博成瘾症，这两个问题本身又无法分割讨论。

关于大家为何在几家机构之中选择了A住宿处，几乎所有使用者都像澄子与和子一样，没有明确意识到其中有什么原因。还有不少人像澄子一样，说自己因为不知道会被带去哪里而不安。从这些迹象中可以得知，机构的使用者们事先并没有得到关于A住宿处的充分说明，也没有多家机构供她们选择，她们并不是从多家机构之中选择了入住A住宿处。如前所述，A住宿处本来就不是安置机构，而是经由使用者的自由意志签约入住的场所。然而，即使确实是由使用者本人参观机构后才同意签约的，实际也有可能是迫不得已。因为带她们来住宿处参观的是决定她们能否拿到生活保障的社工，如果她们拒绝入住，那生活保障就可能被终止。另外，现实中女性能够入住的机构很少，再加上机构的空位有限，她们几乎没有选择。因此，虽然从形式上看，使用者是凭自己的意愿和A住宿处签约的，但实际上基本采取了安置机构的形式，即由社工的权限来决定入住。

5 安置方针与支援的方向性

A住宿处是一家过渡机构，作为"为使用者提供在社区内开展新生活的训练营"，它的目标是让使用者在退宿之后能够过渡到社区生活。该住宿处的使用者几乎都在领取生活保障，关于她们能否继续领取生活保障以及退宿之后的生活方针，最终是由福祉事务所的社工基于本人的意愿和问题来作出决定的。使用者在A住宿处的日常生活情况也是这一决定的重要判断依据，所以即使她们身处A住宿处，还是要随时和社工保持联系。使用者退宿后的生活方针正是在这种本人、社工及A住宿处的三方交涉中被决定的。A住宿处会基于这一安置方针，以退宿后的生活为目标实行支援。但是，其中也有无法为退宿后的生活制定明确方针的人。因为社工的日常事务繁忙，所以如果没有特殊情况，他们是不会主动联系A住宿处和使用者的。另外，对情况看似相似的使用者的安置往往也有不同，这取决于福祉事务所的方针和社工解决问题的方式。

在A住宿处中，最多的是在等待养老院和更生机构等其他机构腾出空位的人。这些人一般都患有疾病和抱有障碍，她们会去门诊治疗，或在A住宿处中接受上门诊疗和上门照护。被认定为需要长期照护的高龄人士也有4名（长期照护的需求等级为1—3），她们利用长期照护的保险，能够接受护工的照护，还能去日间照护中心。但是，长期照护需求等级较低的高龄人士等待进入养老院的时间一般都很长，因此通常会在A住宿处滞留很久。有精神障碍、智力障碍以及成瘾症的人，每天都会从A住宿处前往作业所，参加自助小组和接受心理咨询。但是，一旦患有这些障碍症，她们所能去的机构就会变得有限，所以安置方针很难确定，这也会导致她们长期滞留在A住宿处。此外，也有人想在退宿后开展单身公寓生活，所以会在A住宿处中努力踏上生活正轨，指望能够找到一份工作。

在我调查期间，从A住宿处退宿的人共有10名。其中4人是等到其他机构腾出空位后转移过去的，2人是一边继续领取生活保障一边开始居宅生活的。另外2人因为病情恶化而紧急入院抢救，1人住进了精神病院，还有1人退宿了。她们的平均使用时长为9个月半。

我将以刚才提到的4人为例，来具体观察使用者如何看待自己在A住宿处中的生活、对将来的生活有何展望，以及对她们的安置方针又是如何被决定的。

澄子为了领取生活保障而和丈夫分离，惴惴不安地来到A住宿处，当我询问她对A住宿处的最初印象如何时，她说当时的工作人员人很好，并频频表达感谢之情。

【丸山】"第一印象如何？"

【澄子】"第一印象嘛，因为事务所的**呀，所长是一个特别好的人。……看着像是事务所的人。……我对A住宿处没话讲。因为一开始真的很好，**对我也很好，……我心里是很感激的。"

虽然她表达了感激之情，但那也可能是在顾虑身为工作人员的我。不过我们还是能看到，她对A住宿处的第一印象是被工作人员的态度所左右的。

刚入住A住宿处时，被澄子视为未来理想生活的安置方针是与进入另一家住宿处的丈夫团聚，一起进入养老院。但是，澄子夫妇虽然高龄，却不需要长期照护，因此可能不得不等很久。澄子说，在等待过程中，所长对她说"你如果去工作，零花钱也会更多"，澄子也觉得"自己还挺有力气的"，就开始寻找面向高龄人士的招聘。虽然她跑了好几次职业安定所，但并未如愿以偿地找到工作。那时，她从所长那里听说，运营A住宿处的NPO法人经营的另一家住宿处正在招募配餐员。

【澄子】"想工作吗？因为所长那样说了，所以我就说我'想'。……我说请你多多关照。于是就开开心心地去工作了。"

就这样，澄子开始了一份短期工作，每周去两次，因为要把收入控制在每月8000日元以内,[1]这样就能享有全额免税,增加到手的收入。处于劳动年龄的男性在领取生活保障时都会被要求就业,但澄子这样70岁的高龄女性就算要领取生活保障,一般也不会被期待就业。不过,澄子听取了建议,为了靠劳动增加零花钱而自愿去工作,A住宿处也给予她信赖,为她介绍了工作场所。

不久,入住了另一家住宿处的澄子丈夫因为触犯饮酒和赌博的禁忌,被住宿处勒令退宿。与此同时,他的生活保障也被停发。澄子表示震惊,袒护说丈夫并非那样的恶人。

【澄子】"他好像又喝酒又玩了柏青哥是吧。听说住宿处的人给社工打电话报告了这件事。社工肯定就觉得,喝酒么……赌博么……然后就把我老公往坏处想了。他才不是那么坏的人,我也不是在

---

[1] 如果领取生活保障的人获得了收入,那么其领到的保障金将按收入的比例减少。不过,如果他们将收入控制在每月8000日元以内,就能全额免除税金,获得保障金外加收入金额。

夸自己老公，但他真的没有坏到那个程度。"

澄子的丈夫在被取消生活保障之后，再次开始了露宿街头的生活。丈夫时不时会给澄子打电话，他俩会约在公园碰头。澄子起初很担心独自露宿的丈夫，想着不如也随丈夫一同去。但是她告诉我，因为已经习惯了A住宿处的生活，加上工作人员也好言相劝，所以她逐渐放弃了和丈夫共同生活的念头，觉得"就让老公去过自己的日子吧"，并开始考虑自己的生活。

【澄子】"我现在希望我老公能自己好好过。一年了呢，我们像这样分居生活已经超过一年了，所以我也习惯了。所长也劝我，别老想着跟他一起露宿街头比较好。我一开始也是想跟他走的，但我已经习惯了这里的生活，所以觉得就让老公去过自己的日子吧，我已经放弃同居了。"

澄子告诉我，最初她也会在和丈夫的对话中反复提及生活保障被取消的事，但为了不伤害丈夫作为男性的自尊，她最近已经尽量不触及那件事了，那时她抬出了"男性"这一性别，来说明自己对丈夫的顾虑。

【澄子】"只要我一提到之前的事情，还有我在A住宿处受到的照顾（澄子丈夫被取消保障金的事情给A住宿处也带来了困扰），他就会发火让我闭嘴，所以我也不怎么提这些了。这都是我自作自受吧。一开始我老说他，但是男人嘛，被那样说了肯定会发火的，所以最近我都不说了。"

刚进入A住宿处时，澄子还盼望着能和丈夫一起在养老院生活，自从出了这件事，她转念向社工表达了不想去养老院的意思，因为觉得自己还很精神。接着她还说"夫妇就得在一起生活才行呀"，她一边将传统的家庭形象视为理想，一边又觉得，如果不能实现这一理想，就暂时和丈夫分开，继续留在A住宿处吧。

【澄子】"社工和我说，如果我不想去养老院也挺好的，现在就算去申请养老院也会被拒绝的。……我身体也挺好的，我还有点，虽然也不能说是年轻吧，毕竟已经70多了，但身体也没有很差，就是因为身体挺好的，所以才会被养老院拒绝吧。"

【丸山】"你对接下来的生活有什么打算吗？"

【澄子】"这个嘛，就算想和老公在一起也不大可能吧。就这样暂时保持原状，我也挺幸福了。如果老公能在哪里安定下来就更好了。因为我们是夫妻呀，所以能一起过就最好了，但出了这档子事也没办法了，我已经基本放弃了。虽然这样好像有点薄情。"

那之后，A住宿处的所长劝澄子去更生机构参观时，澄子也拒绝了。她说，转移到其他机构"又要搞人际关系"，她更想留在已经习惯了的A住宿处。

【澄子】"我希望A住宿处不要总说希望我退宿这样的话。所以我让社工保证……让我在这里住到死。……我很担心如果A住宿处不要我了该怎么办，如果被勒令退宿该怎么办。所以我不想去别的机构，就算她们说只是让我去参观参观，我也不想去。……之前的所长还在这里的时候，曾经问我要不要去更生机构。我就和她说，比起去别的地方，我更愿意一直待在这里。我已经不想去别的地方了。如果去别的地方，不就又得搞人际关系了么，虽然这里也是一旦有人离开就会有各种各样的人进来，但我已经习惯这个地方了呀。我不是在闹脾气，而是真的已经不想去别的机构了，说老实话，我已经不想再换环境了。"

澄子说，为了不被赶出A住宿处，她一直在做"自己力所能行的事"，也反复地对A住宿处表达"我真的很感谢你们"。虽然澄子想和丈夫一起生活，但只要她在领取生活保障，那就几乎是不可能的事，既然只能放弃这一梦想，她就只盼着能够尽可能久地留在A住宿处。为此她一直在感谢工作人员，也不惹麻烦，尽量给工作人员留下好印象。

而和子呢，刚入住A住宿处时，因为欠了朋友很多钱，不得不还债，所以才提出想去工作。虽然也去参加过面试，但因为和子当时已经是68岁高龄，一只眼睛也不太能看清，所以很难找到工作。不久，她的安置方针被确定下来，让她在A住宿处等待进入养老院。但是，和子和借钱给她的朋友之间纠纷不断，社工也频繁警告她注意和朋友的面谈方式。和子非常担心她的生活保障会因此被取消，当我问她离开A住宿处之后期望过什么样的生活时，她放声大哭，并说希望尽一切可能留在A住宿处，如果不行，她就无处可去了。

【丸山】"离开这里以后你想去哪里呢？"

【和子】"离开这里我就真的无处可去了。我也没法再露宿街头了。没有体力过那种生活了。其实我也觉得，我花着大家的税金过着这种日子确实太奢侈了，甚至还得到了一间房间。"

【丸山】"你想在这里待多久呢？"

【和子】"我是想待到死的那一天呀，呵呵，你觉得呢，我能求大家收留我么？"

【丸山】"如果可以，你是想待到死吗？"

【和子】"嗯，如果可以的话。如果不可以，我又能去哪里呢。……我甚至没有自立能力。"

【丸山】"社工有没有问过你,想去哪里,或者想过什么样的生活?"

【和子】"唔……还没聊到这么细。只要能像这样待在这里,对我来说已经很奢侈了。如果她们跟我说,我们不想管你了,你爱去哪儿去哪儿吧,那我就完蛋了呀。真的,到了我这把年纪(哭泣)。"

和子之所以会如此不安,可能是因为她没有和社工在安置方针上充分商讨并达成共识。接下来,和子说自己之所以能留在A住宿处,都是社工和工作人员的功劳。

【和子】"明明还有比我更困难的人,这一切对我来说都太奢侈了。都是她们替我操持的(让我能够一边领取生活保障一边在A住宿处里生活)……我能过这样的生活,多亏了社工。还多亏了这里的所长,她真是好人呀。"

然而,和子并没有按照自己申报的时间回到住宿处，而且经常不打招呼就在医生巡诊时间和用餐时间迟到，所以工作人员再三警告她注意外出规定。和子意识自己没能遵守A住宿处的规矩，这也让她担心自己会因此被劝退。她向我表达了这样的不安。

【和子】"我这样也给所长添了很多麻烦。我说自己稍微出去一下，结果几小时过去了都不回来，呵呵。"

【丸山】"可以的话，你想一直待在这里？"

【和子】"嗯，是的。我这真的不是在说笑，呵呵，我希望自己可以在这里待到死。但我听说再这样下去我就没法待在这里了……我是想遵守这里的规定的，但有时候就是没法遵守呀。我一出门就不知道几点能回来了，呵呵呵。就像断线的风筝一样。"

跟澄子一样，和子能否领取生活保障的决定权也在社工手里，再加上和子没有接受关于安置方针的充分说明，所以无法对未来生活抱有明确规划，这一点令她感到不安。因此，和子理解到，她应该尽量不在A住宿处引起纠纷,这对于她继续领取生活保障并长期留在A住宿处而言非常重要。

明希的情况则是一入住A住宿处就立刻听从医生指示,为治疗成瘾症参加了自助小组。

【明希】"我入住的第一天就去参观(自助小组)了,看看他们都有哪些活动。当天就决定加入了。一方面是因为医生的命令,另一方面是我自己也想戒掉赌博,不想再过那种生活了,想逃离那种生活。而且参加的话,伙伴们也会聊这些话题,听大家那样说,不知怎么的我就会定下心来。想着,啊,可能我也能在这里被治好吧。"

明希去参观之后觉得,她或许可以在自助小组戒掉赌博。那之后,明希开始每天参加三次集会。当时给明希定的安置方针,是根据她在A住宿处的情况来判断她适合单身的居宅生活还是进入其他福利机构。

【明希】"直到今天,我才明白自己是上瘾了。

他们说这叫柏青哥成瘾症，我以前以为自己只是沉迷柏青哥罢了。大家不都是这样么，都觉得自己与众不同。但我还有其他问题，我酗酒，也赌博，太依赖男性，还有共同依赖症，所以我一直在对柏青哥和我喜欢的人成瘾。"

【丸山】"这些都是你在自助小组被告知以后才意识到的么。"

【明希】"不是的，是伙伴们的故事让我意识到的。他们没有说我什么，是我自己一直在听大家的故事……因为这是一种团体疗法。"

在得到医生诊断并参加自助小组的过程中，明希从认为自己"只是在沉迷柏青哥"，到渐渐认识到自己其实是成瘾症。她开始理解，自己不仅在对柏青哥成瘾，也在对自己和男性的关系成瘾。明希在A住宿处办理了离婚和破产手续，与此同时也每天参加自助小组，她被这个项目所吸引，变得非常珍惜与在那里邂逅的"伙伴"们的关系。就这样，她不去赌博的日子越来越长。

【明希】"因为我有伙伴呀，大家有着一样的感受，所以我才能戒掉。所以我才每天都去，就算要早起，或者得顶着下雨天。这真的是为了我自己好……我以前总想着要逃出去，逃出去，但现在我不想逃了。因为大家为我做了这么多事……有伙伴们在等我，有伙伴们相信我……正因为有伙伴，我才能往前走呀，真是这样。"

明希希望在离开A住宿处之后，能够在公寓里过上独居生活。但是社工也告诉她，在获得医生的许可之前，她必须一直待在A住宿处。

【明希】"所以呢，只要她们想让我留在这里，我就得留在这里。好吧，除非诊所的主治医生提议我可以去住公寓，否则我就无法离开这里。政府机关的人也是这么跟我说的，必须得到医生的许可。"

【丸山】"那如果你得到了许可，能够入住公寓的话？"

【明希】"我是想住进公寓的。人哪，自己的事情还是得自己来。"

明希还说，什么时候"情况好些了，还想要结一次美满的婚，想要家人"。因为她"一辈子都做不到一个人过"。不过，明希自从参加了自助小组，就开始意识到自己对男性有依赖性，为了治疗这种成瘾症，她必须改变之前跟男性相处的模式。在自助小组中，明希对一名男性产生了感情，有一位自助小组的女性前辈就她与该男子的关系向她提出了各种建议。

【明希】"她对我说，想想就算了吧，想想也没事，只是千万别沾男人。一旦沾上就会一股脑地上瘾……以前的生活真是吃尽了苦头呀。因为我身边总是有男人呀。我以前有男友，还有老公，朋友也尽是男的。所以我不会再犯瘾了，万一跑偏方向可就倒霉了。"

她还说，"因为我是女生呀，所以一定要交女性朋友"，她被前辈建议说要和同性伙伴友好相处，应该去参加一些女性限定的聚会。在这个自助小组中，大家一般认为，一个人在成功戒断赌博并且重新建立单身生活之前，不应该有男女关系。明希告诉我，她也打算忍耐3年，并梦想着自己能够结婚的那一天。

【明希】"这个嘛，戒断期（从戒掉赌博的那一天起开始计算的周期）不到3年以上是不能结婚的，顾问（在自助小组里给大家提建议的女性前辈）们都是这样说的，至少得达到3年的标准。"

【丸山】"那3年到了就可以结婚了吗？"

【明希】"基本上是的，如果顾问们这样建议的话。这不是挺好的么，3年也差不多了。大家也看到前辈们都是结了婚的，所以有些自助小组的伙伴会一起忍耐3年，然后再互相配对结婚。所以说我也有这个梦想呀，虽然现在还只是梦想罢了。"

明希在参加自助小组期间，重新审视了自己一直以来的男女关系，接受了在那里耳濡目染的理想家庭形象和与男性、朋友的关系，遵从大家的建议努力奔赴幸福。而且，为了再也不碰赌博，她准备一辈子都参加自助小组。

【明希】"我会一辈子参加的。因为不参加我就戒不掉了。也有人一旦不去自助小组，就又开始喝酒和乱搞，最后把自己搞死。所以说呀，我听前辈们的故事明白了很多，实际上也目睹了许多……如果不继续参加（聚会），我就会变得不正常。只有参加聚会，我才能靠伙伴们的力量戒掉这些东西。所以我要一辈子参加。"

像这样，明希深深地赞同自助小组的理念，努力地忠实执行着在那里收到的建议。此外，她还在参考医生诊断的基础上，明确地在脑中描绘未来的生活图景——某一天，她想要过上独居生活，一边参加自助小组一边治疗成瘾症，几年后再结婚。为了能够靠这具轻偏瘫的身躯过上独居生活，她还坚持锻炼。

在明希的案例中，生活保障的社工、女性咨询中心的女性顾问、保健中心的保健师、障碍者部门的社工每

3个月会开一次会，让案例相关的福利机构能够协调工作，让明希周围的人也能清楚认识到当前的问题和未来的生活方向。对明希自身而言，自助小组也能让她每天直面自己的问题，她也能借此冷静地认识到自己的未来方向和为此必须要做的事情。就这样，明希办完自己的离婚和破产手续，在住宿处待了差不多一年之后，就转移去了自助小组新开设的女性专用的住宿机构。

奈美惠在之前的机构里有很多人际关系方面的纠纷，因为在那里打架才被转移到了A住宿处。她在A住宿处也有一些问题行为，比如几个月不洗澡之类的。因为她有身体障碍，所以当初为她制定的安置方针认为，将来让她进入救护机构可能最为妥当。

奈美惠喜欢抽烟，一天要抽一包多。她每个月能够自由支配的零花钱几乎都用在了香烟上，有时也会用在罐装咖啡上。但是有一天，她的生活保障金突然被降低，零花钱也随之减少，她就不能像之前那样随心所欲地购买香烟了。自那以后，奈美惠一到月末就会在其他机构使用者和工作人员之间兜兜转转，求大家借她点零钱和香烟。所长好几次向她说明，保障金已经不同以往了，不能再像之前那样买那么多烟了，但奈美惠还是反复叫所长给她钱，还发起火来，看上去很不明事理。

那段时间，其他使用者放在吸烟处的香烟也频繁消失，大家都传是奈美惠偷走的。此外，其他使用者放在自己房间里的点心和香烟也消失了好几次。也有人多次目击奈美惠从其他使用者的房间里出来，虽然她每次都辩解说"我走错房间了"，但大家都心知肚明，奈美惠是在盗窃。A住宿处判断，要是奈美惠再继续偷盗行为，就不能再让她待在这里了，于是和奈美惠约定，要是她再从别人房间里偷东西，就会勒令她退宿。A住宿处也向社工传达了这个意思。

几天后，又有人看到奈美惠从别人的房间里走出来。于是按照约定，奈美惠必须离开A住宿处。虽然A住宿处提议，让奈美惠转移到独居的居宅生活，再通过这家NPO法人运营的面向退宿者的后续援助项目继续提供支援，但是社工不认可居宅保障的方案，决定停止提供保障。虽然奈美惠说，既然如此她就回去过露宿生活，但社工最后还是给奈美惠找了一家可以入住的精神病院。于是，奈美惠在A住宿处住了约一年之后，被转移去了精神病院。

像这样，因为破坏规定，所以奈美惠实际上是被强制退宿的。我在A住宿处调查期间，尽管也有使用者打破禁止赌博等规矩和门禁，或盗窃被抓到，然而除了奈美惠，没有其他人因此被强制退宿。虽然禁止盗窃没有被明确列在A住宿处的规则之中，但因为这种行为违反了社会规则，所以反复盗窃会被强制退宿。盗窃受到了和其他违规行为不同的处理，可能也是因为盗窃会让其他使用者的利益受损。不过，社工最终表示没有取消给奈美惠的生活保障，给她找到了其他可以入住的地方。奈美惠自己也考虑过回归露宿生活，但她之所以不像澄子的老公那样因为饮酒和赌博被取消生活保障，可能是因为社工想避免让有身体障碍的女性露宿街头，也可能是针对男性和女性取消保障的判断基准有所不同。

综上所述，我首先想指出的是，机构内部的人际关系和工作人员的态度很大程度上影响了女性在机构中的舒适度，这一点可以从以下两件事中看出端倪：当我询问澄子与和子对机构的印象时，她们最先提到的都是工作人员的态度；当澄子说起不想转移到其他机构的理由时，首先提到的也是人际关系。另外，领取生活保障，对和子而言是占用"大家的税金"，能够得到保障也是"多亏了"拥有决定权的社工。也就是说，可以指出的是，福利制度和机构并不是无机的存在，每一个行使、运用这些制度和机构的具体的人，都对此有自己的认知。

另外，A住宿处在入住时所提出的规矩仅限于禁止饮酒、赌博及遵守门禁。但实际上，A住宿处会以警告的形式向使用者提出各种关于生活态度的要求，比如希望和子在申报的时间前回来，希望奈美惠可以定期洗澡等。虽然不遵守这些规矩不至于直接被取消保障或强制退宿，但是有很多使用者会像澄子与和子那样，因为没有从社工那里得到关于退宿后生活的充分说明而惴惴不安。她们不知道自己能在A住宿处里待多久，将来又会何去何从，因此尽量不在A住宿处引起纠纷，并向工作人员表达感激之情，努力地博得后者的好感。这表明她们之所以遵从这些规范，并不是因为这些规范是留在A住宿处和领取福利的必要条件，而是因为她们看不到关于未来生活的清晰图景，所以才不想惹麻烦，努力遵从她们自认为是规范的东西，有时甚至到了努力过头的地步。

而且，要求她们遵守规定的不仅仅是决定她们能否领取生活保障的社工和住宿处的工作人员。正如明希的案例所显示的那样，医生和自助小组等协作的福利、医疗机构的建议也会对女性们的安置产生重大影响。因此，安置的方针和支援的方向性就是在这种多重立场之下的多重期待之中被决定的。

此外，支援的方向性在女性与男性之间也存在差异。一般认为，在领取生活保障时，处于劳动年龄的男性会被要求就业，而女性因为工资本来就低，即使就业也很难赚到高于生活保障金的金额，所以对她们的就业要求不会像对男性那么高，虽然根据不同的年龄和健康状态情况也会有所调整。就澄子、和子而言，她们既是女性又是高龄者，所以不被要求就业，但是她俩还是像处于劳动年龄的男性一样找到了工作，这是因为比起周围人为她们规划的方向，她们本人的愿望得到了优先尊重。

6 作为一种社会期待的性别

如第三章所见，出现在流浪女性面前的福利制度体系，是沿着社会主流女性角色来引导女性的。但在这些制度的使用情景中，自治体和社工的定夺也占到了很大比重。另外，女性将会使用哪套制度、哪家机构，也受到机构的空位情况、自治体的当地政策等诸多要素的左右。所以这套体系不一定总能要求女性遵循一个固定不变的性别角色。并且，在使用这些制度以及决定安置方针的过程中，明令要求遵守的规范其实并不多。反倒是有些女性，她们对未来生活没有把握，害怕保障取消和强制退宿，所以会自觉地为了不惹麻烦而过度顺从。在这种情况下，参考性别范畴的规范性要求其实并没有那么多。

因此，不能像帕萨罗那样，将福利制度对女性的导向简单地等同于每一位女性流浪者被要求遵守的规范。女性利用福利制度时被要求遵守的规范，并不一定是由性别框限的。对一名女性提出的社会期待是多样化的，有五花八门的形式，包括社工做出的是否给予福利的决定和安置方针、由福利和医疗机构给出的建议和诊断、机构的规矩、机构工作人员的警告、这名女性和其他机构使用者之间的相处状况等，与性别挂钩的期待只是其中一部分。这种来自形形色色的行为体的多样化的社会期待，有时也会互相矛盾。此外，A住宿处的女性对性别相关言论的运用也各有不同。这样看来，帕萨罗带有性别本质主义色彩的观点就有局限性了，她将持续露宿生活的女性和接受福利保障的女性之间的差异，视为是否"背弃性别"的差异，这忽视了规范的多重性和流动性，还有女性的个体性。

如果观察持续露宿生活的女性的经历，这一点会变得更加清晰。换句话说，如果同意帕萨罗的论点，那么A住宿处的女性和持续露宿生活的女性之间，就会有本质性的性别认同差异。这种解释真的恰当吗？下一章开始，我会具体论述露宿街头的女性流浪者的生活。

第五章

女性露宿者们的
生活世界

1 女性露宿者的生活史

接下来，我想将视线转向那些持续露宿生活的女性们。本章会先介绍女性露宿者日常生活的景象。

是否睡在车站或路边，是否定居在公园或河岸用地的帐篷或小屋里，这些都会给露宿者的生活带来饮食、收入渠道、人际关系等方面的巨大差异。2003年，我曾在位于东京都的B公园进行调查，本章所选择的案例，就是当时定居在B公园的女性露宿者们的日常景象。B公园相对较大，当时约有250名露宿者在那里搭帐篷生活。其中约有10名女性，我将以其中与我交往较深的4名女性露宿者为例。首先，我想按照顺序描述她们如何走到了露宿生活这一步。

第一位受访者英子（第二章表5㉙），是我在参加

B公园所举办的女性露宿者集会时邂逅的。她是位和蔼可亲的女性，也是我在B公园的女性露宿者中最先亲近起来的人。虽然她自称60岁，但在别人对她的采访记录中，有时写着54岁，有时写着66岁，所以无法断定她的真实年龄。

英子生于东京近郊县城的一个九孩家庭。父母在她年幼的时候离婚，她跟了父亲。英子说，2岁时的一场大病让她的记忆变差，加上家庭贫困，她在学校受到霸凌，渐渐地不再上学。直到现在，她也几乎无法阅读。

【英子】"我虽然好像上过小学，但是一会儿去，一会儿不去的，偶尔去学校的时候，发现已经跟不上教学进度了。还有，男孩子也都……很坏。他们会躲着我。不借我看（教科书）。还说我很脏很脏。放学的路上，大家不都要回家么……他们就会一边躲着我，一边说，哎哟好脏好脏，哎哟好脏好脏。

"所以就算我想学，也学不进去……我也偷过东西，偷过别人的东西（笔记本）。当时真的好想要好想要，想要得不行。现在的我也会觉得莫名其妙，当时为什么会做那种事，但那会儿真的非常想要呀……因为以前是定量供应。没钱就买不了，而我没有钱呀。偶尔去（学校），课程已经教到很后面了，我什么都听不懂，和男孩子站在一起的时候，我也没什么像样的衣服，所以老被说很脏之类的。我还因为内向不太会说话，所以变得讨厌去学校。"

英子的小学毕业只是走个形式，之后她在旅馆等地方工作。她将近30岁时结婚，快50岁时丈夫去世，两人没能生下孩子。丈夫去世后，她一边工作一边领取生活保障金。英子不识字，计算能力也差，这给她的日常生活和工作带来了不便，她也经常因此受到欺负。由此产生的自卑感也让她愈发感到自己的渺小。

【英子】"毕竟我没怎么上过学，也没什么学问，就算想去哪里工作，也写不出履历表，但是没履历表又不行。如果我自己能写就好了，但是我写不了……必须写履历表呀，我只能这样想。

"我打的那份工，是在一家熏制公司……我在那里做临时工……你知道吗？在那里要做这种算术题……每一袋里面有五个商品，因为有包装，所以要把商品和塑封袋的重量分开算。我不会（算数），被欺负得好惨……因为我完全搞不懂，算不来……那段时间，我过得很难。我希望我能算会。但是他们不教我。他们没有告诉我应该怎么做。只把我当白痴看。我过得好难啊。我要是会（算数）就好了。"

那之后，英子开始和姐姐一起生活，生活保障金被终止。说起自己过上露宿生活的经过，她称自己是为了去姐姐介绍的公司上班而远赴东京，结果迷了路，找路的时候花光了钱，就这样露宿街头了。在我调查的时候，她说她已经露宿了10年，最初3年没有固定的居住地点，过着流浪生活，之后开始固定居住在帐篷里。没多久帐篷发生火灾，英子就和在附近生活的露宿者一起，在4年前搬到了现在住的地方（位于B公园）。

我第一次遇到第二位受访者裕子（第二章表5⑥），也同样是在女性露宿者的集会上。我最先拜访的是英子的帐篷，但因为裕子频繁来英子的帐篷玩，所以我也渐渐开始和裕子聊天了。

在我进行调查的那年，裕子60岁。她生长在一个四姐妹家庭，10岁时母亲去世，她由父亲单独抚养长大。从夜间高中毕业后，她在贸易公司就业。20多岁时，她和在职场认识的男性结婚，但因为和夫家交恶，几年后就离婚了，那之后她就常年单身，也没有孩子。她很自豪自己身为女性却在职场上与男性比肩，有时还会利用自己的女性身份持续工作，她很喜欢聊工作的事情，并且屡屡结合自己的"女性身份"来说。

【裕子】"从这个意义上来说，我……是很有干劲儿的……有人会觉得我身为女人太嚣张了。但另一方面，我可是拼了命地在学习呀……因为他们不肯教我，所以我就自己坐新干线去横滨学习……我跑到海关让他们教我……还去横滨看了装卸货。别人（通常）不会这样做的，一般来说。

第五章　女性露宿者们的生活世界

"活到今天呀,我深切感受到在工作的时候,身为女人有好多好处。虽然也不能说我在利用自己的女性身份……不过果然还是当女人好呀……我可不想做男人,哈哈哈。因为我总归能把'我是个女人'当作借口不是么。这好像是自然而然就学会的,不是说我有意识地觉得'因为我是个女人'所以才这么说,而是自然而然就学会了这套东西,这不是我有意识的行为。"

裕子在泡沫经济时期独立出来,创立了一家贸易公司,成为有两名职员的公司的老板。52岁时,她在常去的店里邂逅了一名做木工的男性,两人未婚同居。然而,由于经济不景气,逐渐地,裕子的公司和丈夫的工作都没了,他们拖欠房租,最终离开了公寓。裕子起先和丈夫一起在车站等地露宿,5年前开始在B公园的帐篷生活。

我第一次遇到第三位受访者玉子(第二章表5㉚)也是在女性露宿者的集会上。在我做调查的那年,玉子36岁,2003年那会儿,年轻的露宿者本来就很少,所以

我曾经借住过的玉子的帐篷。

她是整个公园里最年轻的。玉子很不擅长在大家面前说话,哪怕是在女性露宿者集会的时候也几乎不开口,总是短暂地参加一会儿就回去。我是通过英子的介绍才和玉子说上话的,我俩一对一见面时,她话很多,也常常笑。

玉子有轻度的智力障碍,持有四级(最低等级)疗育手帐,虽然乍看之下不大能分辨出来。因为她的父母

第五章 女性露宿者们的生活世界

无法接受她有障碍的事实，很长时间都不愿承认这点，结果拖到初中二年级才让她进入养护学校。她说，也是因为这样，她在小学期间跟不上学校的学习进度，学习能力处于小学低年级水平。玉子常常用手机给我发邮件，她的语句里有许多错误，比如遗漏浊音音符和促音之类的。

【玉子】"从小学开始就是智力障碍的话……一般不是会进那种地方么，就是障碍儿童学校。但我去不了那里，只能进普通学校，结果你也知道，我听不懂（上课内容）。我在不明白意思的情况下'嗯嗯、嗯嗯'地附和，结果啥也学不会，跟不上学习进度。"

【丸山】"你进普通班是因为你的父母不知道你有智力障碍吗？还是因为他们知道你的情况，却还是想让你上普通班呢？"

【玉子】"不完全是那样，也不能说他们是因为不想让周围的人知道我智力发育迟缓，才不让我去障碍儿童学校。因为他们在我上初中二年级的时候就让我转校了。既然如此，他们一开始就让我去障碍学校的话不就好了。"

【丸山】"这种情况下，最困扰的就是玉子自己了吧。"

【玉子】"嗯。所以我才什么都不懂呀。他们哪儿也不让我去，我也不能一个人坐地铁什么的。因为我总是和爸妈在一起。"

初中毕业后，玉子通过养护学校的介绍去缝制工厂工作。玉子的父母操心智力障碍的玉子，跟到她工作的地方，还插手她的交友关系，玉子逐渐感觉到，父母的行为是一种过度干涉。另外，玉子的父亲还对她施暴。开始在与父母的同居生活中感到窒息的玉子，从28岁起反复离家出走，其间靠从电话俱乐部[1]邂逅的男性那里拿些"零用钱"来生活。

---

[1] 一种让男性顾客通过电话和女性对话的性交易场所。一般会让顾客在包房里等待女性的来电，因为也有"性爱电话"的可能，所以包房里会配有纸巾等物品。根据双方的交涉情况，也可能在店外进行约会或性交易。——译注

【玉子】"我不想再这样了。在家里也很窒息。我快闷死了……人来到这个世上，真的很无聊。我得不到自由。有时候我也会有类似的想法。我离家出走的原因是想让父母理解我。有些话我无法亲口告诉父亲。关于我自己的事情，关于我自己的想法，这些我都说不出口，所以才离家出走。"

【丸山】"你离家出走一般都多久呢？"

【玉子】"1个月，1个月左右吧。"

【丸山】"这1个月里你一般会去哪里？"

【玉子】"我会一直给电话俱乐部打电话。"

【丸山】"离家出走后的日子，你一般是怎么过的？"

【玉子】"做各种有的没的。到处闲晃……你知道我为什么要给电话俱乐部打电话吗？因为我离家出走了，所以我没有钱呀。"

【丸山】"他们会给你钱吗？"

【玉子】"钱嘛，你知道，有些人也会开口跟人要零花钱的嘛。"

【丸山】"你要到过钱？"

【玉子】"要到过。反正我也没地方可去。"

29岁时，因为"想离开这个家"，玉子和在电话俱乐部遇到的40多岁的男性结婚了。玉子说，她虽然喜欢小孩，但碍于智力障碍不能育儿，所以只能遵从父母和医生的劝告，放弃要孩子的想法，最后没生孩子。丈夫很快就沉迷赌博，玉子又开始离家出走。在离家途中，她差点被认识的男性注射毒品，一名曾经进过黑帮的男性救了她，这名男性现在成了玉子事实婚姻的丈夫。玉子和前夫离了婚，暂时跟有事实婚姻的丈夫一起借住在丈夫的朋友家，但两人后来又因为无处可去开始在B公园露宿。虽然被丈夫带到B公园之前，玉子从来没想过自己会走到露宿这一步，但她没什么特别的抵触情绪。玉子过上露宿生活已经快一年半了。

【玉子】"爸爸（玉子的丈夫）他什么都、什么都没有告诉我，来这里之前我完全不知道（我们要过露宿生活）。我不知道这里会没有屋子。因为他没有告诉我，所以直到来这里以前，我什么都不知

玉子帐篷前的空间，各种各样的人会造访这里。下雨时会被蓝色塑料布盖住以防淋湿。

道。我没想过会过这种生活。"

【丸山】"你以为会去公寓么？"

【玉子】"嗯。那之后，唔，他对我说，就是这里了。哎哟，我觉得也没啥，是吧，只是日常生活的话，在哪里都没差吧。周围的人哪，他们怎么看我，我也不知道，但我也不在乎别人怎么想。"

第四位受访者是藤子（第二章表5③）。当我留宿在玉子的帐篷时，通过玉子的介绍认识了藤子。在我做调查那年，藤子48岁，没有兄弟姐妹。她说，父母从小就告诉她，既然生为女人，那就应该结婚，只要能学会算数，用来操持家务就行了，其他都不需要学习。她把所谓"贤妻良母"必备的各项知识告诉了我。

【藤子】"你看，我也是独生女，所以常常听父母这样说。我记得，从我还是个孩子的时候起，父母就从来不叫我学习。因为我是个女孩子嘛……以前的人经常说，既然你生来就是个女的了……你至少必须结一次婚，哪怕你结婚后一个礼拜就离了……不学习也没关系。不过呢，数学还是要学一下的，就是算数。是吧，要好好打理老公辛苦工作赚来的钱。得搞一本家庭账本之类的东西，只要好好掌握打理钱的方法，别的就都不用学了。用老公赚来的钱好好过日子，每天都有计划地好好操持。只要会算数就行了。另外……碗不要堆着不洗。做完饭要立刻洗掉……衣服也要马上洗。"

藤子在高中毕业后从事过医疗事务的工作。那之后，她和在职场相识的出租车司机结婚，但是没有孩子。这份医疗相关的工作她做到35岁，之后成了全职太太。有一段时期，她也在超市打工。有一次，藤子的丈夫做了朋友的借款担保人，结果朋友失踪了，丈夫被迫替朋友背下借款。然而丈夫还不出钱，只能申请个人破产，于是藤子和丈夫一起搬到东京，想在没有熟人的地方重新开始。他们起先在车站露宿了大约一周，2个月前开始只在夜晚来公园，铺上纸板箱睡觉。不久，他们找到了空置的帐篷，就在公园里定居下来了。

2 露宿生活的艰难

接下来，我想主要聚焦于这4名女性，来探讨女性露宿者在日常生活中遇到的困难。

许多露宿者会处于极度贫困和物质匮乏的状态之中。失去居住场所，只有很少现金，只随身携带最少限度的必需品——露宿者们通常是在这些情况下开始露宿生活的。尤其是刚开始，因为不知道寻找睡觉场所和食物的方法，会出现无法满足最基本的生存需求的情况。英子说，她刚开始露宿的时候，过了好几天睡不了也吃不上的日子。

【英子】"我完全没吃东西……也没睡……就这样坐着，因为是冬天呀。就这样，坐在长椅上……

我四五天都没睡觉，都没睡觉呢……"

即使找到了睡觉的地方，也必须获得生存必需的食物。但是在露宿生活中，以食物为首的最低限度的必需品也时常短缺，在这种情况下，也有不少露宿者搞垮了身体。在2012年的露宿者全国调查中，26.7%的露宿者回答身体状况不佳（厚生劳动省，2012）。藤子曾说起丈夫在严酷的露宿生活中身体崩溃的时刻。

【丸山】"你的丈夫曾经因为健康恶化叫了救护车？"

【藤子】"嗯。"

【丸山】"那之前有过病史么？"

【藤子】"就算有也没有发过病。在那之前是这样……所以说，这种日子会让人精神疲惫。他后来都睡不着。因为我的关系，到头来他（担心得）睡不着觉……就算睡了，也顶多睡个一小时左右。所以……才会烧到40度左右呀。"

露宿者不仅会经历这种物资匮乏，还总会受到来自政府、商店、当地居民等各方的排斥和压力。自从《流浪者自立支援法》明文规定了对露宿者的排斥，各地都开始将露宿者从露宿场所中驱逐出去，并且把露宿者的行李强行撤走。

也有露宿者被挑衅和袭击。几乎每年都会有少年对露宿者施暴的新闻报道，露宿者不仅会受伤，有时还会死亡。除此之外，诸如向帐篷扔石头和发射烟花、放火燃烧帐篷和行李之类的事件也频繁发生，只是没有被新闻报道罢了。因为被迫处于毫无防备的状态，所以在公共空间中的露宿生活总是伴随着危险。

在身体暴力之外，这些露宿者也会承受基于偏见和歧视的言语与目光。像B公园的露宿者那样定居在帐篷里，还能遮挡一下恶意视线，那些在车站和路边露宿的人，则面临极高的被挑衅和袭击的风险。裕子描述了她睡在车站时被路人注视的痛苦。

【裕子】"那时候，你也知道，都是铺的纸板箱。白天你是找不到地方睡觉的。晚上他们会搭帐篷，类似帐篷的东西，但一到白天，你就必须撤走。然后就会有人偷瞄你。其实这些人根本不需要偷瞄，因为我们的脸已经完全暴露在外了。也有人一直一直一直一直盯着你看。他们还会故意用你听得到的音量说'这家伙还抽这么好的烟呀，真是嚣张'之类的话。这些人为什么要说这种话呀，烟都是我自己买来的，关他们什么事呢。还有人会问'你在吃什么？'之类的。说真的，待在纸板箱里的时候实在是太耻辱了。"

B公园在2003年时还没有开展强行驱逐帐篷的行动，处于默许露宿的状态，但是B公园附近的公园却强行驱逐了帐篷——住在B公园的人们光是听到这一消息就已经感到了恐慌，害怕B公园也会发生一样的事。管理公园的工作人员每天会在公园巡视两次，在生活的方方面面对露宿者们提出细致入微的警告，诸如晾衣服的地方、行李的大小、打扫公园的方式等。公园内的帐篷全由公园管理人员一手把控，帐篷表面必须覆盖蓝色塑料布，还必须遵守高度限制等规定，在公园内搭建新帐篷也是不被允许的。

即将被撤走的帐篷，原本住在里面的人已经不在了。

此外，只要公园的管理人员发出通知，在公园指定区域内的帐篷就必须搬到另一个地方。虽然几天后还会把帐篷搬回原处，但这种移动必须定期进行，比如每月一次。每次发出通知时，都会说明原因，例如要在地上撒木屑之类的，但这其实也是为了阻止帐篷的过度扩张或行李的增加。实际上，为了适应频繁的移动，这一指定区域里的帐篷确实比其他区域的更加轻便。

即使没有遭到驱逐或袭击等实际损害，陌生人靠近自己的生活空间本身可能对露宿者来说就很恐怖了。当我询问女性露宿者们，她们在公园生活中最害怕的事情是什么，几乎所有人都会最先回答：半夜去厕所是最可怕的。平素和伴侣一起生活的玉子说，考虑到自己是生活在男性居多的环境中，当她落单时，不仅是夜晚，连白天也会感到害怕。

【玉子】"果然女性在这里，一个人的时候还是会害怕的呀。习惯了的话，习惯了的话就好一些了。不过我是因为（老公）在这里，所以才不害怕。而且坦白说，到了晚上，就连我也会害怕呀……我上厕所的时候会特意叫醒（老公）。"

【丸山】"即使你丈夫在身边，你也会感到害怕吗？"

【玉子】"不会，那倒没有，几乎不会，但是他不在的时候，他不在的时候，我一个人就会很害怕。即使是在白天。"

对于生活在各种危险之中的女性露宿者而言，只要是靠近自己的陌生人，不论是谁都会让她们感到恐惧，尤其是男性。有时也会有男性志愿者来送慰问品，并且出于关心露宿者的安全和健康而巡视帐篷，但是玉子说，他们靠近时的脚步声就足以吓到她，因为在对方开口说明之前，她并不知道他们的意图。考虑到这一点，各地区的许多露宿者支援团体在进行外联活动时，会注意指派女性支援者去接触女性露宿者。

【丸山】"当巡逻队转到女性那里的时候，他们会不会让女性去接触女性呢？"

【玉子】"会的呀……我们大家都觉得，如果是女性来搭话会比较好。"

【丸山】"会有人觉得男性很可怕吗？"

【玉子】"有的呀。我自己待在露宿聚集地的时候也很害怕，真吓人哪。"

【丸山】"害怕巡逻的人？"

【玉子】"嗯。"

【丸山】"你也不知道那个人是谁对吧？"

【玉子】"嗯，确实不认识。"

不仅是路过的行人，周围的露宿者也会对女性露宿者施以欺辱和暴力。像英子这样生活在男性占绝大多数的露宿者社会中的单身女性的叙述之中，能够集中看到一些经历，它们已经超出对暴力感到恐惧的范畴，升级到直接遭受暴力侵害的程度。[1]英子解释自己之所以遭到暴力，是因为她是一名"弱者"。

【英子】"因为他们会使用暴力……所以我逃到这里来了，在半夜。半夜的时候逃来了，逃到公园……（因为他们的暴力行为）我都骨折了呀，这可怎么办呢。没办法了，只能逃过来了……我是逃到公园里来的。

"（我有被露宿者同伴差使去买酒之类的，）因为那会儿我刚来，所以不是很清楚，到底哪里能买

---

[1] 作为一名过着露宿生活的女性，市村记述了许多自己关于暴力的恐怖经历（市村，2006；2008a；等等）。

到酒呀……我跑了一趟回来之后……太狠了。他们把我暴打了一顿。下手真的很狠……他们是用水泥块儿揍我的。当时拒绝（跑腿）就好了，我也不知道去哪儿买酒呀，不去跑腿就好了。去跑跑腿没什么，主要是不知道（路），好不容易买到了，又不知道回去的路，结果天都亮了。大家都以为我拿钱跑路了，等我回来的时候……冲我发了一通火。真讨厌呀。

"这群人烦死了……下手也太狠了。他们会动用暴力。因为酒品太差。"

【丸山】"他们对大家、不论对谁都会这样吗？"

【英子】"只对弱者，他们只挑弱者下手。"

英子还稍微提到了自己遭受性骚扰和性暴力的经历。这些性骚扰和性暴力，也是单身度过露宿生活的女性们集中提到的经历。那时的英子一边提到父母灌输给自己的贞操观念，一边叙述着自己的困扰。

【英子】"真的很严重……非常严重，那个时候。太过分了。大家都在喝这玩意儿（酒）……帐篷里有个男人摸我屁股，试图袭击我，还说了这样那样的难听话……我赶紧逃跑了……从小父母就是这样教育我的……真的很困扰……"

也有女性会在帐篷里受到来自伴侣的暴力，裕子就常常被自己的丈夫拳打脚踢。她有段时间一直脸肿，甚至有一次被丈夫打到颈椎出现裂纹，脖子上缠了几个月的石膏绷带。那段时间，她的丈夫常常喝酒，住在周围其他帐篷里的人都只是旁观罢了，没有一个人去帮她。裕子告诉我，她丈夫去上班之后，她就一个人被丢在帐篷里，甚至无法吃饭、如厕、去医院治疗伤势。

【裕子】"伤口还是黏糊糊的呢，还在出血。所以说，去厕所的时候我也基本是像这样爬过去的，真的……我几乎连声音都发不出来了。"

【英子】"……周围人没说什么吗？"

【裕子】"没有，大家都很害怕，没人出来帮忙。所以说呀，就算喊，喂，大家快来帮帮我……

大家也不会出手阻止呀。因为谁都不想惹一身腥。所以大家都只是看着。我想去厕所也去不了,想吃饭也吃不上……这样怎么可能治得好伤呢,医院也没办法去。那会儿……(丈夫)找到班上了,他一去上班,我就变成一个人了。我这个样子没法儿做饭,他既不会给我准备好饭,也不会给我留一分钱……我就决定不吃也不喝了,连水都不喝了,这样就不用排泄了。"

方方面面的压迫层层叠叠地烙印在女性露宿者的言行之中,其中不仅有她们在露宿生活之前所遭受的社会歧视,还有缺乏生存必需品的生活上受到的限制、来自政府的驱逐压力、来自路人的袭击危险,以及来自绝大多数男性露宿者的暴力和性骚扰,等等。只要还在露宿,这些女性就无法摆脱这些状况,首先需要明确的是,为了在露宿中活下去,女性一旦陷入这种压倒性的压迫之中,唯一能做的就是接受现状。

3 女性露宿者们的生活策略

然而，露宿者们并非只是被动地卷入这种压迫性的状况之中。在露宿者们的日常实践之中，即使现状本身无法改变，但她们还是能够发挥聪明才智，开发出各种生活策略，来尽量减少困难，以使自己在不如人意的露宿生活中存活下去。在严酷的露宿生活中，如果不采取行动来维持生命，死亡就会近在咫尺，在这种情况下，哪怕这些生活策略并非出于当事人的积极意志，也是露宿者为了活命而下意识采取的行动。虽然刚开始露宿时，有些人可能很难完全掌握这些露宿生活中的生活策略，但是她们可以从其他露宿者那里学习和模仿，并随着时间的推移而逐渐熟练和习惯这些策略。

许多露宿者会在刚开始露宿时，在车站、地下街和路边等地方铺纸板箱睡觉。因为这些地方只能在夜间使用，露宿者一到早上就必须移动，所以这种生活方式被称为流浪型。因此，行李也仅限于可携带的最低限度的个人物品。在这一过程中，露宿者们要学会能让自己安全睡眠的技巧。藤子曾在开始露宿的第一天得到了周围露宿者的露宿生活辅导，她向我分享了这段经历。

【藤子】"那个人刚好就在那里，（我开始露宿的）那天遇到一个很好的人……因为我不懂毯子怎么铺，也不懂怎么捡纸板箱，那个人就来教我了。"

【丸山】"是那个人跟你打招呼的吗？"

【藤子】"是的。一开始我什么都不懂，只是呆呆地看着，不知道怎么搞。然后那人就叫了我一声。让我在纸板箱上铺毯子之类的东西，这样睡觉就会舒服很多。"

还有很多露宿者从流浪型生活慢慢过渡到了定居型生活。虽然现在的都市空间里已经没有能让露宿者搭建帐篷定居的场所了，但2003年我做调查的时候还有很多帐篷。和车站之类的地方相比，B公园这类地方可以靠帐篷过上定居生活，避人耳目、安全性更高，还可以持有更多行李，生活基础较为安定。只要准备好寝具就可以更加舒适地睡觉，甚至可以开展废品回收等能带来收入的工作，有厨具还能自己烧饭。裕子比较了流浪型和定居型这两种露宿生活，向我说明了定居型有多安定。

【裕子】"我之前会担心很多事情，比如今天要睡在哪里，下雨的话怎么办，位置被占了就完蛋了，也常有束手无策的时候。和那种情况相比，（帐篷）简直就像天堂。回到帐篷可以伸直了腿睡觉，也不用收拾纸板箱了……把帐篷整理好以后还可以做点工作之类的……所以说，住帐篷就可以捡书来卖，还可以干点替人排队的活儿，如果一直住纸板箱的话，连堆书的地方都没有……现在有了一定基础，可以安定下来去捡点书了。还能睡睡午觉……也能吃点盒饭之类的了。便利店里卖的那种。（因为没法自己烧饭）只能吃点捡来的东西，所以营养摄入一点也不均衡。这样会搞坏身体的。

因为吃不到蔬菜呀。"

当时约有250名露宿者住在公园里,其中许多人都定居在搭好的帐篷里。他们的住房大多是用薄纸板覆盖的小屋、贴着蓝色塑料布的帐篷,或者是能够应对频繁搬迁又容易搭建的露营帐篷——不论哪种类型都会用蓝色塑料布覆盖。虽然B公园的管理变得严格之后,不再允许新帐篷的搭建,但是离开该地方的居民腾出的帐篷主要由露宿者管理,他们在那里处于类似老大的地位,以确保公园管理部门不会因为知道帐篷空置而将其拆除。于是,像藤子这样来到公园的新人露宿者,在得到周围露宿者的同意后,就能在不被公园管理部门知道的情况下分配到空帐篷,得以在公园里安居下来。帐篷的平均面积约为四叠半(7.29平方米),里面放着衣服等日用品。有些帐篷还有可以发电的发电机和用电池供电的电视。

很多露宿者并不是一点收入也没有,他们有各种各样赚取现金的方式。有露宿者一边住在公园里,一边从事日结工作或兼职等普通的雇佣劳动,裕子也有过一边

露宿者从车站垃圾箱等地方回收的杂志，放在路边以便宜的价格售卖。

住帐篷一边从事保险推销和大楼保洁工作的经历。裕子的丈夫也曾经在建筑工地等地方做过日结工。也有人从事易拉罐、杂志、大型垃圾等废品的回收。裕子夫妇也曾做过杂志回收，那时丈夫负责外出收集杂志，裕子负责留在帐篷里清洁杂志、做家务，性别角色的分工明确。

【裕子】"好的时候还是挺好的。一次能赚到7000日元左右。而且两点左右去那边，十点前差不多就能回来了。从白天开始清洁这些书……要用锉刀打磨表面。"

【丸山】"你丈夫负责做这些吗？还是你自己做？"

【裕子】"是我负责做的。做完以后全部归拢到一起再拿去。"

【丸山】"你是说用砂纸打磨吗？……也就是说你丈夫负责把这些杂志捡回来，然后你再用砂纸打磨？"

【裕子】"嗯，然后我们两个人再一起去……"

【丸山】"……是要拿到某个地方去吗？二手书店之类的地方？"

【裕子】"是的呢，拿去BOOKOFF[1]。"

【丸山】"杂志之类的也拿去？"

【裕子】"嗯，杂志也拿去。"

---

[1] 日本最大的二手书连锁店，也卖二手DVD、游戏卡带、手机等。——译注

露宿者们也会从事"代人排队"的工作，虽然这种行为并不合法。黄牛为了高价转卖而购入音乐会或运动会的门票时，会让露宿者去买票，再给露宿者一定数目的报酬。因为需要露宿者排队购买，所以这份工被称为"代人排队"。虽然这份工也分淡季旺季，不过每月都会有几回，报酬是每次1500日元左右，每次都要在B公园里召集几十人至几百人的露宿者。露宿者之中也会有类似老大的人物，他们会根据黄牛的要求召集必要人数的露宿者，征购门票并倒卖给黄牛，比如玉子的丈夫在召集露宿者的时候，就从每个人头上赚了500日元的差价。另外，英子因为频繁接受媒体采访还收到了谢礼。裕子为了领取年金，把自己的地址登记在了友人家里。玉子也借用了友人的地址，因为友人所住地区给的障碍者补贴金额更高，所以她每个月都能领取8000日元的补贴。

关于伙食，许多人在刚开始露宿的时候，会用手头的现金购买，或者捡别人扔掉的食物来吃。但是渐渐地，他们会从其他露宿者那里学到获取食物的技巧，了解废弃食品被扔出来的场所和时间，如何得到福祉事务所分发的食品，以及施食的日期等。

【裕子】"真的得在半夜2点左右就起床,那正好是便利店,你也知道,垃圾回收的时间。要在回收车来之前去。那样就能捡到被扔出来的……饭。"

【丸山】"你都知道吗?这家便利店大概几点会扔便当之类的?"

【裕子】"每家的时间我都基本知道个大概。但那种事情一开始都是不知道的,我俩都不知道。只能随便走走,哈哈,看看今天有没有饭掉在哪里之类的,很奇怪大家都是去哪儿捡的饭,哈哈。那时候,你知道,大家也不愿意告诉我们,因为怕自己的领地被侵占。后来有人愿意告诉我们,我们就问那人,大概几点去呢?那人就说,去那里转悠看看,大概几点会有饭。"

【英子】"所以说我会自己去找……去垃圾桶里找。可能有人会觉得很脏吧。但其实不脏。一点也不脏。你看看就知道了。垃圾桶里掉了很多呢……"

【丸山】"施食之类的呢?"

【英子】"根本不知道呀，那会儿。完全不知道。因为我们什么都不知道，所以大家慢慢地教了我们很多……大家会教我们的，伙伴们……不久就慢慢知道了。去代人排队，买一次票，就再跑回（队伍的最后）去，再排队，再买一次票。就这样慢慢地……"

因为B公园在东京都内是位于显眼地区的大公园，所以周边几乎每天都有各种团体在分发食物和施食。工作日早上9点，附近的福祉事务所会提供干面包，还有一家教会每天早上5点都会在公园附近的路边分发饭团或面包。此外，一个志愿者团体会在周日晚6点半开始分发白米饭，周一的早8点半和晚5点半分别会有两家教会在公园施食。每周二、四、五，住在公园附近的市民都会在早上6点集合，用猪肉味噌汤、白米饭和咖喱等食物款待帮忙清扫公园周边地区的露宿者们。每周三下午4点，某家教会会在公园开设施食处。周六从早9点开始，一家名为"美军"的团体会进行施食。冬天还会有别的教会加入施食活动。有些教会施食处也会要求露宿者必须在用餐前聆听布道或唱赞美诗。所以，公园周边可以说是食物相对充足的地区。此外，也有人会走到更远的地方，去其他区域的施食处排队。

在公园的施食处，无论是施食团体还是在场的其他露宿者都会用各种形式照顾女性，让她们优先领取食物。各团体的照顾方式各不相同：有些会让出现在施食处的女性排到队伍前面；有些会让在某个时间之前到达施食处的女性排到队伍前面；有些帮忙施食的男性露宿者为了照顾女性会优先把号码牌塞给她们。此外还有排队的男性露宿者会自发让女性排到队伍前面。在公园里有种广泛认同的默契，即必须特别照顾在露宿者社会中的女性。关于此事，藤子这样描述。

【藤子】"所以说，就像我们来的时候那样，就算去（施食处）排队，他们也会先给排在前面的人发饭。因为大家总会一拥而上，所以女性总是挤不进去。一开始呀，我总是和玉子一起排队，玉子的老公会叫我们排过去，排到最前面去，他会让我们插队，然后大家就会一起去插队。"

【丸山】"现在的施食处都会这样吗？让女性排在前面？"

【藤子】"也不能说是让女性排在前面。周一就得早点去，因为大家去得早。如果在大家排队之前抵达那里，自然就能排在前面了。周一晚上，女性如果在3点半之前赶到，就能排在前面。在周三，如果去拜托**（在施食处帮忙的露宿者）的话，就能排到前头。一开始，我都是去排队的。一旦开始排队，就不能插队了。因为大家都看着。他告诉我，如果来了，得先去他那里，他会给我更前面的号。所以大家都得在正式发饭前赶去，这样才能排到前头。"

因为B公园的露宿者们大多都是定居状态，所以自己烧饭的也很多。他们会用卡式炉来烹饪自己购买或是志愿者捐赠的食材。受访的4名女性露宿者自己烧饭的频率都高于领取施食的频率。但她们也说，下雨天会停止施食，放在帐篷外面的卡式炉也不能用，在吃饭方面会有困难。也有不少露宿者在养宠物，英子、玉子、裕子3人都在养猫。她们给宠物准备的食物，有些是常来公园遛狗、喜欢动物的当地居民和志愿者提供的，有些则是自己买来的。

某家教会还会在B公园为大家提供免费的理发服务等。还有志愿者医生提供免费的医疗咨询，另外志愿者会陪同露宿者去福祉事务所，生病的露宿者可以使用这些服务得到医治。当露宿者需要就医时，要么去福祉事务所领取生活保障入院，要么就得定期从公园出发去医院。在东京都，露宿者可以从生活保障金中单独领取医疗补助，[1]藤子的丈夫也曾经靠医疗补助每周去三次医院。藤子丈夫之所以拒绝入院，是因为不想把藤子一个人留在公园里。藤子的丈夫认为自己"必须照顾"身为妻子的藤子。见丈夫如此牵挂自己，藤子表达了自己的"喜悦"之情。

【藤子】"一开始医生说我老公要住院治疗，这

---

[1] 关于是否允许露宿者单独领取生活保障金中的医疗补助，各地方自治体存在很大差异，也有还不认可这一政策的地区。

种日子过久了也难怪呀……我说，老公你一定得去住院呀……结果我老公很坚决地说，不管我身边有多少人（可以照顾藤子的男性），他也绝对不会去住院……因为他不能丢下我一个人，就算**（可以照顾藤子的男性）等人可以帮忙，他也不想丢下我……只有我一个人，如果同时被几个人袭击是敌不过的。就算有**在，他也不一定能帮上忙，因为他肯定不会时时刻刻都在我身边。他还说，如果是住在公寓里，那么女性一个人也没关系，但是在现在这样的状态下，他去住院反而会导致病情恶化。"

【丸山】"因为担心吗？"

【藤子】"嗯。所以他不会去住院。所以说呀，我还是很高兴的，他能够这么牵挂我。"

志愿者团体有时会分发衣物、被褥和毯子等，露宿者也会灵活使用这些物品。至于其他必需品，露宿者们要么自己购买，要么拜托教会或志愿者帮忙。某家教会会给每位露宿者发一张写着编号的卡片，露宿者只要展示自己的卡片，并把自己想要的必需品写在纸上，教会就会在下周前准备好这些物品。这样一来，露宿者们通过拜托教会并告知自己的尺码，就能拿到眼镜和鞋子等难以获得的物品。此外，在B公园里，每月都会举办一次女性露宿者的集会，那时就可以拜托女性志愿者给自己带那些难以向男性启齿的物品，比如生理用品等。我也经常被问，能不能帮忙提供煤气罐、澡堂使用券、驱蚊香、防虫剂、烟草等，有时我也会把这些东西送给她们，作为愿意接受采访的谢礼。

【藤子】"'我想知道你是怎么解决生理用品的'，你在意这种事啊……我会在有钱的时候买好备着。我一般不会全部用完，至少得留够两次的份量，你知道的，大的那款和细长的那款……所以说我不会用完，得有点存货。因为（生理用品）和澡堂券是最重要的，真要一点不剩就麻烦了……还可以去，你知道的，哈利路亚。到教会去，（在纸上）登记一下。"

【玉子】"如果去妇女集会，就能拜托**（女性志愿者）带一些来了……我是第一个拜托她的人。

第一次见面的时候就拜托她带各种东西了。"

这4名女性露宿者都说,她们也会去附近的澡堂洗澡,但澡堂收费太高,无法经常去,令她们困扰不堪。男性露宿者会在公园里裸体,用水龙头里的水擦洗身体,但女性露宿者没钱去澡堂时,就只能在厕所里洗头擦身。藤子这样描述当时的情况。

【藤子】"说老实话,想洗澡还能用那里的水洗头。在那个有声音的厕所。我在那里洗过头。因为那里可以蓄(水)。大家都去水龙头(设置在公园里的水管)那里洗头,但是在那里洗,头发就会沾到下面。一在那里洗头,头发就会沾到下面,我不喜欢这样……我还是喜欢那个有声音的厕所,把水蓄起来再洗。用水洗头确实会咯吱咯吱的有点干燥,但只要多用点护发素。头发就会变得顺滑。"

【丸山】"我知道。是那家干净的厕所。"

【藤子】"是的,没错。还有一面镜子呢,对我来说刚好合适。"

关于洗衣物，几乎所有的露宿者都会用脸盆接公园水管里的水来手洗，然后用栅栏或绳子将衣服晾干。有些人也会使用洗衣店。虽然女性露宿者都会这样洗衣服，但英子说她年轻时曾被偷过内衣，她讨厌这种经历。她还告诉我，她感觉在男性多的地方无法晾晒女性内衣，所以她会用毛巾盖住，或选择在不引人注目的树荫下晾晒。

【英子】"根本没法晾衣服嘛。因为这里男人太多了呀……真讨厌。我以前呀，还年轻的时候，被人偷过呢，内衣……（在洗衣店）洗的话要花五六百日元呢。我可没法在那里晾呀。胸罩之类的。没法晾呀。"

【丸山】"没法晾内衣之类的是吧。"

【英子】"嗯，晾不了。会被偷的……因为实在没办法，只能在这里晾，（要晾干）得花两天左右呢。"

【丸山】"你是晾在哪里的呀？"

【英子】"晾在背面了。为了不让大家看见，我用毛巾挡住了。"

此外，女性露宿者常常采取的生活策略还包括和男性同居。在第四章里介绍过的有单独露宿经历的和子曾经告诉我，在高度危险的露宿生活中，为了保护自己的安全，她会选择只在夜晚睡在某位男性露宿者身旁。在都市生活研究会的调查（2000）中，平均每15名女性中有11人与男性同住；在大阪市立大学都市环境问题研究会的调查（2001）中，平均每20名女性中有12人与男性同住。其中既有和男性伴侣一起露宿的情况，也有与在露宿生活中邂逅的男性同居的情况。在我采访的4名住在公园里的女性露宿者之中，只有英子是单身，其余3名都和男性同居，3名男性都是她们露宿之前的伴侣。裕子说，如果丈夫不在，她也不会去露宿。藤子和玉子都说，她们是在克服艰难的露宿生活的过程中，加强了与丈夫间的羁绊。她俩都说，感觉单身女性要想露宿是很困难的事情。

【裕子】"这个嘛，是因为有他在呀，我老公呀。如果是我一个人的话，是不可能的。一个人怎么会做这种事呢，哈哈。这种生活我想也没想过。"

【藤子】"所以说一到睡觉的时候呀，你知道，（我老公）会在外面。哪怕只是坐着，他也一定不会让我坐在靠外面的那一侧。我老公会在外面待一阵再进来。还是很辛苦的呀。不过我们夫妻之间的羁绊也变得更深了。"

【丸山】"你们之前的关系就很好吗？"

【藤子】"关系应该是好的吧。虽然该吵架的时候还是会吵……"

另一方面，当我询问持续以单身状态露宿的英子，在单身生活中需要注意什么时，她回答，虽然自己没有特别注意的地方，但是她会尽量不违抗周围的人。这也可以说是英子的独居生活策略之一。

【丸山】"身为单身女性，你有特别注意的地方吗？"

【英子】"唔……没什么特别的。其实没有。只要保持沉默就行了，不要反抗就行了。只要顺着大家就行了……那些人就那样吧，不要惹他们生气就好了。"

在这些女性露宿者的生活策略之中，有很多与性别无关，适用于所有露宿者，比如住所和工作的获取方式等。但另一方面，也有女性露宿者在说到洗澡和洗衣物的方法、遇到危险时保护自己的方法等问题时，特别提到了身为女性才会遇到的困难以及应对方法。另外，公园里多数人都公认要照顾女性，让她们优先领取施食处的食物，而在女性露宿者之中，也有人充分利用了这些优待。

正如我在上文中所分析的，公园里的女性看待和利用自己女性身份的方式自然各有不同。单身的英子和与丈夫同住的玉子、裕子和藤子，在讲述自己遭受暴力的经历和保护自己免受危险的方法时，叙述的内容与体量也不尽相同。此外，现在和丈夫一起生活的裕子，因为曾经长期独自生活、经济独立，所以在提到女性这一话语时，会说出"我虽然是女性，但一直以来都和男性并肩工作"之类的话。与之形成鲜明对比的是藤子，她谈论的是各种"主妇秘诀"。因此，我们可以看到，如果像帕萨罗所说的那样，把接受福利保障的女性和持续露宿生活的女性之间的差异，单纯地理解为"是否背弃性别"，就会忽视女性的这些个体独特性。

第六章

露宿与摆脱露宿

1 露宿者的抵抗与主体性

前面，我一直在关注公园里4位女性露宿者的生活世界，观察她们所经历的困难以及她们在日常生活中为了生存而开发出的种种生活策略。接下来，我将重点关注女性露宿者自身对露宿生活的定义，以及她们与他人形成的关系。此外，我还将研究女性露宿者是如何决定是否要继续露宿，以及如何做出"选择"，而这些又与上述定义与关系挂钩。

通过这些因素，我想讨论的是，过去聚焦于露宿者的主体性和反抗的研究视点到底忽视了什么。正如第一章所述，过去的露宿者研究为了对抗将露宿者视为颓丧懒惰之人的目光，选择强调露宿者自身的主体性和露宿者也在劳动的事实。然而，在主张这些观点时，他们默认假定的主体是由"日结工聚集地劳动者"所代表的男性露宿者。强调露宿者的主体性和露宿者的劳动状态，在向试图排斥流浪者的社会发出抗议时是有效的。但在露宿者之中，还有不一定被指望劳动的女性和没有工作的露宿者。在这种前提下依然主张露宿者都在劳动的说辞，再一次将以女性为首的少数派排除了出去。

因此，本章将以一直被研究忽视的女性露宿者为对象。我想通过着眼于她们的日常实践，来具体探讨过往研究因排除女性而造成的盲点。

2 露宿生活的意义

露宿者在走到露宿这一步之前，一般都在社会中经历过许多不利因素，即使是在露宿生活之中，也不得不面临露宿状态中难以避免的各种制约。然而，露宿生活不仅仅是再生产社会主流价值的场域，有时也会创造新的价值和意义。接下来我将以英子和玉子为例，观察富有创造性的那一面，分析大家是如何在社会中以结构性弱者的姿态改写世界的。

英子很怕别人看轻自己，所以之前不敢告诉周围的人自己无法读写的事。

【丸山】"关于你无法读写的事，以前工作的时候有没有告诉过身边的人呢？"

【英子】"大家会把我当白痴看呀。所以我只对一个我很信任的人说过，对其他人都没说。不然我会被当成白痴的。肯定会被当成白痴的。他们不会理解我的。反而会看轻我。"

但是英子反反复复对我诉说了她因为无法读写而面临的种种不利因素和自卑感，比如：总是被亲人和职场上的人轻视；因为写不了履历表而难以就业；因为不懂ATM的用法，只好拜托别人，结果被骗了钱；等等。说到开始露宿生活的原因，她也觉得和自己无法读写有关。

【英子】"姐姐……总是、总是拜托（公司雇）用我，她还给我写好了电话号码。但是，因为公司的人没有想要我（在他们那里上班），所以不会来接我。虽然我打电话过去的时候他们会接电话，但是不会来接我。因为对方并不想雇我。可就算他们那样和我说，我也搞不明白呀，因为我是笨蛋。字也不认识。电话费也很快花光了，就只能露宿了。

电话号码和行李都被人偷走了……我也带了行李过来，但是全都被偷走了。"

【丸山】"那是什么样的公司呀？"

【英子】"是一家保洁公司。我只能干那种活儿。因为没怎么上过学。

"我搞不明白呀，左右也分不清，不知道自己在哪里，真的不知道……钱很快花完了，电话费也没了，回家的车费也没了，然后就过上了这种露宿生活。"

她不仅向我，也向她遇到的许多人，包括采访人员和志愿者吐露了她不识字的情况。尤其是英子曾多次接受大众媒体和研究人员的采访，关于她如何开始露宿生活的故事似乎成了固定话题。我曾有机会看过几份其他人对英子的采访记录，其中一些部分与我听到的内容相矛盾，只有她如何开始露宿的故事总是以同样的方式被重复叙述，简直就和在播放录音一样。无法读写这件事所具有的意义，既可以被视为英子所遭受的不利处境的象征，也是人们得以理解她被迫露宿的关键因素。

英子在读写方面的劣势，曾经是她想隐藏起来的事，但当这种劣势融入了露宿的情境之中，并作为露宿者的叙述被倾听之时，就被重构成一个可以被积极讲述的故事。肯·普卢默（Plummer, 1995）指出，故事总会有一个适合被讲述的时机，以前未曾讲过的故事之所以能被讲出来，是因为出现了能够接受这些故事的共同体，而共同体本身也通过这些故事被构建起来。英子关于读写的故事也是如此，因为有了将其作为露宿者故事来聆听的听众，有了报道这个故事的大众媒体，有了与她感同身受的志愿者，有了让她产生归属感的露宿者共同体，她才会在心中把这个故事转变成一个可以讲述的故事。

英子的叙述也在不断变化，随着她周围的共同体逐渐形成，她的世界越发广阔，并建立了新的人际关系。一些志愿者给英子寄来了明信片，为了让英子能够读懂，这些明信片都是用片假名写就的。有人会带着慰问品来拜访英子，也有素不相识的读者因为读了英子相关的新闻报道，给英子送来了字典之类的物品，供英子学习读写。英子通过讲述自己的故事所收获的人际关系，也为她的露宿生活提供了物质上的支持。另外，参加露宿者运动也让她能够独自乘坐电车了,她之前是做不到这些的。此外她还得到了更多习字机会。

【英子】"**(露宿者运动团体)的(传单)不是标注了平假名么。所以我就反复读、反复读。我一直保存着。

"(参加露宿者运动)真是一段很好的经历……我也搞得清楚这里是哪里。在乡下的时候基本上不会坐电车。一般不是都会么,那些站牌。站牌上的字可以这样读,也可以那样读,是吧。一个字有好多种读法呢,所以我搞不明白呀。都糊涂了……所以说我没办法去很多地方。因为没标注平假名。我就不知道读法了。"

对英子而言,无法读写这件事在之前的生活中只是个巨大的不利因素,但开始露宿生活之后,无法读写的意义发生了变化。通过积极讲述自己身为弱势群体的故事,她创造出了新的共同体,在这一能够融纳她叙事的共同体之中,她获得了露宿生活所必需的日用品和学习机会。英子还说，自己在露宿之前因为内向几乎不曾开口，开始露宿之后，她不仅"学会了各种各样的事情"，还"变得强大了起来"。

【英子】"但是呀，我和玉子一样，都很内向的。基本上不怎么说话。不说话的。因为一直不说话，爸妈还以为我是哑巴。"

【丸山】"你是来了这里以后开始说话的吗？"

【英子】"我是那种容易沮丧的人。容易想太多。但是在这里呀，周围不都是男人么。所以到了这里以后我就变强了。不得不变强呀，不然怎么能在这种地方待下去。我觉得还是一定要变强才行……不能被人当成白痴。不能被当成白痴，不能被当成白痴呀，不然就惨了。必须要强大地活下去……渐渐懂得各种事情以后，就强大起来了。要想一个人在男人堆里活下去，就得这样。"

【丸山】"老是不说话就会吃哑巴亏是吧。"

【英子】"是的是的是的。人是会自然而然地变强的。"

【丸山】"你是在学会什么事情之后开始觉得自己变强了呢?"

【英子】"我总是一个人走来走去呀。走呀走。如果不说话就会被当成白痴,果然如此呢。必须要活下去呀,一直这样下去就要死掉了呀……我这样想之后……就变强了。"

正如英子所说,"玉子也一样内向"。玉子以前也无法和别人展开对话。玉子的双亲为她的智力障碍感到羞耻,所以一直对周围人隐瞒这件事。因此,玉子也对自己的障碍感到羞愧,不仅无法向别人袒露这件事,还因为害怕"被嘲笑"而无法和他人聊天。

【玉子】"我很担心呀,担心自己交不到朋友。我又是这个样子,有这种毛病,结果也不敢主动加入大家的对话……应该说这是一种害怕么,我要是开口说话,怎么说呢,我要是说话,大家会不会笑我呀,会有那种感觉,就怕得不敢说话了。我觉得自己不太知道应该说些什么。"

不过，因为玉子现在的丈夫不会对周围人隐瞒她的障碍症，而是会积极地告知并希望大家能够体谅，所以在遇到丈夫之后，玉子开始变得能和别人说话了。那是她"来到公园之后"的事。一般来说，露宿者在步入露宿的过程和在露宿生活之中，都会遭到歧视、蒙受失利，正如藤子所言，"过这种生活的人都是同类"，大家仿佛是在一起承受着这些歧视和失利。玉子之所以变得能与他人交谈，虽然也是因为邂逅了不会遮掩她智力障碍的丈夫，但露宿者们表露出的"过这种生活的人都是同类"的感觉也给了她很多支持。玉子特别提到英子对她"多有照顾"，我认为那也是因为她们共享着相似的境遇。玉子曾经觉得智力障碍是自己最大的缺点，但现在她渐渐能够自发地告诉别人这件事了。我最初采访玉子的时候，她最先做的事情就是慢慢地从包里取出疗育手帐给我看。

【丸山】"你之前对别人提过智力障碍的事吗？"
【玉子】"我没有明确说过我是智力障碍。在父母身边的时候没有对任何人说过。自从遇到**（丈夫），我才开始说的。虽然我曾害怕会不会被朋友讨厌之类的。我担心如果告诉别人我是智力障碍，大家会不会讨厌我。来到公园以后呀，**（丈夫）替我说出口了，对阿姨（英子）等人。因为大家对我表示了体谅，我也渐渐能和大家聊天了。**（丈夫）也告诉了++（露宿者伙伴）。他说，因为我老婆有智力障碍，所以就拜托大家照顾了……那个阿姨（英子）呀，帮了我很多忙呀。"

【丸山】"但是告诉我这件事的，却是你本人呢。"

【玉子】"是我自己说的。我也不知道怎么回事，就脱口而出了。我自己也吓了一跳呢。我以前是没法自己说出这件事的。总是**（丈夫）替我说。"

就这样，玉子得以融入一个共同体，在这里，她可以公开自己的智力障碍并得到接纳，她也因此"变得开朗"起来，能够进一步地扩展自己周围的共同体。玉子的丈夫是公园里拥有近似老大地位的人之一，因此玉子在公园里也很受尊重，她也很关心新来公园的人的食宿问题，有时也会意识到自己是在"照顾别人"。她尤其关注新来的女性露宿者，她说这是"因为女性很难在这里生存"。

【玉子】"那个人（公园里新来的女性露宿者）在那儿的楼梯上像这样撑着一把伞，所以我就过去了，我家爸爸（玉子的丈夫）也帮我向附近的人打听了。我心想，也许她还没吃饭。问了她，她说没吃，我就留她在我家吃饭了……她说她想一个人试试看，现在她就是一个人生活的……我试过照顾她，但她说想自己试试。

"因为（藤子老公）在生病呀，所以我给他们送去了各种各样的东西。她老公卧床不起呢。一直在睡觉，因为生病的关系。你说是吧，这也是没办法的事，所以我就给他们送东西，给他们送了各种东西。如果有空帐篷腾出来了，就让新来的人住进这些空帐篷，我会去和**（相当于老大地位的、管理着空帐篷的露宿者）说。

"我这么照顾她们,也是考虑到她们是女人呀,女人总是很可怜的,男人嘛,总归活得下去的吧。因为女人很难存活的,在这一带。因为这里全是男人呀。"

在英子和玉子的案例中,她们在露宿之前的社会里感受到的尽是不利因素——比如给她们带来自卑感的不识字或者智力障碍等。但这些不利因素的意义在露宿生活中产生了变化。顺应这些变化,她们开始积极地讲述这些不利因素,通过这种方式变得"强大"和"开朗"。虽然她们这些变化未必只有在经历露宿生活之后才能获得,但我们也能从她们生活的变化之中看出,那些一直属于弱势群体的人也能够改写自己的世界。可以说,这就是露宿生活给予她们的无法忽视的、创造性的一面吧。

3 新兴的共同性

岩田曾将露宿者描述为丧失了"生存之地"的人，即失去了"对某个具体的社会集体的归属感"（岩田，2000：28）的存在。确实在很多情况下，露宿者是在失去了既有的社会关系之后才开始露宿生活的。但在B公园中，失去了既有社会关系的露宿者们建立了新的羁绊。尤其是B公园里，几乎所有的露宿者都是长期定居在帐篷里的，所以他们拥有建立紧密羁绊的条件。露宿者们能够轻松地互相打招呼，频繁地拜访彼此的帐篷。在露宿生活之中，有诸如在施食处排队之类长时间共处的机会，要使用水管和厕所时，也必须走出帐篷在公园内走动，所以露宿者会常常碰面、问候或者聊天。在露宿生活中没什么要紧事，也有露宿者曾说"最痛苦的是无事可做",所以互相拜访和聊天是打发时间的重要方式之一。上文也提到,藤子曾说"过这种生活的人都是同类",从这句话我们可以看出,露宿者们意识到大家都处在露宿生活的困苦境遇之中——这也是大家能够建立羁绊的一大因素。在露宿者们的日常对话中,除了无意义的闲聊,交流公园的小道消息和工作信息,轻松地开玩笑之外,大家还会经常自发地说一些对露宿生活的抱怨和绝对称不上幸福的个人身世。

这种共同承受不利因素和匮乏状态的感觉,促进了露宿者之间活跃的礼尚往来。B公园的许多露宿者之间会频繁礼尚往来的物品是被认为没什么特别含义的东西,比如食物、香烟、日用品、书、玩偶和玩具等。他们并不只送自己当下不需要的东西,还常常连自己的必需品也拿出来与他人分享。在无法保证一定能获得必需品的露宿生活之中,与他人建立顺畅的赠予关系是一种降低生活风险的生活策略,在陷入困境时能够指望他人的帮助,这份指望可能会成为安全感的重要来源。因此,对露宿者而言,如果有自己不需要的东西,即使对方也未必需要,赠送给也比直接扔掉要合理。如果收到礼物，那么就有义务收下，之后最好能以某种形式还礼，就算不是等价的东西也可以。关于露宿者伙伴的礼尚往来，玉子这样描述。

【玉子】"这附近呀，走动很频繁，非常亲近。我们一般不都会么，互相帮助之类的。其他地方的情况我不清楚。其他……地方我虽然不清楚，但这里是互帮互助的，我也受到了许多帮助。大家会给我带各种各样的东西呢。刚才也是，你看到了么，**不也在么。那人常常会给我带吃的来。"

【丸山】"像刚才带茄子来那样。"

【玉子】"那人老是像那样带东西来，帮大忙了。我总是受到帮助呀。没东西吃的时候，那人会给我做烤茄子吃呢。"

露宿者之间还经常交流露宿生活必需的信息。通过相互传授和模仿，露宿者掌握了一些露宿生活中不可或缺的生活策略，比如，如何确保睡觉的地方，如何掌握废弃食物遗弃的时间和地点、施食的日期时间、找工作的方法，等等。这些生活策略掌握到一定程度之后，大家还会不断地交换信息，比如哪里又有新的"代人排队"工作，哪家施食处的饭更好吃之类的。从上文藤子的叙述中可以看到，经验丰富的露宿者照顾刚开始露宿的新人，向他们传授这些生活策略的情况并不少见，这些信息为建立露宿者之间的新关系发挥了作用。

另外，在某些情况下，交流不仅体现在物品和信息方面，还体现在行动方面。在搬运帐篷等需要大量人力的情况下，人们会搭手帮忙或互相帮助。也不限于搬帐篷这样的临时情况，也有一人赠送东西，另一人持续用行动回报的情况，此类交换在一些基本固定的成员中进行。特别是藤子和玉子，她们和几名露宿者组成了一个共同生活小组。

就藤子而言，她几乎每天都要与7名露宿者一起用餐，其中包括住在隔壁帐篷里的藤子丈夫和一对夫妇。她所属的小组有"角色分工"，有人提供食物、日用品等物品和金钱，有人提供家务劳动等行动，有人则两者兼任，这些分工在一定程度上是固定的。这种关系不一定是平等的，似乎呈现着露宿者内部的阶级关系：提供

第六章　露宿与摆脱露宿

物品和金钱的露宿者处于上位，提供行动的露宿者处于下位。而且，这种"照顾与被照顾"的关系，使得一些露宿者拥有了类似老大的地位。藤子丈夫因为生病疗养而无法从事雇佣劳动，藤子也不得不照顾丈夫，所以夫妇俩几乎没有现金收入。因此，藤子会从小组其他成员那里收到食物和日用品等慰问品，作为交换，她会主动为大家做一些"力所能及"，即"主妇能做的事"，来确保自己在小组中的一席之地，将露宿生活维持下去。

【藤子】"咖啡是++负责的，负责准备饭的是……F。还缺什么的话一般找F就行了。我俩就像这样仰仗着大家……我们能做的只有这些了。你看，就算得到了大家的帮助，我们也没什么可以回报的。所以我会替大家干点活儿……如果我可以去工作的话，那么我会用赚到的钱为大家做点什么，作为受到照顾的回报，但目前还没有什么（赚钱的）眉目，所以我只能做自己力所能及的事。

"洗澡是由F负责的。不过++会把分工说清楚。经常去别人那里吃饭的时候，总不能一直叫人请客吧。这时候就要明确分工。所以大家一起做什么事的时候，比如△△在做饭，XX在加班，大家都会有各自的分工，这时候我不用做什么。但事后我会收拾。如果大家去洗碗，我也会跟着一起去端盘子。这就是我们的分工。

"大家都是……互相帮助的感觉。所以说只要做了力所能及的事情，大家就不会说什么闲话……所以说，这里呀，来这里的一般都是男性。所以说，只要我做一点主妇能做的事情，大家就会很高兴。"

不过，这似乎是一种基于资源多寡的分工，而不是按照性别划分的角色。在这个小组中，倾向于多做家务的不仅是藤子，还有藤子丈夫等提供较少资源的男性。玉子的情况也是一样。玉子、玉子丈夫以及在隔壁帐篷生活的3名男性露宿者，这5人结伴生活，几乎每天都在一起吃饭。在这个小组中，3名男性露宿者居住在玉子夫妇所拥有的帐篷里，玉子丈夫还会给他们介绍"代人排队"和"代人下注"[1]的工作,所以玉子夫妇在这个小组里最有发言权。因此,这个小组的家务不是由身为女性的玉子来做,而主要由3名男性露宿者承担,玉子心情好的时候会做做饭之类的,但几乎所有的烧饭、打扫、整理、洗涤、照料宠物等工作,都由3名男性露宿者来负责。

【玉子】"我可没在玩耍哟,要抚养的家人(指共同生活的露宿者)变多了以后……有很多人呢,一到晚上还有其他人会来。多的时候有7个人呢。大家会来吃饭。我家**(玉子丈夫)可会照顾人了呢。总是让大家吃了饭再走,吃了饭再走。"

【丸山】"……周围的人也会来一起吃饭吗?"

【玉子】"对的对的。虽然周围只有留宿的那些人。不过还有其他人也会来。"

【丸山】"有跟你们一起睡的人吗?"

---

[1] 这种工作是代替委托人从没有许可证的从业人员那里购买委托人所指定的赛马券、赛车券等。

【玉子】"嗯,有2个人跟我们睡……那个人在对面不是还有2个房间(帐篷)么?那是我们的房间。我们有3个房间。我们自己睡这边,但另一头也有2个房间不是么,是吧,是吧。这边还有2个房间呢,那边还睡着一个人。这边也睡了一个人。之前那儿还有张床呢,也还能再睡一个人。我们一直在照顾这些人呢。还有一个人也在受我们照顾,那家伙也会来。我家爸爸可会照顾人了。"

从玉子"一到晚上还有其他人会来"和"多的时候有7个人"等叙述中,我们能够发现,这些小组成员并不固定,会频繁地依情况不断更替和增减。

就像这样,露宿者的关系并不会固化,他们可以随意交谈,并"照顾"他们认为陷入困境的人,另一方面,他们也会很快拉开彼此之间的距离。露宿者之间交流的物品和信息也很容易转化成争执的根源,导致关系的破裂和距离的疏远。有时对方的回礼和自己的赠予并不等价,或者对方的回礼有所延迟,也能降低人关于生活风险的安全感,因为相信自己总有一天会得到回礼,但是当一个人的生活陷入困难,指望别人的回礼能够拯救自己时,得到的回礼却不符合期望,那么积累下来的人际关系就容易破裂。尤其是双方交换的物品被认为是当时的稀缺品时,交换的失败会在人与人之间埋下很深的祸根。另一方面,也有露宿者采取另一种生活策略,即有意识地远离这种变化多端的人际关系,避免和别人有不必要的接触,以防止麻烦。不过,本次调查未能采访到这类人群。

另外,我观察到,正如玉子说自己会特别在意女性露宿者的安危,同为女性的露宿者们不论有意或无意,总是倾向于在日常生活中携手共度。4位受访的女性们互相之间都认识,也会去彼此的帐篷串门。裕子在提到她和英子很亲近时,用大家都是同性的说辞来解释她们的关系。

【裕子】"不过呀,在认识英子之前,真的是只有我一个女的呀。"

【丸山】"还是和女人聊天比较开心吗?比如和英子之类的。"

【裕子】"是的呢。男人不会听我说话呀……想法也不一样，男女有别。他们不会跟我闲聊的。"

【丸山】……"那现在跟你关系最好的是英子吗？"

【裕子】"我也不认识别人了。剩下的尽是男人了。认识英子之前真是闲得慌呀。只好读读书，去去图书馆，或者在商场里转呀转。"

在裕子遭受丈夫暴力导致颈椎骨折的时候，最担心她的也是女性露宿者们，因为大家都感受到了相同的危机。裕子曾经离开帐篷，试图逃离她的丈夫，到头来却还是回到了丈夫的身边。于是英子和玉子想劝说裕子再次离开丈夫，为了让裕子尽量离丈夫远一些，她们邀请裕子外出，还跑去和裕子的丈夫谈话，让他不要再使用暴力。

【英子】"你呀，再不跑可不行啦，烂在那种地方干吗，要是再被打可就太傻啦。大家都在担心你呀……好男人多的是呢。真的呀。说真的，你一个人待着都比跟他在一起要好多了。"

……

【玉子】"他说自己把裕子给打了……既然之前找（裕子）找得那么苦，为什么就不能好好对她呢……（裕子的丈夫）说，有话要对爸爸（玉子的丈夫）讲，也不知道他要说什么，就这么来了。然后他说妈妈（裕子）逃跑了。我忍不住骂了他一顿。结果他居然笑了笑，就这样回去了……这家伙没救了。裕子最好赶紧跑路吧，一定得跑路啊。她不远离这种男人是不会清醒的呀。稍微远离一下，去哪儿躲躲比较好。"

不过，这种女性露宿者之间的羁绊也并非一直如此坚固。那之后，英子目击了裕子喝酒的模样，还听裕子的丈夫说裕子喝了酒就不好好干家务的事，于是就说："我好像也多少明白了裕子丈夫为什么要打她。"听说了这件事的玉子也说，"被打的那一方也有错"，并开始疏远裕子。因此，即便是在女性露宿者之中，也会出现这样的情况：一方面，大家都是女性的说法促进了关系的建立；另一方面，女性就该做家务的规范又打破了女性之间的羁绊。

【藤子】"那人居然喝烧酒呀，太离谱了。所以她才吃得很少呀。而且这样不是很危险么，因为会用到火。一用火就危险了呀。那人如果自己一个人住公寓的话，可没法生活呀……她之前借过公寓的。老公工作回来一看，洗澡水都煮沸了，因为忘记关开关。因为没有关开关，洗澡水都煮沸了。我叮嘱过她，要是发生火灾呀，可不止你一家倒霉。真是离谱。虽然大家之前都说是她老公不好。但是两边的说法都听过了以后，感觉也不全是这样。裕子老公说，他很担心裕子一个人会出事……说他很担心。如果不听听两边的说法，还真是不知道呀……好像她一有钱就会这样。喝得醉醺醺的。喝醉了就睡……男人嘛，你知道，性子都很急，这也是没办法的。（裕子的老公）不是坏人……他说，正因为她是我老婆，所以我才跟她互殴的。我说，这也是没办法的事呀……裕子老公说到底还是因为担心裕子呀……所以说呢,爸爸也理解了他揍人的心情。所以说呀,我觉得裕子老公会那样做也不是没道理的。"

不过自那以后,裕子还是会去英子的帐篷串门,分享一些多余的小菜,两人的关系并没有完全破裂,始终处于变动之中。

另外,英子还提到一位之前住在附近帐篷里、同她互帮互助的女性,她说自己曾被这名女性"欺负",最耻辱的经历,就是这名女性曾说英子"在做潘潘女郎"。当时,英子抬出了自幼被父亲灌输的贞操观念来讲述自己受到的屈辱。由此,我们可以看到,女性往往会主动地援引性别规范的话语,来解释女性露宿者之间的共同性构建或瓦解的缘由。

【英子】"那女人那样说我,是在欺负我呀。我被欺负了,那家伙太坏了。太坏了呀……她说了我好多坏话呢,说我在做潘潘女郎之类的……我要是想做早就去做了。嗯。所以说我不要再见到她了……她一喝醉呀，一喝醉就说我在做潘潘……她欺负我欺负得可狠了。我爸爸从小就教育我不可以做这种伤风败俗的事情，所以我怎么可能会去做呢。气死我了。"

露宿者们不仅与居住在同一公园的露宿者建立了关系，不少露宿者与在公园里组织施食等活动的宗教团体和志愿者团体也建立了共同关系。特别是英子，她每天都在积极参加几个支援露宿者的活动。正如本章第二节所述，这些活动不仅为英子提供了充实感，还提供了学习和获取日用品的机会。其中一些团体还积极地尝试与露宿者们建立关系，让志愿者们在公园里巡逻，和每个帐篷里的人打招呼。也有一些住在公园附近的当地居民会来送食物和衣物等。尤其是在B公园遛狗的人，他们会在遛狗的过程中和露宿者聊聊彼此的宠物，谈笑风生，还经常给露宿者的宠物带食物。曾经住在B公园、现在领到了生活保障的前露宿者们，也会常常带着慰问品来B公园玩。

就像这样，尽管B公园的露宿者是在失去社会关系之后才来到B公园的,但他们并没有各自分散,而是建立了一种松散的共同性。这种共同性可能接近于西泽晃彦(1995)所说的"隐性的共同性",是存在于聚集地里的一种社会关系。在聚集地,不触及彼此的过去是互动中重要的关系规范,也是对交往的约束。聚集地的关系并不固定和重复,因此很难直观地确认,但另一方面,这些关系规范也在聚集地的人们之间形成了一种"同伴意识",因为他们都是"有过去"的人。这就是西泽所说的"隐性的共同性"。同样的理论也适用于露宿者的情况。除非自发讲述,否则露宿者们也几乎不会触及彼此的过去,这也让露宿者产生了"同伴意识",觉得彼此之间有着相似的境遇。这种"同伴意识",可能包含露宿中共同经历的困苦生活。然而,从这种同伴意识中产生的共同性并不是以露宿者的同质性为基础的。对露宿者的困境表示同情的当地居民和志愿者也与露宿者产生了共同性。这里所说的共同性,不是独立、分散的个人的集合,也不是每个人归属的地方,更不是将每个人都统合在一起的存在。只要持续露宿状态,就无法避免压抑和匮乏,即使有共同性也绝对无法弥补这种状态，但也正是大家共同经历的压抑和匮乏，让人与人之间生发了新的关系。或许可以说，共同性作为关系的连锁，会在每个情境中被重构，并最终树立在人与人之间。

4 她们的"选择"

当我问住在B公园里的英子对未来生活的希望时，她回答说想要一直过露宿生活，只要自己还有体力。她的理由是，之前领取生活保障的时候总感觉很羞耻。但是她之所以想要持续露宿，不仅是因为上述消极理由（憎恶生活保障所带来的耻辱），也是出于她对露宿生活的积极定义。在公园里，关心英子的人们"都会来看望"她，比起领着生活保障独自住在公寓里，现在这样的生活对她而言更快乐。英子还能从自己乐于参与的露宿者运动那里获得一种自己被需要的感觉，感到自己"有好多事要做"。换言之，这给她带来了活着的价值。在说出"现在的生活好多了"之后，英子接着提到了支撑她露宿生活的他人。可以看出，在英子说自己想要积极地继续露宿之时，他人的存在是不可或缺的。

【丸山】"你不领取生活保障之类的吗？"

【英子】"我不领的。一个人住在公寓里多寂寞呀。会老年痴呆的。在这里的话，大家都会来看望我。"

【丸山】"你没想过去照护之家之类的地方吗？"

【英子】"现在呀。我有很多要做的事情（参加露宿者运动等）……还有很多事情要做呢，是吧。

"（比起和姐姐同居的时候）现在这样更好呢。来这里，真是太好了。各种各样的人呀，都会帮我的忙，还会亲切地叫我的名字。还帮我很多忙。现在好多了。**（志愿者）也会帮我（送点慰问品），大家都在帮我……前段时间呀，也拿来很多东西，大家都带来很多东西，带了好多，真的很感谢……我很开心……大家带了好多东西呀，帮大忙了。是吧，我好高兴，大家都在帮我。我真的很感激。"

对迄今为止承受了那么多不利因素和自卑感的英子而言，露宿生活让她能够不加掩饰地袒露自己自卑感的最大根源（不识字），还能被他人需要、承认。或许正是这份实实在在的触动让她想要一直露宿下去。她的露宿生活总是与他人的存在密不可分，正因为这些他人能够对她的困难感同身受、赠予她生活的必需品、认可她存在的意义，她的露宿生活才可能持续，也才有持续的意义。英子的这种"选择"，并非"主体性"的"个人层面的抵抗"（中根，2001：16—17），而是一种在与他人的关系中不断做出的暂时性决定。

另一方面，我也问了藤子是否考虑过领取生活保障。她也说，暂时打算继续生活在B公园里。虽然她给出了几个理由，比如现在还能工作，而且3年后能够领取年金等，不过她的决定基本上就是遵从丈夫的意思。她说，自己是想领取生活保障的，但是男性对于使用福利制度有所抵触，所以她优先照顾了丈夫的感受。

【丸山】"你考虑过生活保障吗？"

【藤子】"我是想领取的呀，但是爸爸（丈夫）

他呀。可能男人对于领取生活保障还是有所抵触。"

藤子"选择"继续露宿,是因为她顺从于自己的丈夫。另一方面,我在第四章分析过的A住宿处的澄子虽然也有丈夫,也在努力表现出顺从的样子,但是她顺从的对象却不是丈夫,而是A住宿处。也就是说,外界希望她们顺从的对象从来都不是单一的,她们在福利制度和丈夫之间,陷入了双重束缚的状态,她们需要根据当时的情况在两者之间"选择"一个联结对象,这就催生了藤子和澄子之间的差异:前者选择继续露宿;后者选择摆脱露宿,留在机构里。

生活在B公园的裕子遭受了丈夫的暴力,所以她一度逃离了丈夫所在的公园帐篷。她经熟人相劝,独自去福祉事务所咨询,并且在瞒着丈夫的情况下,顺势接受了女性咨询中心的紧急临时保护。在过了紧急临时保护的2周期限后,她使用第四章分析过的福利制度,转移到了妇女保障机构。然而,有一次她回到公园想偷瞄一下丈夫的情况,结果发现丈夫不吃不喝,她见状,担心丈夫也没有喂她的宠物猫,于是就回到公园了。

【裕子】"然后，人家跟我说，你快去市政府的那个，我就去福祉（事务所）了，又去了（女性咨询）中心，然后进了宿舍（妇女保障机构）。宿舍长对我说……不希望我离开。但是我很担心猫咪，就回公园了。但是宿舍真的很好呀……我想着就去看一次老公，结果发现他3天没吃喝了。3天没吃饭，人都饿瘦了。我让他去吃点东西，留了点（钱）就走了。我看到老公那样子，担心我的猫咪是不是也没饭吃呀。真是的……没办法，我只好回来了……宿舍妈妈和宿舍长都让我（在妇女保障机构）多待一阵，但是我告诉她们爸爸不肯吃饭。我担心他是不是也没喂猫咪吃的呢，那也太可怕了。不给猫咪喂饭也太讨厌了……中心（女性咨询）里有人说我很喜欢（我老公），哈哈哈。她们说，那种家伙你也喜欢么。我说我只是去看猫，但她们说我喜欢的不是猫，是我老公。但是人一旦在一起了，就没办法那么简单地（分开）呀。总得让老公也吃上饭吧……我没办法轻易就分开。大家都觉得我很傻。虽然大家嘴上不说，但是我能看得出来。明明（老公）也不工作。和他在一起呀，这个嘛，怎么说呢，就会变成那样呀。我得养他呀，哈哈哈哈。你也知道，我不是一直都在自己工作么。所以说这种程度的骨气我还是有的……因为所有事情都要靠自己。有时候我可比那些半吊子男人还要靠谱呢。"

裕子并不是对福利制度和机构有所不满。倒不如说，妇女保障机构、工作人员以及宿舍内的人际关系给她留下的净是好印象，她还说宿舍"真的很好"，即使回到B公园，也老是因为怀念机构而跑去那里玩。即便如此，她还是回到了有暴力行为并且"不工作"的丈夫身边，因为她认为自己"总得让老公也吃上饭"。她把这归结为自己在生存过程中掌握的"巾帼不让须眉"的性情。

虽然女性会受到家庭暴力，一般来说是女性地位的结构性低下导致的，但这种说法没有将女性的学历和收入考虑在内（"来自丈夫/恋人的暴力"调查研究会，2002）。就裕子夫妇的情况来看，两个人主要是靠裕子的年金收入在生活，只要裕子想，她是可以离开丈夫并且独自摆脱露宿生活的。但她还是觉得"人一旦在一起了，就没办法那么简单地"分开，依然回到了施加家庭暴力的丈夫身边。然而，我们从"我得养他"这句话也能看到，裕子的行为并不意味着对丈夫的全面依赖。

我在第一章也提到过的帕萨罗，曾将使用福利制度的人定义为"顺从"者，将持续露宿的女性定义为"性别的背弃者"，但是当我看到藤子和裕子的经历时，我明白了希望她们表现顺从的不仅有帕萨罗所说的福利制度，还有她们露宿街头的丈夫。面对这些同时存在并相互矛盾的规范性话语，她们会根据不同的情况，选择遵循其中一种话语采取行动，并与她们认为当时最能产生联结的他者进行联结，是摆脱露宿还是持续露宿——我们所看到的现实都不过是她们"选择"的结果罢了，尽管这一选择也带有半强迫性质。而这3名女性露宿者的不同"选择"，及其选择所导致的露宿或不露宿这两种结果，都不能被单纯地定义为对主流女性角色的适配或反抗。

生活在B公园里的玉子一直在这些选项之间动摇。当我询问玉子对未来生活的展望时，她的答案总是不一样。她说过露宿生活不方便所以想住公寓，也说过想尝试一个人生活,还说过想和丈夫一边领取生活保障一边同居。关于生活保障,在露宿者是一对伴侣的情况下,可以利用单身女性比较容易领取到生活保障的制度,暂时先让妻子入住机构,等评估环节结束,能够转移到公寓的居宅生活后,再让丈夫留宿在那间公寓里,采取这种形式的话,露宿者夫妇也更容易一起享有生活保障。为此,玉子之前也曾和丈夫商量并尝试过领取生活保障。但是,玉子无法离开丈夫一个人在机构生活,哪怕玉子、玉子丈夫和社工都确认过这只是权宜之计,突然感到不安的玉子还是无法忍耐,结果只在机构里待了一天就跑了出来。玉子说,那之后她觉得,自己是不可能离开丈夫的,哪怕一刻都不行,所以基本上就不可能领取生活保障了。与此同时,她提到了《生活保障制度》相关信息的缺乏,并且抱怨她盼望的和丈夫两人的公寓同居生活还需要经过评估,评估结果也不一定就能通过。另一方面,她说她觉得露宿生活也挺好,因为露宿生活很安逸,而且她是在公园里才第一次交到了朋友,这令她感到快乐,最后她还是照常和丈夫一起继续在公园里生活。

我在B公园的调查告一段落，回到了京都，过了一阵，因为安排"代人排队"的事情败露，玉子的丈夫被拘留了。没法一个人待着的玉子暂时寄宿在藤子的帐篷里，并和住在附近的男性露宿者F熟络起来。于是，公园里开始闲话玉子和F的关系，玉子变得难以忍受待在公园里的生活，一个人跑出了B公园。之后，玉子靠F工作赚来的收入，和F一起住进了酒店。自那以后，玉子的情绪变得非常不稳定，几乎每天都打电话给我，告诉我她今后的生活规划，有时她说要和F结婚并一起住进公寓，有时说要回B公园等她丈夫从拘留所里出来，有时说要一个人去领取生活保障，有时又说要回很久没有联络的老家。

【玉子】"我不是有这种障碍症么。因为有障碍，所以没办法一个人，总得依靠着某个人。总得依靠谁。这真的很可怕。现在我不是在依靠着F么。这都是因为害怕呀。我没有办法一个人等，没办法一个人等**（丈夫），所以必须要依靠某个人。"

【丸山】"不论男女都可以么？"

【玉子】"都可以呀。男人也行女人也行，都可以。"

【丸山】"++（某位女性露宿者）也行么？"

【玉子】"行呀，因为那个人也很可靠……虽然我也必须振作起来，但因为我有这种障碍……谁能收留我就好了（我觉得这可能是在暗示要我收留她）。能靠着谁就好了。我总会去依靠某个人的，依靠男人。因为我很寂寞呀，所以最终还是会依靠他们。最后我还是会选择男人来依靠。最后我总是会依靠男人。现在也还是在依靠F呀。因为我总是会依靠男人。"

【丸山】"为什么是男人呢？"

【玉子】"不知道。我大脑已经一片空白了。离家出走（逃离B公园）的时候大脑一片空白……因为我有障碍，一个人留在这里就会胡思乱想……想回老家也回不去了呀。虽然我想回去呀。我不想让他们操心。"

玉子以自己有智力障碍为由，反复强调自己必须依赖某人，还表达了对此的恐惧。当我询问她依赖对象是否男性女性皆可时，她先回答皆可，紧接着又改口说她还是需要男性。我向玉子展示了她可以选择的方案，向她说明了福利制度，并传递了无论她做出什么决定我都会支持她的信息，有时还会在深夜接起她打来的电话，一直听她说话。

在玉子离开公园两个半月后的一天，我接到了她的电话，她说自己在福祉事务所里。她说，她突然觉得和F单独住在酒店里，完全依靠F的收入，总要看F的脸色过日子的生活很没有安全感，于是决心自己申请生活保障，并去了福祉事务所。玉子说，咨询的结果是让她先入住紧急临时保护机构，之后再转移到其他机构。提到生活保障的领取时，玉子在电话的那头松了口气似的说："早知道这么轻松，就早一点申请了。"

> 【玉子】"事情已经到这种地步了，所以我决定接受生活保障……说到底，没有生活自理能力是不行的呀。我之前真的没有一个人去机构的自信呀……在这里一日三餐都有人安排呢。早知道这

么轻松，就早一点申请了。没有比这更轻松的生活了。"

然而，那天玉子刚到机构，就接到了以前在B公园共同生活并和她丈夫一起被捕的露宿者的电话。他告诉玉子，自己先一步出了拘留所。玉子一听说这件事，就立刻跑出机构，回到了F所在的酒店。几天后，她听说丈夫离开拘留所回到了B公园，于是又回丈夫所在的B公园里过上了露宿生活。

在玉子的案例中，她同丈夫、F、机构，再加上老家和我，分别缔结了某种关系，这些关系中存在各种各样的规范性话语，这些话语对她提出的种种要求又相互交错，在这错综复杂的人际关系和要求网络之中，不论是继续露宿或脱离露宿，都是她根据当时的情况所"选取"的，只是一时的行为所带来的结果。而她在谈论继续或脱离露宿，以及她与他人关系时种种矛盾的说辞，可能都是她在面对自己行为的结果——她的选择——时附会的"动机词汇"，因为这些解释刚好能够适配当时的状况。

5 断续的碎片

以往的露宿者研究主张，有必要重视露宿者的主体性和自立性，从他们身上发现改革现状的可能性，而不是将他们视为需要改造的存在和救济的对象。然而，不可否认的是，在这些研究如此主张的时候，女性露宿者和其他不属于"勤劳的男性聚集地劳动者"的类型，都遭到了忽视。此外，这一"为了对抗歧视的意识形态"而着眼于露宿者"主体性"的"个人层面抵抗"的视点，也遗漏了我们刚才所观察到的女性的实践，这些实践一直在根据她们和周围人的关系而变化。然而，对这些女性而言，她们需要在每一段不断产生和发展的关系性之中操持自己的日常实践，她们的日常实践包含许多情境，比如根据自身意愿继续露宿，有意识或无意识地运用生活策略在露宿中存活下去，以及接受福利制度并脱离露宿。在此，我们无法假定在露宿和脱离露宿之间存在一条明确的界限，并以此评判露宿者的抵抗和主体性。

过往的研究太过于关注露宿者的主体性和抵抗姿态，所以会假定他们是基于一以贯之的独立意志做出理性选择行为的主体。因此，这种研究可能没有捕捉到某种"述行式"（Performative Vtterance）的生活实践，这种生活实践浮现在人们依靠与周围人建立的关系来应对日新月异的环境的过程之中。然而，在露宿者的日常生活中，他们时而接受支配，时而正面抵抗，时而用自己的聪明才智避免被支配，其中可以被理解为主体性或抵抗的行为只是一部分。尽管如此，依然假定露宿者是一个自立的主体，并将他们的露宿表述为露宿者自愿行为的结果，会在《流浪者自立支援法》（该法将露宿者自己的意愿作为援助甄别基准）颁布的背景之下违背了研究者"对抗歧视的意识形态"的意图，反而在现实中将歧视正当化了。倒不如说，是研究者们不愿靠近上文所述的女性露宿者们的实践，只想性急地看到露宿者的抵抗姿态和主体性。正是他们的欲望，让他们只截取到了上述实践里关于露宿时期的暂时状况，并加深了对于女性露宿者的存在和其生活方式的忽视。

迪佩什·查卡拉巴提（Dipesh Chakrabarty）提到葛兰西（Atonio Gramsci）时说，庶民的历史"必然是一堆支离破碎的插曲"（Chakrabarty, 1995-1996: 100）。长期来看，女性露宿者们的实践也缺乏一贯性，只能以断续的模样呈现出来。换句话说，英子和玉子的种种实践——前者说自己想继续露宿，是因为想要继续保持和周围人的关系性；后者则因为"一直依靠男人"，结果在露宿生活和脱离露宿之间反反复复——之所以看上去缺乏一贯性和主体性，是因为她们被置于有限的资源和暴力的限制之中，只能遵照传统意义的女性角色形象来行动。这种只能保持断续状态的生活方式，很好地展示了女性露宿者的处境，她们因为既是露宿者又是女性而遭到了双重的边缘化。然而，这并非女性露宿者本来就有的特性，也并非只能在女性露宿者身上看到。倒不如说，这种消极面作为主体性与合理性的残存物，可能是被传统惯性强加给了女性，结果导致消极面尤为显著地体现在女性身上。正如我们所见,对女性露宿者断续的、前后不一致的实践的关注能为我们提供线索,让我们立足于人们营生的日常场域,来重新诘问渴求自立的主体如何生存。

第七章

变化的过程

1 支援工作的推动与时间的流逝

我在第五、六章中观察了居住在B公园中的女性露宿者们的日常生活景象。在遭受各种压迫、连满足最低生存需求的物品都无法随时获得的生活之中，女性露宿者们费尽苦功，一边同他人缔结关系一边谋生。

我自己在大阪市内持续参加着一个由女性露宿者与女性支援者共同组成的组织——"女性茶话会"举办的活动。接下来，我将在本章中观察这些活动以及与这个组织相关的女性露宿者。在"女性茶话会"的活动中，我自己也是一名支援者，我的存在会影响，有时还会积极地介入女性露宿者的生活选择。在横跨9年的活动之中，女性露宿者的日常生活也有了诸多变化。在第五、六章中所讨论的东京都内的B公园里，我自始至终都只是观察女性露宿者生活世界的旁观者。此外，因为调查只有10个月，所以以此为基础写就的第五、六章相当于只截取了女性露宿者生活世界中一个时期的横截面。与此相对，在本章中，我将聚焦于横跨数年的岁月流逝中，包括我在内的支援者与女性露宿者建立的关联，以及她们如何在这种关联中发生变化。

通过观察这些点，我想要探讨的是女性们做出决定的过程。正如我在第一章所述，目前为止的社会学露宿者研究认为，从基于露宿者自身主体性意志而实践的社会抵抗姿态以及挣扎存活的日常之中，能够看到露宿者的主体性和创造性。为了对抗将露宿者视为应该被改良的客体的目光，这些研究一直在强调上述性质。另外，在女性主义研究中，也有性工作理论为了对抗围绕卖春的"人权派"观点，而不断强调女性从事性劳动时具有自己的主体性。不论是在露宿者研究还是在性工作理论中，都存在一个前提，即每个人都有一个独立于他者的自我，能够基于合理性判断来决定自律性行为。然而，如果在时间流逝中观察女性露宿者的生活，会发现她们的生活是在一个持续变化的过程中决定下来的，他者的介入和周围人的关系性也在其中产生了浓墨重彩的影响。

在本章中,我想要追随时间的流逝,来观察支援者(包括我自己在内)对女性露宿者产生的作用,以及她们在这种关联之中又发生了何种变化。

2 "女性茶话会"

"女性茶话会"是2003年7月在大阪市内成立的女性露宿者与女性支援者团体。基本活动是让露宿者、前露宿者以及支援者女性每月聚会一次，一边享用食物和茶点，一边聊天，这个活动截至今日已经持续了9年以上。

曾经有一名女性露宿者感慨，没有能让女性交流各自烦恼的场合，这就是"女性茶话会"成立的契机。听到这句感慨的女性支援者发出号召，本来就已经在参与露宿者支援活动的女性支援者响应号召、集结起来，和居住在大阪C公园的女性露宿者们一起成立了这个团体。其中也有医生、护士、女性机构的工作人员，她们一边工作一边以志愿者的身份参与"女性茶话会"。我自己也是自成立初期就在参与活动的人之一。

活动的核心是每月一次的集会,大家在户外铺好席子坐下,一边用着点心和餐食,一边闲聊女性露宿者在占压倒性多数的男性群体中生存的苦恼,以及生活上的困难等。如果在这一过程中提出的问题可能得到解决,大家就会以小组为单位考虑应对方法,并努力提出建议。另外,该小组还致力于在露宿者和支援者之间建立尽可能的"平等关系",有时还会一起讨论如何处理支援者在支援活动中遇到的骚扰,以及同为女性常常面临的其他烦恼。为了给女性提供一个安全的场所,每月一次的聚会基本仅限女性参加。[1] 一般来说,参与支援露宿者的人也分成两派:一派认为大家应该脱离露宿生活,另一派则认为继续露宿也没什么关系。参加"女性茶话会"的多数都属于后者。因此,该组织会根据女性的意愿灵活地提供支援,对于目前希望继续露宿生活的女性,组织会提供支持,让她们继续露宿生活;对于想要结束露宿生活的女性,组织会陪她们一起去申请生活保障。该组织还会探访已经领到生活保障并且转移至

---

[1] 偶尔也会有男性参加,但仅限有特殊原因的情况。

居宅生活的女性，与她们建立持续的关系，并且倾听她们在居宅生活中遇到的种种问题。在跨越9年的时间里，还有其他形式多样的活动，这取决于不同的时期和当时的成员，有一段时期，因为有女性露宿者频繁向支援者请求小额借款，"女性茶话会"甚至以组织的名义运营过小额贷款，每月借出并回收少量金额。另外还有一段时期，该组织曾和女性露宿者一起开展外联活动，在C公园之外的公园和车站等场所询问女性露宿者的情况，确认她们安全与否，并邀请她们参加每月一次的集会。其他活动还包括：组织成员一起去唱卡拉OK、举办电影放映会、去参加其他露宿者支援团体的交流会，以及让"茶话会"的女性露宿者在大学课堂上讲述露宿经历等。茶话会所需的运营费主要来自支援者的捐款。

头两年，每月一度的集会都在C公园举行。此后，由于参加集会的女性露宿者的帐篷被陆续撤走，集会不再有固定地点，而是在几个公园之间变来变去，最近几年渐渐开始更多在河岸用地、租用的室内场所或成员家中聚集。在长达9年多的活动中，约有10名露宿者在某段时期定期参加"女性茶话会"，只参加过一两回的同样有10名左右。比起正在露宿的人，曾经露宿过、现在生活在机构或住宅中的女性是主要参与者。在支援者中，参与茶话会运营的核心人物包括我在内，共有5至6人，在一段时间内定期参加茶话会的约有10人，只参加过一两次的约有30人。此外，还有几名参加"女性茶话会"的支援者会单独和几名女性露宿者保持联系，帮助她们申请生活保障。

3 女性露宿者的生活史与露宿生活的状况

接下来,我将在以某种方式参与"女性茶话会"的露宿者中,选取我能够进行个别访谈、重点了解生活史,并建立长期联系的3位,来介绍她们的生活史和露宿生活。

与男性同居在公园帐篷里的惠子(第二章表5⑳),是唯一一个自"女性茶话会"成立以来一直参会的人。在我进行调查时,惠子44岁,出生于北陆一个农民家庭,家里有5个兄弟姐妹。她在成长过程中受到来自学校和兄弟姐妹的双重霸凌。初中毕业后,她借助表兄弟的关系入职关西的一家工厂。自那以后又辗转于不同的单位,比如关东的饮食店等。23岁时,她听从家人的规劝回到老家结婚。丈夫是一名比惠子大将近20岁的务农人员，惠子嫌弃他酗酒且与她没有性关系，所以1个月后就离婚了。那之后，惠子在关东地区周边的劳工宿舍做住家佣工，靠各种炊事相关的工作谋生。37岁时，她第一次在东京都内的公园露宿。在过了6年的露宿生活后，她来到大阪市，开始在车站前铺纸板箱露宿。因为她觉得人烟稀少的地方"很可怕"，所以将露宿场所选在靠近厕所、行人较多的地方。

【惠子】"女人不能没有厕所呀。我必须得在有厕所的地方……我感觉很糟呀。那些人会居高临下地看着我……虽然会被大家看……但是只有那里才有厕所呀。我只能待在那里呀。因为我还是很害怕啊。"

没多久，惠子开始在那附近搭帐篷。她说，那段时间她靠帮露宿者支援团体开办的施食处的忙来获得食物，接受来自路人的帮助，还通过卖春得到过一些收入。惠子将自己受到路人引诱而卖春的经历描述为，"我也只是玩玩罢了，有时也会觉得要不稍微敲诈他们一下吧",仿佛她自己才是掌控这段关系的主体。

【惠子】"在车站的时候,有些人会出于一些原因帮助我。另外,也有一些人会起色心。"

【丸山】"是吗?他们对你做了什么?"

【惠子】"这个嘛,就是那些会对女人做的事情,有些人会想干那档子事。"

【丸山】"是露宿的男性吗?还是上班族男性?"

【惠子】"是上班族。"

【丸山】"他们对你说了什么?"

【惠子】"哎呀,我不知道该不该说这些,反正就是那些关于男性生理需求的事情。"

【丸山】"他们是怎么向你搭话的呢?"

【惠子】"哎呀,要不要去吃饭之类的。"

【丸山】"啊,原来如此。他们会问你多少钱之类的话吗?"

【惠子】"不不不,他们只会说,我就给你这点差不多了吧,你会来的吧。"

【丸山】"他们一般会给你多少钱呢？"

【惠子】"这个嘛，有时候1000日元，有时候3000日元。用现在的话说，我也算是风俗圈的偶像了。还是很有人气的呢。不过呀，我也只是玩玩罢了，有时也会觉得要不稍微敲诈他们一下吧。因为当时我还很年轻呢。"

一年后，政府以建筑工程为由，将惠子驱逐出她原本露宿的地方，于是惠子搬进了公园。她和一位相识已久的70多岁的男性露宿者一起带着猫生活在帐篷里。我见到惠子时，她正通过协助露宿者支援活动的施食来维持生计，从那里获得食物和生活必需品。

绿（第二章表5⑱）住在大阪市内的一个小公园里，以"女性茶话会"某次在该公园举办为契机，她开始每月都参加。绿是一个性格开朗、非常健谈的人，她的故事内容和回忆总是思路清晰，这在我接触过的女性露宿者中很罕见。

我进行调查的时候，绿正好51岁。她出生于九州的一个八孩家庭。高中辍学后，她做过实习护士，又中途放弃，18岁离开关西开始从事风俗业。25岁时，她和大她一轮的客人结婚。丈夫是带着孩子的再婚人士，但孩子已经就业独立，所以夫妻俩并不跟孩子同居。绿的丈夫当时在靠工伤保险金生活，没有固定工作，即使在和绿生了女儿之后，也是靠绿从事风俗业来养家糊口。然而，在阪神大地震之后，丈夫那边的亲戚一家开始借住在绿的家中，这让本不圆满的夫妻关系雪上加霜，于是绿离家出走。那时距离他们结婚已经过了16年。自那以后，绿独自从事帮佣、建筑工、旅馆的住家招待员等职业谋生。她的最后一份工作是在一家有名的温泉旅馆，但随着年事渐高，她的体力让她开始难以继续从事繁重的招待工作，但重担都压在工作能力很强的她身上，这导致了她身体状况崩溃并辞职。随后绿决定先回趟娘家，途中，在留宿的桑拿房被人偷去了所有现金和身份证件。当她失魂落魄地坐在公园里时，看见露宿者在捡易拉罐。

【绿】"我刚在公园坐下的时候，说真的，想死的心都有了呀。觉得怎样都无所谓了。然后我刚坐下的时候，看到了在捡易拉罐的人，呵呵。我看着这些人，心想，我第一次在现实中看到流浪者呀，之前只在电视上见过呢。然后，我看着这些流浪者的动作，他们拿着易拉罐。我坐在那边的椅子上看着他们捣鼓各种各样的易拉罐。心想，对呀，我也可以像这样卖易拉罐。"

绿想着，这种程度的事情自己也能做到，于是有样学样地开始了露宿生活。凭借周围露宿者的助力，她在住了30人左右的公园里搭起了帐篷。绿在捡易拉罐时遇到一名男性露宿者，对方告诉她，在可回收垃圾日的当天去收集易拉罐的话效率会更高，还教她易拉罐集中出现的路线和收集方法。在掌握了这些技巧之后，绿一天能挣1500至2000日元。[1]绿在早晨天还没亮时离开公园的帐篷，骑着自行车游走在住宅区。之后她整理好收集到的易拉罐并拿去卖钱，每天都要劳动8小时左

---

[1] 易拉罐的价格会根据季节和地域有浮动，当时的价格是1公斤100日元左右。虽然也有过1公斤150日元左右价格高涨的时期，不过2008年之后，由于经济萧条的影响，价格大幅降低到40日元左右。

绿的自行车上堆积着易拉罐。

右。公寓管理人在的时候，她只要招呼一声就能拿到易拉罐，作为回报，她会帮忙打扫和分类垃圾。在回收易拉罐时，她也一定会跟附近的人们打招呼，道一声"早上好"或"一路平安"等。于是，绿认识的熟人渐渐增加，开始有人特地帮她拿来易拉罐，并给她送些食物作为慰问品。也有一些高龄人士为了打发时间来帮忙每周的易拉罐回收，那些天，绿的收入总是能够翻倍。

【绿】"现在大家都会在工作方面给我很多建议,所以我从大家那里得到了很多。真的,大家,那些不认识的人,给了我很多帮助。你知道,不认识的人,普通人……有个大爷来帮我。他会把自己公寓的易拉罐拿过来,帮我收集他自己公寓的易拉罐……大爷退休后老是待在家里。所以呀,他的身体状况也非常不好。那之后他不知怎的和附近的阿姨聊起来,还和**(和绿关系很好的男性露宿者)聊了起来。然后因为**本来就是大阪人,哪里都很熟悉,所以就骑着自行车带大爷去各种地方。结果大爷身体好转起来,身体好了以后脸上笑容也多了。大家都说他脸色变好了。结果他们就来找我啦,**和大爷一起来的。他说和我聊天很有意思,呵呵呵呵呵。所以他老是说,我要和大姐你一起去,我要和大姐你一起去。"

她逐渐制定出每周每天固定的回收路线,能收集到的易拉罐数量逐渐增加,生活也变得更加稳定。绿每天都会去工作,即使是雨雪天也不例外,因为她不想失去

绿正在从易拉罐上扯下拉环。左侧是收集来的附在易拉罐上的悬赏贴纸，一枚贴纸也可以卖1日元左右。

支持她工作的人们的信任。

　　绿与许多其他普通市民也有交往。当她得知某个一直在为她收集易拉罐的人正在收集拉环以换取轮椅时，就把她每天收集的大量易拉罐的拉环通通取下来，送给那人作为谢礼。虽然这项工作很费时间，少了拉环的重量也让她少赚了很多钱，但她每天都坚持这样做，因为这是她力所能及的报恩。当绿在住宅区整理易拉罐时，也有一些人会来找她倾诉烦恼。

【绿】"那孩子才20多岁吧，还在打工。他对我说，阿姨你真是努力呀……那孩子刚上完夜班，说要买点咖啡来喝。然后……就一屁股坐在我边上……对我说，我在这间公寓被人讨厌了……我问他，为什么被人讨厌了？他说，这个嘛，可能是因为我说了自己想说的话。我对他说，被人讨厌也没关系呀……他说，被人讨厌也没关系么。"

有一位被虐待的老人来向绿倾诉自己的遭遇，于是绿帮老人联系了在公园巡逻的政府人员，还帮老人牵线介绍了福祉事务所。

像这样，绿的生活是在与许多人的关系中建立起来的，其中有同她交换信息和食物的周边露宿者，也有支持她工作的普通市民等。说起与他人保持这种羁绊，她形容道，即使沦落到露宿街头，自己赚钱生活的骄傲也一直在支撑她的自尊心，正因为她有这一根基，才可能与他人缔结关系,这些关系也反过来支持着她的生计。

【绿】"可能是因为我说话比较正常?……很多人会觉得做流浪者很低贱,自己就这么把头低下去了。但我绝对不会这样。我确实是个流浪者,也住在公园里,没有自己的家,我确实不是一般人,但我靠自己捡易拉罐,靠自己挣钱来买吃的,也能去洗澡……所以我说起话来都堂堂正正,对方也一定会用普通的态度对待我……我和别人说话的时候,一定会对那人抱有情感……一定会怀着喜欢对方的心情。"

靠自己的能力赚钱生活,绿的这种姿态可以说是过去的运动和研究一直刻画的露宿者的模范叙事。对于这种生活的具体描写很容易变成说教式的说明,即认为露宿者都是懒人的目光纯属偏见,即使露宿街头,他们自然也和大多数人一样,过着相似的生活。但是,考虑到绿的女性身份,她的自力更生就变成了一种更为复杂的东西。绿的生活作为露宿者的生存方式而言是一种模范,但作为女性的生存方式,却不符合大家的期待。

绿在结婚并生下女儿之后,也一直在代替无业丈夫撑起一家的生计,即使离家出走,也只靠自己挣来的钱谋生。她为自己骄傲,因为在建筑工地劳动时,她在尽是男性的职场和男性付出了同等的劳动;她也因自己而自豪,因为在开始露宿之后,她也没有依靠男人,而是全凭自己赚取收入。绿虽然把男女情爱说成是"靠男人更轻松",但从这句话里也能感觉到一丝对能在经济上依靠男性的女性的羡慕。

【绿】"就算是做流浪者呀……也是靠男人更轻松……我是这样觉得的,那样更轻松吧。对方都会搞定的,自己只要稍微做点家务就完了。"

然而,即使绿自豪于自己能够和男人一样工作,周围的男性露宿者却对她指指点点,在背地里说她"不是个女人",对她的辛勤劳作作出负面评价。男性露宿者之中,也有不少人抱持强烈的性别角色分工的规范意识,要求女性去完成她们该完成的分工,甚至有和绿生活在同一个公园的男性露宿者也认为，女性不该从事废品回收的工作。另外，也有不少男性露宿者会在看到独自露宿的女性时认为不能让女性孤身一人，从而和女性分享自己的食物和收入，并以此为契机开展二人同居生活。在这种环境之中，和男性一样劳作并且持续独自生活的绿属于少数派，绿本人也这样形容自己，"我不认为自己是女人"。

绿结合了自己离开丈夫家的原因对此作出了说明。她说自己的"身体无法接受"和男性有朋友以上的交往，并且将这样的自己形容为一名"男性"。她还说这就是自己抛弃女儿和丈夫离家出走最主要的原因。

【绿】"我老公一搞那个，突然扑过来，我就很害怕……我的身体呀，你看，是没办法接受男人的呀。真是讨厌得不得了。那会儿我不是有男人么，（我老公）总和我说，我们干那事吧。我真的不想干了（就离家出走了）。我是因为生了孩子，才开始不行的……可能是我的体质变了吧。我现在是个男人了，哈哈哈哈。"

绿在其他女性露宿者说起自己将来的梦想是再婚时，表现出了非常冷淡的反应，并说，"大家到底是在流浪还是在搞男人呀"。

【绿】"我觉得很可笑，大家到底是在流浪还是在搞男人呀。到头来大家说来说去都是在靠男人，是吧……跟着男人去某个地方，然后领点钱之类的……女人不那样就活不下去。"

她一边说着"女性不那样就活不下去"，一边认为和男性一样劳作、持续独居生活的自己和那种有成瘾症的女性不一样。实际上，对于女性露宿者而言，劳动是多种多样的，有像绿这种从事雇佣劳动的人，也有不少街头女性接受了主妇的角色，选择留在帐篷里从事家务劳动，而不是外出赚钱。有时，也有一些女性露宿者如绿所言，为了生活而通过与男性发生性关系来领取一些酬劳。

和"女性茶话会"的支援者们一起开展外联活动时，我遇到了在D河岸的整洁小屋里和丈夫同居的逸子

（第二章表5⑨）。她是一个社交型的人，当我邀请她来参加每月一次的集会时，她回答说"我喜欢那种活动"。之后也每月都有来参加。

逸子69岁，出生于中部地区的某县。后来，因为双亲被派去中国台湾工作，逸子被托付给祖父母养育。她从小就很活泼，比男性还能干。

【逸子】"我这人很任性的。嘴皮子也很坏。男人看到我都受不了。我甚至会一脚把男人踹开，然后说，你们在搞什么……那时候呀，我还不懂什么是男人什么是女人。"

逸子几乎没上小学，初中只上了一年就辍学了，所以她到现在也都不擅长文字读写。13岁的时候，她开始在火柴厂工作，15岁时和在同一家工厂工作的男性结婚，生下两个儿子。但是逸子在男女关系方面很豪迈，结婚后还去罐头厂工作，几乎不怎么育儿。26岁时，她对丈夫说，"你就让我走吧"，于是离了婚。孩子跟着父亲，逸子离开家成了一名艺伎。关于那之后的生活，无论我反复问多少遍,她都不愿意透露太多,只说她还进过监狱。50多岁在釜崎的柏青哥店工作时,她和相识的男性在河岸边开始了露宿生活。两人保持着事实婚姻关系,和两条狗一起在帐篷里生活了15年。在周围的河岸上,大约有15人搭建了帐篷生活。

比逸子年纪小的丈夫常常去参加日结劳动,所以有一定收入,买了许多食材和日用品。两人生活的小屋很惬意,能用发电机点亮电视机和荧光灯,为了保障有空间能作仓库,他们还另外搭建了一间小屋。丈夫出去工作的时候,逸子就一边在家做家务,一边等待丈夫的归来。虽然是露宿,但她这种生活其实和全职主妇几乎没什么区别。夫妻俩的生活费全由丈夫来管理,工作赚来的钱如果有结余,丈夫会时不时看心情给逸子几千至上万日元,逸子就用那些钱购入食材和日用品、洗衣服、买狗粮等。如果是必需品,丈夫有时也会事先买好备着。但剩余的收入,丈夫会一个人去柏青哥店里挥霍,逸子虽然也喜欢柏青哥,却因为忌惮丈夫而几乎不去。

因为生活费处于"爸爸有时会给有时不会给"的状态,为了补偿不足的部分,逸子勉勉强强做着易拉罐回收的工作。丈夫出门工作时，逸子会带狗去散步，然后再去收集易拉罐。她以前会骑着自行车去很远的地方，但现在上了年纪，身体变得不听使唤，只能在附近步行回收。收集来的易拉罐积累到一定程度，她会隔几周去卖一次。虽然她知道拿去远一些的回收站能卖更高的价格，但她还是选择优先照顾人情，卖给他们居住的小屋附近的回收站。虽然卖不了多少钱，但因为生活费都由丈夫管理，所以她能自由使用的就只有这点钱了。

逸子说，即便如此，生活费和零花钱还是会不够，所以有时她也会卖春。逸子的对象有以下这些人：住在附近的帐篷里、靠工作获取收入的男性露宿者，住在附近住宅区的男性，在逸子居住的河岸边搭建小屋、饲养宠物并对她多有关照的人。她每次会向这些男性收费5000日元。

【逸子】"那人大概是个司机吧。大概吧？我从他那里收了5000日元。"

【丸山】"司机？"

【逸子】"嗯，他就住在我们附近。他是个上班族。是在公司上班的人。我和那个男人，现在还断不掉呀……我靠那事儿（做爱），勉强还能凑活着过……如果不干那事儿，靠那点钱（可没法活）。反正那事儿也就是一瞬间的事情……"

4 通往居宅生活

我和这3名女性露宿者是通过"女性茶话会"相识的，之后也和她们常年保持联系，这既是"女性茶话会"活动的一部分，也是私交。在这一过程中，她们的生活以及她们对自己生活的认知，自然也在一直变化。接下来，我想观察这一变化的过程，以及包括我在内的"女性茶话会"成员是如何参与并影响这些变化的。

"女性茶话会"刚开始没多久，居住在C公园中的惠子就突然失踪了。担心惠子的成员们到处搜寻，才终于在釜崎某个相识男性的家中找到了她，她正借住在那里。惠子在露宿者支援团体的活动中认识的男性露宿者冲到她居住的帐篷里纠缠不休，和惠子同居的70多岁男性因此不知逃去了哪里，惠子也逃到了釜崎。她在那里铺纸板箱露宿了一阵后,在一次志愿者活动中跟她有过一面之缘的男性向她搭话。

【惠子】"我在中心那边睡觉。用纸板箱把自己围起来。"

【丸山】"一个人吗?"

【惠子】"一个人。"

【丸山】"不危险吗?一个人的话。"

【惠子】"不会有事的。嗯。不会有事的……然后呢,**就来了,他在回家的路上看见我,就问我能不能给他做饭。我告诉他今天不太方便,让他下次再来问我。因为我当时觉得他肯定不会来的。当时下着雨,我以为他不会来了,结果他真的来了,傍晚的时候。当时是四五点钟。我甚至对他说,哎,你真的来了呀,呵呵。"

【丸山】"你们是在那里认识的吗?"

【惠子】"不是的,我之前在施食处吃过饭。我那会儿不是也帮过一些忙么。是在那里认识的。但是他之前没向我搭过话。"

【丸山】"之后他就拜托你帮他做饭了？"

【惠子】"对对对对。我问他自己都做哪些菜，他说自己不做饭，总是在外头吃。因为他自己什么菜都不会做，什么都不会做。只会煮煮白米饭。一点配菜都没有。真是服了这人了。小孩儿都比他能干。"

这名男性拜托惠子为他做饭，惠子也以此为契机开始借住在男性家中。

那时，惠子听说有一份贩卖《The Big Issue》[1]杂志的工作，于是暂时离开了那名男性的家，靠卖杂志谋生。之后她开始了平时在车站前铺纸板箱露宿，有钱时去24小时营业的咖啡厅睡觉的生活。虽然和蔼亲切的惠子能卖出许多杂志，每天能有1800日元左右的收入，但

---

[1] 《The Big Issue》(『ビッグイシュー』)是一本由露宿者在街头巷尾售卖的杂志。它始于2003年的日本，是对露宿者的一种就业支援。杂志由在《The Big Issue》注册过的露宿者于指定地点进行售卖。当时的机制是，露宿者以每本90日元的价格进货、以200日元的定价出售，差价的110日元就成了露宿者的收入。这本杂志的定价现在涨到了300日元（其中的160日元将成为露宿者的收入）。

每天去指定贩卖场要花600日元的电车费，还有伙食费和咖啡厅住宿费等开销，生活还是很吃紧。惠子靠"女性茶话会"在当时刚成立的小额借贷制度借给她的5000日元支付杂志的进货费用，再靠自己的营业额一点一点还款。然而，惠子无法长期维系这种每天都需要长时间站立、夜里也几乎无法安眠的生活，再加上寒冬的缘故，于是病倒了，3个月后住进了医院。

在之前和露宿者支援团体的接触中，惠子得知只要去福祉事务所，即使是露宿者也能凭借《生活保障制度》入院，所以她在病倒后独自前往福祉事务所，接受生活保障并住进了医院。她还治疗了本来就有的糖尿病。她告诉我，刚开始露宿生活的时候，因为总是吃捡来的汉堡包，所以导致了糖尿病的恶化。包括我在内的"女性茶话会"的支援者们牵挂着惠子出院后的生活，去看了她好几次，并且和她谈心。惠子一会儿说她想回归露宿生活，一会儿又说她想接受生活保障开启居宅生活，苦思冥想着自己的未来。

当时，几乎所有入院的露宿者都因为在出院后无家可归而再次回归露宿生活。惠子也是一样，如果她本人没有任何主意，社工也不会替她设想出院后的生活，她肯定会回到露宿生活的。如果社工认为不能让惠子再次露宿街头，在她出院以后也帮她办理继续领取生活保障的手续，那么惠子可能会长期入住机构。然而，惠子说她不想在机构生活。因此她和"女性茶话会"的支援者们商量，一起讨论让她在居宅生活的情况下也能领取生活保障的方法，比如让医生开一张"无法劳动"的病情说明书，在出院时将这份医生证明和居宅保障变更申请书一起提交给福祉事务所。

惠子入院快3个月的时候，突然给我打了个电话。她说明天就得出院了。就算现在出院也无处可去，所以无法接受突如其来的出院命令，她想现在就去福祉事务所提交居宅保障变更申请书，希望我可以陪她一起去。因为事出突然，我没有办法立刻前往惠子那里，再加上我缺乏和医院、福祉事务所打交道的经验，担心自己无法帮助惠子协调以达到她所希望的目的，所以我告诉她，我问问看谁能替我陪她去，然后挂断了电话。但我也无法立刻找到能替我去的人选，大约2小时后，我打电话告诉惠子，我现在马上去陪她。然而，不知是否因为我对于交涉的不安传递给了惠子，她意志消沉起来，重复说着，福祉事务所不可能会接受什么居宅保障的变更申请书，自己还是回去露宿街头吧。不论我劝说惠子多少次，就算不成功也没关系，至少试试看，她都已经放弃，准备回归露宿生活了。

不过，那之后马上又有别的志愿者给惠子打电话。她不像我那样对手续办理感到不安，而是认为保障变更申请书是惠子的权利，所以不可能会失败。她致电医院，请求医院让她推迟几天出院，并希望医院出具病情说明书。受到鼓舞的惠子再次燃起办理手续的意志，并且受到这位志愿者的影响，也开始说"肯定能拿到居宅保障"。

几天后，这位志愿者、惠子还有我一起去福祉事务所提交保障变更申请书。我们向工作人员说明了惠子的身体状况无法回归露宿生活，也很难立刻开始工作，并且想要在居宅中领取生活保障，于是工作人员同意让惠子入住女性专用的紧急临时保护机构，如果在2周的入住期限内能找到住宅，就同意让惠子接受居宅保障。那之后，出院的惠子如期入住了机构，并且于2周内在

"女性茶话会"支援者的陪伴下找到了住宅,顺利签署了合同。2周后,惠子持续9年的露宿生活画上休止符,开始了居宅生活。

绿的生活稳定而持久,她靠捡易拉罐为生,独自露宿街头。在此基础上,她对未来的生活始终抱有希望。总之,她目前还想继续露宿生活一段时间。

【绿】"我觉得此时此刻的生活最美好。是吧,我真是个傻瓜吧,呵呵呵。老是有些傻乎乎的想法。其实呢,我姑且打算一年以内进入自立支援中心。暂且只是想想而已。不过呢,我还是觉得待在这里最有趣……我就是单纯地觉得现在的生活很有意思。捡罐子很有趣不是么。你看,你能遇到各种各样的人。"

绿考虑着,总有一天要进入机构,定下住处,找一份工作,在公寓生活。她还希望,到那一天,自己能够从事照护的工作,因为她觉得这份工作很适合自己,她以前就有这方面的经验,也很喜欢照顾别人。她阅读支援团体分发的传单，咨询政府工作人员，收集信息，了解结束露宿生活之后都有哪些选项，为了获得护工资格应该进哪家机构比较好，实际上也和我讨论了这些。

【绿】"我是那种喜欢打听的人。不得不打听呀。为什么呢，因为我必须深思熟虑，不然万一倒霉了可怎么办呢。"

但是，即使有着如此明确的展望，绿还是说现在的生活是最快乐的，因为她能够一边得到那么多人的支持，一边自食其力谋生，还能有许多意想不到的邂逅。

但现实情况是，像绿这样在都市公园中搭建帐篷并持续露宿变得越发艰难。大阪市先是分别于2006年在大阪城公园、靭公园，2007年在长居公园强行撤走了露宿者的帐篷。之后，这一高压政策逐渐升级，政府以劝解和胁迫等形式将露宿者逐出了公众视野。即便是绿居住的公园，也有公园管理职员和面向露宿者的福祉咨询员频繁巡视，劝说大家入住机构。

【绿】"今天也被劝说了半天……那人叫我快进机构去治病吧……还说那样我就能去工作了。我在这儿也在工作呀……所以我说我不要去机构……我现在也在捡易拉罐,也在工作……因为我喜欢工作。比起待着不动,我还是更喜欢工作。"

绿对那些催促她进机构找工作的政府人员强调,自己不想进机构,虽然自己露宿街头,但已经在工作了。绿还下定决心,如果自己居住的公园也开始进行强制驱逐,她就收起帐篷,进机构开始找工作。

【绿】"那也只能到此为止了呀。我已经决定了,如果到了那一天,就进某家机构。我对公园局的人说,我会在这里留到最后……我绝对要留到最后。我要目送所有人离去。如果有一个人开溜了,那么其他人也会跟着开溜不是么。如果是这样的话,只要有一个人在努力,其他人也就会跟着努力。我就是这样告诉政府人员的。但其实我也不知道到底会发生什么。我还能待多久。我会在能留下的时候尽量留下，如果我接下来出了什么事，或者我的身体不行了，如果变成这种情况的话，我也不介意去机构。"

绿的年龄还有可能再就业，而且作为一名女性，她可以优先入住机构，并自信能够适应那里的生活。因此，她并不介意自己的帐篷被撤走，她说这些话，是因为她想到公园里的其他露宿者无法像她这样随机应变，她在为这些无处可去的人担忧。

虽然绿有时也会说点丧气话，但是无论我问她多少次关于将来的展望，她的回答都一以贯之。像她这样能够持续工作，构筑稳定的露宿生活，对于将来抱有明确、一贯的展望，还能向政府人员清楚表达的露宿者，尤其是女性露宿者，是非常少见的。

虽然绿说她打算一年之内进入机构，但她的露宿生活在那之后也稳定地持续着，自从她开始露宿，已经过去2年了。不过，即使曾经描绘过如此清晰的理想，绿还是在一年后接受生活保障，开始了居宅生活。我不清楚具体经过，只知道绿的老毛病高血压恶化了，于是她响应市政府工作人员的劝说，找房子开始了居宅生活。

生计全由丈夫管控的逸子过着一种高度依赖丈夫的生活，总是要看丈夫的脸色。他们之间的夫妻关系也逐渐冷淡，因为上了年纪，丈夫能去工作的日子和能给逸子的生活费都减少了。之前从来没有断过的大米也见了底，在生活日益穷困的情况下，逸子开始认真考虑终结持续了15年的露宿生活。然而，因为丈夫的年龄还不高，也还在工作，所以她不可能和丈夫一起领取生活保障。逸子虽然嘴上说着和丈夫"也没办法就这样分开"，但另一方面也在考虑和丈夫分开，独自接受生活保障，她向我吐露了内心的这种迷茫。另外，如果接受生活保障，就没有办法把宠物狗带在身边，逸子也很在意这一点。

【逸子】"我也不知道该怎么办。不知道我们能不能一直在一起……只管自己跑路的话，感觉很对不起对方……只带些身上穿的。不需要的东西就塞到角落里去。如果我只顾自己的话，总归还是能凑合下去的吧。虽然感觉很抱歉，但我有时候也在想是不是应该这样做……我也很痛苦……很头疼……我的小狗不是还挺精神的么？要扔下它也很可怜呀。我有这样那样的事需要操心。"

逸子会这样想，也是因为她当时切身体会到了撤走露宿者帐篷的压力在逐渐变大。她也对常年困扰自己的来自丈夫的暴力问题感到不满。

【逸子】"如果没有撤帐篷的事，那我们也有别的可能吧……不过呀，我觉得自己还是逃跑比较好，因为我不喜欢丈夫总是动用暴力。你是那种能够理解我的人，所以我可以和你说这件事。我和你也认识很久了，虽然我也觉得很不好意思，但因为你总是愿意听我说话，听我说那些'求求你让我解放吧'之类的话，所以我才对你说了那么多。虽然我确实在为这种事烦恼，但是……我只要一说到这些头就大了。脑子里'砰——'的一声。每次说起这些，我就头痛得厉害。"

第七章 变化的过程

我和其他"女性茶话会"的支援者听说了逸子的遭遇后，提出如果有需要，我们可以帮助她申请生活保障，但是逸子还没有下定决心。

正好那段时间，E团体的车常常经过逸子居住的小屋附近。逸子想起来，那辆车的车主曾经拜访过她的小屋，还问过她是否需要帮助，于是她叫住了那辆车，倾诉了内心的迷茫。E团体听完邀请她去事务所，双方商量之后，很快就办好了在那家团体申请生活保障的准备手续。E团体从以前就一直在支援露宿者，他们会拜托善意的房东，让露宿者先免费入住公寓，将那里作为现居地来申请生活保障，申请到以后再向露宿者收取押金和房租。这样的话，就能避免出现露宿者因为没有住所而被拒绝申请生活保障的情况，能够让申请更顺利地通过。一般情况下，露宿者需要先进入机构，再去找房子，E团体也可以省去这一步骤，让露宿者立刻开始居宅生活。但问题是，因为不能直接用生活保障金来支付押金和家具购置费，[1]所以逸子不得不每月从约8万日元的生活费中抽取2万日元来分期偿还，时间长达一年多。另一个问题是，E团体介绍给逸子的公寓离她以前的露宿场所很近，逸子有很大风险会被丈夫找到。

我之所以会得知这些事，是因为就在逸子离开小屋的3天前，我和"女性茶话会"的支援者去拜访过她，因为我们都很在意因是否领取生活保障而摇摆不定的逸子。那时，逸子告诉我们，她已经在那家团体的支持下推进了生活保障的申请，虽然申请通过了，但是逸子看上去还是很不安，因为她不知道自己什么时候才能领到保障金。逸子的话总是没有重点，我们认为她并没有充分理解福利领取的繁杂手续，因此我和另一名支援者陪逸子一起走访了福祉事务所，去确认手续到底进行到了哪一步。

我们在福祉事务所听工作人员说了以后，才了解

---

[1] 在这种情况下申请生活保障时，在申请文件上能够填写申请人已经住进了公寓，而不是露宿街头，因此不需要先进入机构，申请过程也会很顺滑，但开始公寓生活所必需的初期费用，如押金和家具购置费等，不在生活保障的范围之内，需要申请人自行承担。

到，逸子在接受E团体的扶助之前，已经独自拜访过福祉事务所，打听过生活保障的事情了。工作人员向她说明过，因为她是高龄人士，所以如果她是独自一人，领取生活保障是没有问题的。并且，考虑到逸子还要逃避来自丈夫的暴力，事务所会让她先进入紧急临时保护机构暂住2周，再去远离D河岸、不用担心被丈夫找到的地方找公寓，决定好公寓后再帮她支付押金和家具购置费，然后立刻就能在公寓里开始居宅保障了。但是，由于那天逸子还没决定和丈夫分开、开始新生活，所以福祉事务所的工作人员告诉她，等下定决心了再来这里，所以当时没有走到申请保障的那一步。

这家福祉事务提出的通往居宅生活的方法是，只要逸子能够忍受为期2周的机构生活，就不必自己负担押金和家具费用，也不用担心被丈夫找到，这比E团体给出的方案要更妥善，但是逸子甚至无法理解两者之间的区别。我和另一名支援者仔细解释清楚之后，逸子还抱怨说，为了感谢E团体，她之后还不得不去他们的活动帮忙，甚至对接受E团体的支持一事感到懊悔。

【逸子】"所以说我应该在加入那家团体前先去那里（福祉事务所）呀。我就是做不了决定呀。"

然而，因为逸子已经通过E团体的介绍签下了房子，所以计划无法更改了。

关于自己未来的生活，逸子曾经咨询过E团体、福祉事务所以及"女性茶话会"，为了让逸子能够摆脱露宿生活，3家组织各行其道、各自行动。而逸子不想浪费任何愿意帮助自己的人的好意，再加上福利制度手续的说明也非常难懂，所以她搞不明白接受哪一方的支援才是最佳选择。

【逸子】"我当时很纠结应该拜托谁，我问了政府的人，是应该跟支援者走么，还是应该拜托区政府，最后一头扎进了（E团体）……我好纠结呀，这是我纠结之后的结果。"

虽然逸子说，她最终决定依靠E团体的支持是纠结之后的结果，但这与其说是她的理性选择，不如说几乎是任人摆布的结果,一种类似随波逐流的心态,因为E团体的反应最迅速,并且向她提供了通往公寓生活的顺畅途径。几天后,逸子只带上贴身物品,就瞒着丈夫离开小屋,搬进了公寓。

那之后,尽管逸子屡屡因为生活费不够而陷入困境,也经历了因为膝盖疼痛而差点无法继续居宅生活的时期,但她还是一边给E团体的活动帮忙,一边参加"女性茶话会",一边继续着居宅生活。

如前所述,惠子和逸子都经历了各种犹豫不决的过程,才从露宿生活转移到居宅生活。在此过程中,她们同福祉事务所和巡回咨询的工作人员,以及包括"女性茶话会"在内的支援者都保持着联系,这些联系给惠子和逸子的"抉择"带来了巨大的影响。而绿虽然对将来怀有明确、一贯的展望,但是随着健康状况的变化,她最终以自己也不曾预料的方式听从工作人员的劝告,开始了居宅生活。

5 宛若"意愿"之物的所在

和"女性茶话会"有联系的女性露宿者们,并非都像刚才所提到的3名女性那样,与我们构建起了能让我们长期提供支援的关系,并且让我们听取她们的故事。其中也有难以对话和让人难以理解的女性。

绘里是"女性茶话会"的支援者在街边偶然看到的露宿者,她在寒冬连床和被褥都没有,一屁股坐在路边。绘里年事已高,身体衰弱,连站都站不起来,好几名支援者因为担心绘里的情况,所以结伴去看望她。绘里虽然意识清楚,也能说话,但脑中会有一些幻想,比如强调自己"必须要去大使馆工作",所以不能离开这里等等。"女性茶话会"中有支援者从事医生工作,这名支援者也从绘里的情况判断她患有某种障碍或者疾病。绘里无法靠自己的力量起身行走，其他担心她没饭吃的露宿者时不时会给她送点吃的。只有在这种时候，她才能吃上饭。因此大家都很担心，如果对绘里不管不顾的话，她会有生命危险。然而不论大家如何反反复复地劝她入院，她都坚决拒绝。只要她本人拒绝，大家就只能暂且在旁守护。支援者会轮流去探视她的情况，也请求政府的负责部门做出应对。

几天后，有一名支援者注意到绘里的下半身全湿了，担心绘里会就这么冻死，于是带了替换衣物过去。在帮助无法站立的绘里脱衣服时，支援者发现绘里的内裤里堆积了大量排泄物，忍耐了许久的绘里还开始漏便。即便如此，支援者还是尽力完成了更衣和清洁工作，绘里于是翻来覆去地向支援者说"谢谢"。支援者试着在这一刻再次劝绘里入院，一直顽固拒绝的绘里第一次回答："我考虑一下。"

当我们听说了这件事，觉得绘里对医院和人类的不信任感可能快要消解了时，她马上近乎强制性地被送进了医院，而且是经由"女性茶话会"支援者帮忙联系的政府咨询员的安排。咨询员让救护车待机而动，也让警察官到场，自己则负责劝说绘里去医院，一看到绘里有半点同意的态度，就立刻趁机把她塞进了救护车。

之后，当"女性茶话会"支援者去探访进入精神病院的绘里时，绘里已经恢复了体力，也能走路了。但绘里本来就是从精神病院里逃出来的，这也是为什么她会露宿街头。有过这段经历的她反反复复向那名支援者倾诉，表达着自己不想入院的意愿。那名支援者之后则表示，自己一方面为绘里的得救感到如释重负，另一方面也因为不知道是否做出了正确的决定而内心煎熬。这一事件给与绘里有交集的"女性茶话会"支援者们留下了深深的悔恨。大家认为，比起强制入院，应该尊重绘里本人的意愿，以一种她能够认可的方式来摸索解决方案。

另外，在与顺子接触的过程中，我们也留下了相同的悔恨。某个夜晚，一位支援者看到顺子一个人蹲在车站附近，便向她搭话。她几乎没什么行李，孑然一身地露宿街头。因为她述说了露宿生活的困难，所以我们在"女性茶话会"的组织之下，支持她申请生活保障以及寻找住处。我们和顺子沟通，并且在考虑了她的生活经历后，决定让她入住位于釜崎的福祉公寓，[1]那里生活着将近100名领取生活保障金的人。

顺子73岁。虽然她能够好好回答问题并维持日常生活，却几乎没有过去的记忆，也不清楚自己大部分的生活史（因此我没有把她记入第二章的表5里）。她没有孩子，和事实婚姻的丈夫一起靠领取生活保障金度日，约半年前，丈夫身故。因为她只读到小学三年级，所以无法顺利读写，连自己的名字也很难写出来。不过她能做简单的算术，所以买东西之类的没有问题。

顺子入住福祉公寓没多久，我们就发现她也在其他地区领取生活保障。她在其他区域所住的房子并非一般住宅，而是那种配备了支援日常生活的工作人员的场所，顺子是突然从那里销声匿迹的。顺子原本住的房间没人动过，一直空在那里，于是我们向顺子确认，是想住在以前住的地方，还是想住在釜崎，她说自己不想回

---

[1] 挪用简易住宿处的建筑并让领取生活保障的人入住的地方。10年前左右开始在釜崎越发多见。这些福祉公寓五花八门，有的只负责出借房间，有的还会给予一些日常生活的支援。此时顺子入住的是一家会支援日常生活的福祉公寓，工作人员会根据需求提供社工工作和金钱管理等服务。

去，想继续住在福祉公寓。因此，福祉公寓的工作人员为她办理了停发原地区生活保障的手续。

最初向顺子搭话的"女性茶话会"支援者是一名职业医生，她在顺子入住福祉公寓之后频繁上门拜访，不仅给顺子开药方，还在日常生活中的方方面面提供支持，比如倾听顺子的倾诉、出谋划策，还帮助顺子备齐家具等。顺子也非常信任这名支援者，一直反复说道，在艰难的露宿生活中能得到这名志愿者的关怀，自己有多么高兴。

【顺子】"我铺着纸板箱坐在那里……当时真的几乎想死了，真的，已经不知道该怎么办了……我也想过办法呀，虽然想过办法，但就是想不出来呀……就在那时候，你知道，**（"女性茶话会"的支援者）来了，我当时真的觉得太好了，她能够来问候我……我想一直待在同一个地方，但我真的很讨厌老来骚扰我的醉鬼，所以不得不到处移动。那一天我真的觉得很痛苦，是我感到最痛苦的一天。"

【丸山】"你在那里的时候,怎么获取食物呢?"

【顺子】"吃的东西,那个基督教组织会在每星期的某天来这里,带着饭团,饭团和类似煮鸡蛋的东西。虽然他们会带这些吃的来,但他们来的时候,我有时在,有时不在,我也不是每天都能碰到他们……所以说,大部分时候都吃不上饭,嗯。有时完全吃不上饭,喝不上水。真的太痛苦了,也走不动了,好苦好苦。就在那时候,**来了,我真的好高兴。她为我做的那些事,真的是,让我高兴得想哭。"

顺子虽然很信赖关心她的福祉公寓的工作人员,却无法和其他入住者建立联系。她在公共浴室里不论和谁打招呼,都没人回应她,所以她放弃了可以免费使用的公共浴室,转而去了澡堂,渐渐地,还开始疑心隔壁的男性在说自己的坏话。

入住福祉公寓3个月后,顺子失踪了。"女性茶话会"的支援者请求警察开展搜索,几周后警察联系了我们,告诉我们顺子在别的地区以不同的名字领取了生活保障。顺子露宿街头时，宗教团体的人向她伸出援手，于是她似乎在宗教团体的支持下，借住在该团体经营的房屋里。当被问及为何离开福祉公寓时，她说确信隔壁房间的男性在说自己的坏话，她离开福祉公寓时"抱着必死的决心"，只带走了手头的7000日元，没有带走积攒的生活保障金，而是把这些钱留在了福祉公寓的工作人员那里。

出于对顺子的牵挂，福祉公寓一直保留着她的房间，房间状态跟她失踪那天一模一样，因此，在本人的要求之下，顺子也得以暂时回到福祉公寓。我们与顺子讨论了她此后的生活，最后决定，对担心与隔壁男性和福祉公寓其他住户关系的顺子而言，独居比继续集体生活更合适，因此，"女性茶话会"的支援者帮助顺子搬到了福祉公寓附近的一间公寓。支援者们为顺子提供了精心而周到的支持，还帮她备齐了一切家当什物，她也在那里生活了3个月左右，然而突然有一天，顺子又失踪了。支援者们再次请求警察搜索，并且暂时将房间保持原样，期待顺子可能会再次归来，但是顺子这一次彻底失踪了，于是大家只能将刚刚配齐的家当什物全部处理掉。

顺子从独居公寓失踪之后过了半年，我们接到了来自东京警察的联络，称他们已经将顺子保护起来。看到特地来东京接自己的"女性茶话会"支援者，顺子流下了欣喜的眼泪。我们问顺子这半年间是如何度过的，但她的记忆前后矛盾，我们只能从她断续吐露的只言片语之中得知，她一边露宿街头一边去了京都、东京、横滨等地，还在东京和横滨分别入住过露宿者机构和高龄人士机构。孑然一身的顺子不知道电车的乘坐方式，身边也几乎没有钱，年过70岁的她是如何在这些城市之间移动的呢？不论我们问她多少次，都无法得到答案。

在事实婚姻的丈夫去世之后，顺子的被害妄想症一度十分严重，没有办法继续独居生活了。她失踪并开始露宿后，又重复着如下过程：因为情况不妙而被保护起来，在各种各样的地方领取生活保障，然后再次失踪。不过，尽管顺子开始露宿街头的原因一直是她自己想要逃避领取生活保障的生活，但她却无法对自己的行为作出解释。为何她一再表示露宿生活很辛苦，却还是要选择失踪？这个问题的答案似乎连她本人也不知晓。我们认为，对不擅长与人打交道和拒绝他人的顺子而言，在面临无法接受的情况时，或许只能通过暂时逃避来表达自己的感受。

顺子和"女性茶话会"的支援者们一起从东京回到大阪。我们认为，比起独自生活，有人照看的环境或许更适合顺子，所以这次，我们安排她入住了位于釜崎的某家福祉机构，让她过上了领取生活保障的生活。温顺老实的顺子很不适应与他人同居的集体生活，因为无法处理机构内的人际关系，她有时候会两三天不回机构。终于想办法熬了5个月后，她在机构旁边的公寓借了间房，开始了期盼已久的独居生活。定下独居生活的那一天，她甚至高兴到失眠。

然而，转移到独居的公寓才刚过2天，顺子又失踪了。顺子就那样抛下了在机构的帮助下全部配齐的家具什物，离开了期盼已久的独居公寓。一周后，我们发现顺子又被警方保护起来了。她告诉我们，电视插头没办法拉到墙壁那里，她也不知道延长线的使用方式，于是陷入惊恐，跑出了房间。住在附近、从事医疗工作的"女性茶话会"支援者常常会探访顺子，再加上之前那家机构精心周到的支持，顺子终于得以回归日常生活，但那以后,她还是有过好几次长达数日的失踪。关于每次失踪,顺子都会列举如下理由:公寓管理员刚好不在,她又不知道电子锁的打开方式所以无法进入房间,引发惊恐症;或者隔壁邻居太吵;等等。开始独居生活2个月后,顺子再次失踪了,那之后她再也没有回到房间。大家觉得同样的事情一而再,再而三地发生,这一次就不再向警方申请搜查了。可能也是由于这个缘故吧,自那以后,我们就再也没有见过顺子。

6 成为主体的过程

我在"女性茶话会"中认识并保持联系的这些女性露宿者,现在几乎都不再露宿街头了。虽然其中也有像顺子这样突然失踪、断联的人,但大多数在与我们长达数年的交往之中,都借着某个契机脱离了露宿生活。就连一直说想坚持露宿生活并对自己的未来有清晰设想的绿,之后也不得不以一种她在受访时未曾预料的方式开始了居宅生活。

在这一过程中,与他者的关联及其作用,会对女性的决断产生至关重要的影响,比如惠子面临强制出院时的决定,就是一个很好例子。惠子和我商量之后,放弃了领取生活保障,并决定回归露宿生活,这是因为我虽然嘴上说着一起试试办手续吧,却心怀不安,并不相信惠子真的能在出院后转移到居宅保障。而当惠子和另一名支援者聊过之后,她的决策在几小时内就发生了巨大变化,因为另一名支援者坚信,办理居宅手续是属于权利主体理所应当的权益。

虽然惠子和逸子都告别了露宿生活,开始了居宅生活,但她们的生活也并非一直风平浪静。逸子还不习惯每月规划指定数额的生活费,总是在刚领到生活费(约8万日元)的几天之内就挥霍殆尽,从而不得不在剩下的20天内仅凭5000日元度日,她自己也说不清楚到底把钱花哪儿去了,这令"女性茶话会"的成员们担心不已。因为这样的苦涩生活,逸子好几次都想回到丈夫的身边。逸子的其他经济问题仍然以各种形式持续存在。尽管如此,在与E团体、"女性茶话会"以及朋友近邻的交往之中,逸子还是努力撑过了6年的居宅生活。她还说,现在最幸福的事就是能够安然入睡。

当然,这种干预并非总是奏效。在绘里的案例中,尽管她被认为继续露宿生活会有生命危险,但还是拒绝利用福利制度,于是被强行送进了医院,而这违背了她的"意愿"。尽管"女性茶话会"的成员们渐渐看到了绘里身上的变化，但还是无法支持绘里的决定。之后，我们每次去探视被强行送进精神病院的绘里时，她都会和我们说，她并不想待在这种地方。

在顺子的案例中，她一次又一次地重复"领取生活保障，从机构生活或居宅生活中逃离，抛下一切失踪并露宿，再领取生活保障"的过程。"女性茶话会"的成员，尤其是那位医生支援者对顺子可谓是全身心地奉献，总是无条件地支持她的决定，顺子自己也非常信赖这位支援者。因此，即便顺子总是反复失踪，也还是偶尔会主动回来，有时则是通过警方的失踪人员搜索被找到。最后，虽然"女性茶话会"和顺子接触了长达一年零三个月的时间，她最终还是彻底失踪，下落不明。

绘里和顺子都属于同一类人，她们很难搞清楚自己的需求，并将需求清晰地传达给周围的人，最终独立实现自己的选择。虽然"女性茶话会"最终无法一直与她们保持关联并支持她们的决定，但在这一过程中，有那么几个瞬间，我们感觉到一种宛若她们"意愿"的东西，和一种或许能够帮助她们实现意愿的希望。

我有时会思考，绘里、顺子以及虽有烦恼但仍能在周围人的支持下继续居宅生活的逸子等人,她们的选择和主体性到底是什么?我认为,主体并非预先独立存在的东西,毋宁说,在多项选择之间犹豫不决,半是偶然地做出决定,其后又长时间地在失败和与他者的关联中继续维持、努力实现目标——在这个永无止境的过程中,主体性才会显现。

第八章

对抗主体化的魔力

1 对主体的关注和对女性的排斥

笔者在前几个章节之中，通过观察围绕女性流浪者的诸多观点，以及她们日常生活的情况，来指出聚焦于抵抗与主体性的过往流浪者研究的盲点，并试图依据具体情境来理解这些研究到底忽略了什么。例如：在第六章中观察到，英子和玉子等人是如何根据她们与周围人的关系来决定是否继续露宿生活的；在第七章中观察到惠子和逸子这样的对象是否继续露宿的意愿是个不断变化的过程。

然而，这些具体的记述无法回答我在第一章中提出的本书试图解决的问题之一，即为何过去的研究会忽视女性流浪者的存在呢？进一步说，聚焦于抵抗和主体性的研究视点为何会导致对女性的排斥呢？过去的流浪者研究之所以会排除女性，并非单纯因为女性流浪者的数量少，这个问题深深地根植于作为研究前提的视点之中。也正是因为对这方面的诘问，我才认为，本书应该被置于女性主义研究的谱系之中，因为本书不仅把女性的存在纳入了现有的流浪者研究，还重新审视了基于男性中心的研究整体。

以下，我将再次整理过去的研究到底忽视了什么，并且探讨聚焦于自立和抵抗的研究方法有什么问题，这种做法又如何与对女性的排斥有关。

2 主体化的问题

我想先再次确认一番目前与露宿者相关的法律。如第一章所述，最初于国家政策层面确立的露宿者支援方案是2002年制定的《流浪者自立支援法》。此后，关于露宿者问题的布局有了很大变化。问题的焦点不断被转移至那些不愿领取保障、坚持露宿街头的人们身上。

该法制定以来，帮助流浪者暂时摆脱露宿生活的途径逐渐增加，只要本人有此意愿就可以选用。各地都增设了支援露宿者就业的自立支援中心等机构，以前的生活保障政策会因为没有住址等原因让露宿者难以通过申请，在支援团体坚韧不拔的努力之下，露宿者的保障申请也逐渐得到了认可。再加上2008年雷曼事件所引发的金融危机，导致这几年贫困问题的急速恶化，令领取生活保障金的人数增加，于2011年创造了战后最多人次记录，并于2012年突破了211万人的大关。在这种背景下，帮助露宿者脱离露宿生活的支援方案也逐渐到位。

针对露宿者的支援方案得以完善，帮助他们脱离露宿生活的途径也得以拓宽，这自然是喜闻乐见的景象。然而这类途径越是拓宽，不使用支援方案、坚持露宿街头的人们自身的意愿就越容易遭到质疑。事实上，在《流浪者自立支援法》中，如果要使用支援方案，本人就必须具备"自立的意愿"。同时，此法还将选择持续露宿生活的人认定为"逃避一般社会生活之人"，明确记载了有可能会对这些人实行强制驱逐。这意味着，此法认为，露宿者是"自立"还是继续露宿生活，都取决于露宿者自身的"自立"意愿，也就是说，将所有的问题都归结为个人责任。

类似这样的问题结构，对女性露宿者而言并非什么新鲜事。因为一直以来，女性都有相对完善的渠道能够摆脱露宿生活，只要她们本人愿意。然而，随着针对露宿者的支援方案的完备，这不再仅仅是女性的问题。面对这种情况，我们必须提出的问题不是支援方案是否足够，而是——那些被视为自己选择继续流落街头的人的意愿究竟是什么。

我在第一章中也提到过，巴特勒在讨论性别时提出的正是这个问题，我们应该如何看待抱持此等意愿的主体？巴特勒认为，司法是一种规则和规范，它们具有不由分说地迫使人们服从的力量。但她又说，在被司法召唤之前，女性这一主体并不预先存在。这是因为，如果主体存在于规范性司法的言论实践之前，那么主体就会被理解为是在凭借自身意愿选择遵守或背弃"成为这样或那样的性别"。然而，所谓性别，并非是通过选择来习得的，而是在不知不觉中获得的。因此，所谓主体，其实是被司法召唤的结果，是被构建之物，却被伪装成了仿佛先于司法存在的、本质或自然的东西。

巴特勒如此质问主体这一概念中的疑义，并非是为了否定主体的存在。相反，她试图质疑把主体作为既定前提的做法。因为这种做法排除了一个重要契机——"质问主体这一概念被构建的过程，以及把稳定的主体定位成理论前提或先决条件的政治意义和后果"（Butler, 1992-2000: 248）的契机。

巴特勒围绕主体的这类思考，也适配本书围绕流浪者的讨论。如果我们依照巴特勒的观点，认为主体是作为司法的成果被构建出来，并被伪装成了本就存在的样子，那么，坚持露宿街头的露宿者，即"逃避一般社会生活之人"的意愿，就可以说是被事后构建的产物。一旦出现了能够使用支援方案来脱离露宿生活的选项，就必然会迫使每个人都作出选择——使用或不使用。所谓主体，正是为了说明每个人选择的结果，才被事后构建出来的。换言之，人们构建出了一个做出选择的主体，不论这个主体在司法发出"别再露宿"的召唤之时是选择遵从还是抵抗。

我这样说，并不是在否定确立主体以抵抗排斥压力一事的意义。恰恰相反，在选项出现之前，根本就不存在能够判断并决策的自主主体，自主主体的确立在于它割裂和掩盖了自身无法决定并身处矛盾的状态。正因如此，本书的目的就是要在关于流浪者的政治场域之中，重新定位那些只能被排除在主体化过程之外、既不被纳入保护也无法进行抵抗的声音。

是否运用逐渐完备和丰富的支援方案来脱离露宿生

活，成了每一位女性露宿者被迫要做出的选择，这种被迫的选择又被还原为她们个人的意愿问题。正如我在第五、六、七章中所观察到的那样，女性露宿者总是在烦恼和犹豫是否要继续露宿生活，而这种对问题的简单化，则抹去了她们不断变化的存在方式。另外，按照《流浪者自立支援法》的说法，她们会被定义为"逃避一般社会生活之人"，换言之，即凭借自身的自由意愿选择了露宿的人。我认为这正是主体化的问题，因为主体化产生了这样的情况，即在事后把选择露宿生活这一行为理解成具有自己意愿的主体所做出的选择。

那么，具体而言，在这一过程中被抹消和忽视的究竟是什么呢？

3 关怀伦理

当女性露宿者们被迫选择是否要继续露宿生活时，她们之中，能够明确表示自身意愿的人并没有那么多：有些人会优先听从丈夫的决定，而不是自己的想法；有些人每次被提问时，都会给出前后矛盾的回答。也有一些研究成功地理论化了这些女性在被迫做出抉择时那难以捉摸的声音，比如卡罗尔·吉利根的《不同的声音》（Gilligan, 1982）。

作为一名发展心理学者，吉利根研究的是在道德纠葛之中被迫做出选择的人们所采取的应对方式。她在研究过程中发现，在提到道德与人际关系之时，女性偏向于采用一种不同于男性的叙述方式。吉利根对被称为"海因茨难题"（Heinz dilemma）的著名的道德性发展指标所提出的质疑，象征性地展示了她的发现。"海因茨难题"的问题是：身为丈夫的海因茨是否应该为了救患癌的妻子而去盗窃他无法购入的昂贵药物？吉利根指出，关于这个问题，男性和女性倾向于给出不一样的回答。男孩杰克明确回答应该偷药，他认为生命比财产更珍贵，并将偷药行为归结为权利问题；女孩艾米则没有自信地回答，她认为不该偷药，也不该让妻子死去。她说药店的人应该考虑海因茨夫妇的情况，并把这解释为责任问题。过去的发展理论假定人类的发展从顾虑他人开始逐渐转向了遵循规则和普遍正义，因此会认定艾米比杰克更不成熟。但是吉利根指出，量度发展阶段的标准是以男性为基准创造的，体察他人的要求一直被视为传统女性的美德，正是这一特征，使得女性被视为处于发展阶段中更低阶的存在。

吉利根从这一点出发，提炼出一套理论，来把握那些难以被听到的女性声音。据吉利根所言，对女性来说，"道德问题，并非产自竞争关系中的诸多权利，而是产自互相纠葛的诸多责任，因此与其采取形式的、抽象的思考方式，不如采取考虑先后关系的故事性思考方式来解决。正如关于公正的道德概念是将道德性发展与对权利和规则的理解联系起来的,而关于关怀行为的道德概念则将道德性发展视为以责任和人际关系为中心的存在"(Gilligan 1982-1986: 25—26)。这两个概念后来被称为"公正伦理"和"关怀伦理",是两种不同道德的根本性差异。在此处显现的是人类形象的基本差异,我们一般认为:在面临选择时,重视权利的公正伦理切断了人与人之间的联系,而重视责任的关怀伦理存在于人际关系的网络之中。

在吉利根这本著作中登场的女性声音,有着和女性露宿者之声非常相似的回响。比如,吉利根著作中的一名女性说:"我很难只考虑自己,而不考虑我周围的人,我得为别人付出"(Gilligan, 1982-1986: 95)。这一点和我之前在第五、六章分析过的藤子的案例很像,每次我问藤子她自己的事时,她都会立刻切换到丈夫的事或者丈夫说过的话,她没有办法把自己和丈夫分开来考虑。此外,从施暴的丈夫身边逃离的裕子也一样,她一边说待在机构很舒适,一边又说必须要照顾宠物猫和丈夫,得回到丈夫所在的帐篷和他一起继续露宿生活。这是因为女性常年被要求承担这样一种职责，即关怀亲密关系中的他者。所以，我们也能想象，女性很难自己实现经济独立，并且下定决心摆脱露宿生活。在过去的流浪者研究之中，研究者们每次主张抵抗或主体性时，都是以从事雇佣劳动、自食其力的劳动者这一露宿者形象为前提的，正是这一露宿者形象导致研究出现了盲点，忽视了如上所述的依存者，以及因为背负着关怀依存者的责任而无法自立的人。

吉利根还说，由于这些女性的声音更依赖语境而非遵从某种规则，因此"从男性视点来看，会显得不得要领，混乱散漫"（Gilligan, 1982-1986: 30）。事实是，比起杰克直截了当的言辞，艾米的说法显得更加暧昧不清、兜兜转转，很难用逻辑去理解。但是吉利根认为，女性在面临选择时往往会展现出踌躇和犹豫，我们不能仅仅将这种踌躇和犹豫理解为选择的结果，而是应该挖掘女性叙述时的模样，并意识到在女性特有的叙述方式背后，隐藏着这样一个事实——女性很难自信地实践自己做出的决断，因为她们长期以来一直被期望满足他人的要求。

吉利根举了这样一个例子，有一名女性名为丹妮丝，她违背自己的意愿选择了堕胎。关于此例，吉利根写道："女性总是被置于依赖他人这种被动、体贴的要求与行动的夹缝之中，总是被置于左右为难的悬空状态，不论是对自身的行动还是思考，都不具备主导权。因此，丹妮丝说起自己的事情时，用了'简直就是随波逐流'的表述"（Gilligan, 1982-1986: 144）。丹妮丝的事例能让我们联想到第七章中逸子的情况，她在丈夫、宠物狗以及多方组织（她曾向这些组织咨询脱离露宿生活一事）之间犹豫不决，最后自暴自弃般搬去了公寓。

还有第五、六章提及的英子，她说正是因为周围人理解她的困境，并且向她伸出了援手，她才想要继续露宿生活。玉子则总是在不同情况下选择她当时认为最值得信赖的一方，她所信赖的对象有时是男性，有时是福利机构，导致她在露宿生活和脱离露宿生活之间数次反复。由此可见，女性露宿者们在自己作出重要决断时并非独自决定，而是必然地考虑了与他人的关系性。为了对抗一种被结构规定、被视为客体的人类形象，过往的流浪者研究假定了一个自立的、抵抗的人类形象，但是这种假定欠缺了思考人际关系的视点，其结果正如本书论述的，忽视了包含女性露宿者与他者关系在内的实践。

吉利根指出的女性特质，不仅见于她著作中大量引用的女性叙述，也见于本书所观察的女性露宿者。她们中的许多人被各种各样的规范性要求所拘束，并且被夺走了力量。

4 自立与依存

有人评价吉利根的这套理论是一种强调"男性/女性"二元对立的"性别本质主义"(上野，1995：8)。但是，正如吉利根自己明确论述的那样，"另一重声音"并不仅仅存在于女性身上。虽然"公正伦理"与男性联系得更紧密，"关怀伦理"与女性联系得更紧密，但不论是在男性之间还是女性之间，都能看到这两种伦理并存，两者并不具有排他性。女性，并非因为生而为女才会重视责任和关系性，而是因为必须关怀他者，才不得不顾虑责任和关系性，是因为家庭内的照护职责总是被分配给女性。女性更容易被放置到某种社会环境之中，因此女性相对普遍地更重视关怀伦理，应被视为社会环境造就的结果，而非女性与生俱来的特质。

因此，源于吉利根的关怀伦理学之所以超出了女性主义领域，在政治哲学等领域也引起人们的关注，并不是因为它捕捉到了女性的经验，而是因为它试图提出社会默认的人类形象是以能够脱离他人、独立作出个人理性判断、身体健全的成人男性为前提的，并且揭示出人们付出了怎样的责任与关系性，来支撑这一前提的成立。

一直以来，公共领域假定的都是自立的人类形象。这种假定遗忘了关怀他人和被他人关怀这两种行为。可以说，自立的概念之所以能成立，正是因为在私人领域中排除了关怀与被关怀的关系。过往的流浪者研究在主张露宿者的抵抗时提出的前提，是一种能与他者分离的人类形象，能够自己理解并提出自己的需求。然而，只要假定了这样一个拥有特定能力的主体，就会忽视本书一直在分析的女性们的存在。反之也可以说，自立主体的假定正是通过剔除这些女性的存在才得以成立的。正因如此，女性才一直被排除在外。

然而，正如我在第一章所述，自立的主体形象，是为了对抗作为客体的人类形象才出现的，因此前者不仅出现在流浪者研究之中，也出现在关于卖春的女性相关研究之中。假定一个与他者割裂的主体，聚焦于其抵抗，最终忽视了女性流浪者——我一直以来都在批判这类言论。不过，为何同类型的言论不仅出现在以男性为前提的研究中，也出现在女性研究之中呢？我们必须探讨这个问题。

这也是女性研究长期讨论的主题，即主张权利的自由主义与女性主义之间的争论。女性研究对知识生产本质的批判也落入了相同的窠臼，即构建一个主张权利的主体，并因此剔除某些群体。正如江原由美子所述，这是因为，既有的学问都是以男性为前提存立的，即使是在论述女性的问题时，也不得不借用这些学问的语言。这一"内在于知识生产场域的问题"，并不是"在主张男性学者们是基于支配女性的利益动机才生产学问和专业知识的。而是在说，只要在学问和专业知识的生产场域中根据主题、概念、意义、问题状况来生产知识，这些知识就一定会带有这种倾向"（江原，2000：126）。就像这样，论述卖春的女性研究的语言，也和论述男性的那套语言一样，以自立的主体为前提来主张权利。

5 自立能力的滋养

　　关于我一直在讨论的"能够进行合理判断"的人类形象,法学者纸谷雅子作出了如下论述:"近代法假定一个'合乎逻辑的人类'。法律主体是一个有理性的人,这个人会根据一以贯之的判断进行自由选择,并基于选择而行动,基本上是为了自身的利益和目的在行动,并对自己行为的结果负责。关于上述法律主体的理论被理解为记述了对自然现实的认识,而近代法正是以此为基础建立的。"(纸谷,1997:62)这一人类形象并不表示现实中的人,而是一种近代的约定俗成,它宣布所有能够平等地、自由地作出判断的人,其人格都能受到尊重。

　　当然,人并非生来如此。虽然女性主义一直以公私的分离作为课题，但人之所以能在公共领域中成为自立的存在，正是因为有大量关怀的劳动力被注入到私人领域之中，在此前提下，才有了上述的约定俗成。

我在第七章中分析过的绘里，即使在街头遭遇生命危险，也还是拒绝入院。另外，顺子几度在领取生活保障和回归露宿生活之间摇摆，她本人也在痛苦中重复着这一过程。很难说这些女性是能够自立选择的主体。然而，近代的约定俗成将人们视为能够自立、自由地作出选择的主体，在这种约定俗成的基础之上，绘里和顺子这样的人甚至会被排除在基于权利主体的社会保障使用者的范围之外，更不可能被聚焦于露宿者抵抗和主体性的研究纳入考量。

为了让她们能够自己决定自己的生活并逐渐实现，需要让她们走出私人领域，从他者那里获得人际交往和援助，正如"女性茶话会"一直以来努力的那样。在此过程中，他者向她们提示可选项，她们再从中选择，哪怕有时选择几乎是随机的，只有当她们开始花时间实现自己所作的选择时，她们才开始生发出自立的能力。并不存在一开始就自立的人类。反之，是先有了那些援助，她们的自立能力才开始形成。正如笹沼弘志所言："就像很多时候，我们是在遇到某样东西之后，才开始注意到这就是自己想要的东西的。可以说，需求是后来才形成的。他人的建议先创造出选项，有了选项才开始滋养出精神方面的自律能力。人并非先有精神自律能力，才开始作出选择，而是在不自觉的情况下作出'选择'，并在这一实践过程中，才开始形成类似精神自律能力的东西。"（笹沼，2008：54—55）

6 构想未来的能力

过往的流浪者研究心照不宣地建立在流浪者都是男性这一前提之上。因此，这些研究能够以劳动自立的露宿者形象为基础，来关注露宿者的抵抗和主体性。其结果是，这些研究忽视了因为关怀他人而无法自立的人（这类人在女性中常见，但不限于女性）、总是介入决策的他者、需要支持才能成为自立存在的人，以及这些人不断变化的过程。这一点之所以被忽视，可以说是因为研究是以男性为前提的，而男性总是将关怀推向私人领域，并将自己从人际关系网络之中分离出来。女性流浪者的研究至今几乎不存在，并不仅仅是因为女性流浪者很少。当然，即使这些人并没有在露宿者之中占到过半的比例，也不意味着我们就可以将这些人排除在研究之外。

正如我在第一章所述的那样，以男性为中心的过往流浪者研究、以女性流浪者为对象的美国帕萨罗的研究、以卖春为对象的女性研究，都是以同一种人类形象为前提的，即凭借自身意志作出合理选择的主体。然而，只要研究和法律制度是以作为主体的人类为前提来探讨和制定的，那么本书一直在观察的女性们的实践就一定会被排除在外。

司法之中总会有被排除的领域，提倡乌托邦式女性主义的德鲁希拉·康奈尔（Drucilla Cornell）在认识到这一点后，将这一司法的局限性寄希望于我们还未经历的未来的可能性。现代以来的政治设定了这样一个前提，即所有人都有着具备自由意愿和选择能力的人格，而康奈尔则提出，现实中并不存在这样一个作为既定前提的人格。正因为不存在这一人格，我们才要建立这一人格，为此，我们必须构想自己需要怎样的司法系统。所谓建立人格，就是将我们内心被排除的东西再次整合为自我的过程。而这一过程，只有在我们拥有能够自由想象自己希望成为的模样的空间时才能实现，而确保我们能拥有这一空间，正是法律应该追求的目标（Cornell, 1995）。

正因为不能把本书分析的女性露宿者们——她们没有使用支援方案脱离露宿生活，而是选择继续留在街头——单纯地视为通过"具备自由意愿和选择能力的人格"选择了露宿生活的人，"女性茶话会"这种组织的长期持续活动才有必要。"女性茶话会"的目标是陪伴大家走过一个漫长的过程，让大家能通过某种契机在与他人的交往之中构想、追求自己的未来，并且这种属性会作为人格得到尊重。这并非只是惯性地应用司法的过程，也并非被迫接受他人的价值判断来决定每个时间节点必需的物品和关系的过程，而是一边承认犹豫和失败，一边以正式或非正式的形式去摸索并实现的过程。我们必须不断摸索这种可能性。我们应该做的就是，不要呼吁大家必须放弃露宿——哪怕是以保障的名义，而是要努力创建一个领域，让大家即使露宿街头，也能够自由想象理想中的自己，并且得到尊重。

所谓流浪者，就是从铺好的安全网上掉落的人。我们不应该逼迫这些人再次进入保障系统或抵抗这套系统，而是应该救起那些被视为残余的人。为了让这些被视为残余者的研究对象也得到尊重，我们要不停地摸索必需的制度，只有这样做，才能以更为广阔的视角重新审视包括流浪者在内的全体人类的人格。我们对未来的构想，取决于我们如何倾听持续露宿街头的人们的声音。

结语

至此，本书聚焦于女性流浪者，分析了福祉政策和她们的生活世界。本书的目标是：第一，同时以露宿者和更广义的流浪者为对象，描述过去几乎没有被研究过的女性流浪者们的固有经验；第二，通过导入性别的分析视角，来重新探讨以男性为前提成立的流浪者研究整体，将研究框架锤炼至能够研究女性为止。本书还进一步试图从女性流浪者们的日常实践出发，来考察人类主体性的理解方式。在本书即将完结之际，我想回到作为本书出发点的理论课题，一边重新总结本书的内容，一边验证第一章所提出的问题点。

正如第一章所述，从20世纪90年代初开始，露宿者的身影在日本大量出现。露宿者的一大特征就是几乎全是单身男性，女性只占全体的3%。因此，过往的露宿者研究以露宿者都是男性为不成文的前提，几乎不存在关于女性的研究。然而，在欧美发达国家，流浪者之中女性占到约三成，较日本更多。出现这一差异，主要是因为双方对"流浪者"一词的定义不同。在日本，"流浪者"一词只指代露宿者；而在欧美，"流浪者"是个更广义的概念，也包括住在庇护所等地方、没有固定住处的人们。许多女性被包含在这一广义的"流浪者"概念之中。

通过全篇的论述，本书达成了第一目的，即揭示了至今几乎不为人知的女性流浪者的实际情况。如第二章所述，女性流浪者之所以不多见，是因为劳动市场和社会保障政策是以近代家庭为模型而成立的，因此不符合模型的、由女性当家的家庭在日本本就难以形成。也有贫困女性并不拥有能赚钱的男性伴侣，不过她们可以使用福祉政策来弥补自己的弱势，因此女性即使失去了家，也更容易以不可见的形式留在福利机构里，而不是成为露宿者。

第三章以大阪府为例，探讨了努力确保失去住处的女性流浪者留在机构内的福祉政策的诞生过程。这些福祉政策按照契合近代家庭模型程度的顺序区别对待每一个人，单亲家庭的母亲最早得到保护，而单身的女性流浪者则被视为潜在的卖春妇并受到惩罚。如今，虽然政策变更为优先保护家庭暴力的受害者，但无家的单身女性依然普遍被保护在《防止卖春法》规定的机构里。第四章以田野调查为基础，阐明了单身女性流浪者留宿的福利机构的实际情况。失去住处、通过福利领取保障金的女性们进入了哪些类型的机构？她们在那里得到了什么样的生活支援？——这些问题不仅与劳动能力和健康状态等女性自身的情况挂钩，也取决于机构的空缺等外部因素，另外，社工的判断也有很大的作用。因此，当女性要在使用福祉制度与不使用福祉制度并继续露宿生活之中选择，或是要树立某种理想生活目标时，各种各样交缠的言论都会影响她们的决定，其中关于性别的言论其实并不多。换言之，虽然以女性流浪者为对象的福祉政策作为一套体系，确实是在期待女性能够适应近代家庭的女性角色，但如果观察福祉政策被运用的具体文脉，则会发现性别不过是多重社会期待中的一项罢了。我在第五、六、七章中描述了女性露宿者的露宿生活，通过观察她们生活中的实际情况，也能得出相同的结论。

这类对流浪者之中女性的关注表明，迄今为止，流浪者研究的框架仅以流落街头的露宿者为对象，并不能充分把握其实际情况。换言之，如果想以女性为对象进行研究，就必须拓宽流浪者的定义。这也与本书的第二目的相关，即通过将女性纳入研究对象范围，来重新审视过往流浪者研究的框架本身。要研究女性流浪者，就不能只是简单地将女性添加到过往的流浪者研究中，还必须再次质疑围绕男性建立的研究前提。除了流浪者的定义，还存在一个问题，正如我在第二章所揭示的那样，贫困的发生机制之中也存在性别差异，女性成为流浪者的过程有其固有的特征，不能像过往研究那样以男性为代表来讨论。另外我还发现，如果以职业为重点的分析方法也要将女性纳入考量，则同样需要进一步探讨。其研究视点本身就是以男性为前提推导出来的，这一点也需要重新审视。

正如第一章所述，露宿者以前就存在，他们起初是一群无法再工作的日结劳动者，最终滞留在聚集地周围。在当时的聚集地研究之中，有人主张要认识到人们渴望变革自身状况的主体性，并批判在此之前以聚集地为对象的社会病理学等研究都以掌握和解决聚集地问题为导向，强调了他们地位的低下，结果忽视了生活在那里的人们的存在。此后的20世纪90年代，经济进一步萧条，露宿者们的身影越过了聚集地的边界，扩散到了都市一带，不仅是无法再劳动的日结劳动者，就连常用雇佣者之中也有越来越多的人陷入露宿生活。虽然聚集地研究随之将研究对象从日结劳动者切换到了露宿者，但研究视点并没有任何变化，而是原原本本地从聚集地研究延续到了露宿者研究。这就是为何社会学的露宿者研究也在强调露宿者自身的意愿和主体性，以及他们对社会的抵抗。通过这一视点，我们可以质疑那些试图客观地把握、分析露宿者问题的研究者们的立场，也可以强调站在被排除者那一方来审视社会的必要性——从这两点来看，这一研究视点具有非常重大的意义。然而，在承认这些重大意义的基础上，我想进而提出的问题是，强调露宿者的主体性和抵抗的前提，是以从事雇佣劳动的露宿者为对象的。进一步说，是基于一以贯之的、独立自主的意愿来选择合理行为的主体形象。

这一问题与本书的第三个目的——质疑主体的论点——相关联。在第五、六、七章中，我从微观层面观察了女性露宿者们的生活实践，结果发现她们的露宿生活并不是孤立存在的，而是与他人有着很强的关联。尤其在女性与男性伴侣和宠物等的亲密关系之中，经常能看到"关怀的伦理"。关怀他人往往被视为女性应有的美德。而当女性面临继续或脱离露宿生活的抉择之际，这些亲密关系就成了左右其个人意愿的存在。由于女性露宿者们在这些关系中做出的选择总是与他人相关，就导致她们总是反复进入机构又重返街头，命运在周围人的作用和时间的流逝中不断变化。

人们有时露宿，有时在福利机构度过无家状态，这些行为的反复，是出现在人们日常变化中的述行式生活实践及其结果。在对这些人的生活世界进行微观观察之前，事先假定一个自立的主体，并在此基础上试图找出露宿生活中的变革意愿和抵抗——这种研究者的姿态，只是从这些人的一系列生活实践过程中单单截取了露宿那一部分。

我在此提及的现有流浪者研究等学问，以及迫使大家在自立和排除之间二选一的司法传统，是以每个人都是能作出选择的自立主体为前提来展开讨论的。然而，正如本书观察到的，现实中许多女性流浪者都不是作为能够作出选择的、自立理性的主体而活着的。事实上，正因为现实情况并非如此，我们才必须不断追问，到底怎么做才能成为那样一个理性主体并做出选择和决定。主体并非事先就独立存在的东西，而是在一个漫长过程中逐渐呈现的。比如说，当露宿者选择停止露宿并转移到居宅生活，哪怕有时也会尝到败果，却也还是长期在与他人的关联中维系着这一选择——我认为，主体正是在那永不终结的过程中形成的。要想一窥成为主体的必要条件及其线索，就必须直面每一个女性的个体实践。

附录
贫困女性在哪里

自《无家可归的女性》(世界思想社，2013年)的初版问市以来已经过了8年。本书的基础主要是我于2002—2008年进行的调查，以及我于2010年向京都大学提交的博士论文。2021年的今天，围绕女性流浪者的环境和研究状况已经有所不同。因此，我想介绍一下自2013年以来发生的变化，然后重申本书的定位和意图。

1　2013年以后的变化

自21世纪以来，日本的产业结构发生了巨大变化，导致非正规劳动者的数量增加，尤其是年轻人。贫困随之蔓延，成为一个严峻的社会问题。自21世纪第一个10

年的后半期起，人们开始了解到每7个日本儿童中就有1个生活在贫困状态中，社会的注意力尤其集中在儿童贫困问题上，有关贫困的报道连日在媒体上出现。尽管针对这种情况，政府正在逐步采取减贫措施，但自本书出版的2013年以来，情况几乎没有得到改善。领取生活保障金的人数在2011年达到战后最高记录，一直保持在200万人左右，贫困率自21世纪以来也居高不下，维持在15%左右（厚生劳动省，2020）。

在这种情况下，人们逐渐认识到，除了露宿者之外还有更广义的流浪者，如网咖"难民"和被赶出宿舍的非正规劳动者等。人们开始用"住房贫困者"（housing poor）一词来指代这些人。2020年，5万名18岁及以上的人接受了一项调查，被询问是否经历过住房不稳定的状态，结果显示有6.25%的人曾经有类似经历（流浪者支援全国网络，2020），而且有相当多的人曾经暂时失去住所。

然而在流浪者之中，只有过着街边生活的露宿者表现出不同于贫困扩散现状的一面。日本的露宿者人数从20世纪90年代初泡沫经济崩溃后开始增加，并于1999

年左右达到顶峰。2003年进行第一次全国调查时，露宿者的人数统计为25296人。此后，这一数字逐年下降，2021年的最新调查显示，露宿者人数是3824人，降至高峰时期的一成左右（厚生劳动省，2021）。这可能是由于针对露宿者的措施取得了相应成效，2015年《生活贫困者自立支援法》（「生活困窮者自立支援法」）生效，扩充了对露宿者和有可能陷入露宿生活的人们的支援措施，处于劳动年龄层的人也比以前更容易领取生活保障金。换句话说，虽然贫困在逐渐成为一个大问题，但露宿者的人数确实大幅减少了。

在露宿者数量发生变化的同时，露宿者的形象也发生了变化。根据最新的全国实际生活情况调查（厚生劳动省，2017），露宿群体在逐年老龄化，60岁以上的露宿者占65.7%，长年露宿的人数比例也在增加，露宿了10年以上的人多达34.6%。人们认为，这是因为那些希望避免露宿生活的人会在开始露宿街头之前，或是刚露宿没多久的时候就进入那些支援设施。此外，在我开展作为本书根基的调查之时，露宿的常见形式是在公园或河岸长期搭建帐篷或小屋来生活——这类人所占的比例也逐年下降至34.3%。这可能是由政府对在公共场所搭建帐篷和小屋生活的行为加强施压所致。因此,本书描绘的那种露宿者生活(在公园中创建某种社区的生活)现在已经几乎看不到了。然而,随着主动脱离露宿生活渠道的拓宽,即便如此却还是选择继续露宿生活的人,就容易面临这样一种局面,即露宿问题容易被归结为本人的意愿。从这一意义上来看,我认为本书的问题意识到现在依然有效。还有,大家当初认为流浪者问题会很快得到解决,但事实却并不如愿,于是,为期十年的时效性立法《流浪者自立支援法》自2002年制定以来,于2012年延长了5年,又于2017年进一步延长了10年。

关于女性露宿者的情况,本书或许也产生了一些影响吧,最近2016年的全国实际生活情况调查公开了之前不曾有过的男女分别汇总合计。自那以后,在我写本书时无法知晓的女性露宿者整体特征(和男性相比时)也能为人所知了(厚生劳动省,2017)。虽然从这份调查中能看到的女性露宿者特征,和我在本书中描绘的没有太大差异——比如睡觉场所方面的特征,女性比男性更加居无定所,尤其是在"车站楼"里睡觉、没有帐篷或小屋等常设睡觉场所的女性人数比例更高。我们能够看到这些女性的生存状态：为了寻求睡觉场所而四处奔波，如此艰辛或许只是为了寻找哪怕稍微安全一点的地方。此外，关于露宿的起因，男性中的许多人是因为工作变动，相对于此，女性中的许多人是因为家庭原因，女性中有婚史的较男性更多，这一点与本书第二章探讨的内容几乎一致。在露宿者调查中加入男女分别汇总合计的部分，展示了曾经以流浪者都是男性作为不成文前提的公共机构的认识变化。期待今后的调查也能考虑并应对性别的差异。

2020年，新型冠状病毒来袭，许多人的生活都遭到了打击。生活贫困的人数激增，参加街边施食和咨询会的人数也在增加。容易成为雇佣调节阀的非正规劳动者，以及大量就业于服务业、受到外出限制严重影响的女性群体尤其容易在本次危机中陷入困苦的生活。托儿所、幼儿园以及小学的暂停开放，也对育儿女性造成了打击，女性相继被迫休假或难以继续工作。在2020年的自杀者数据中，男性人数相较于前一年有所减少，女性人数则急剧上升。目前，紧急小额贷款等临时制度，是应对新型冠状病毒造成的贫困的主要措施。疫情将对日本的贫困和流浪者的动向造成何种长期影响，还有待观察，但毫无疑问，贫困在未来将仍然是个严重的社会问题。

2 女性的贫困

自本书出版前后至今，社会对女性贫困的问题也越发关注。随着人们对儿童贫困问题关注度的提高，尤为引人瞩目的单亲母亲家庭的生活也经常被媒体报道，这些报道中提及的困境，正如我在本书第二章中结合老年女性困境一起讨论的那样。关于女性贫困的问题，自本书出版以来发生的一个变化是，因贫困而从事性交易的年轻女性的存在变得广为人知。相关书籍相继出版，探讨了如下问题：精神不稳定、难以从事定时工作的女性和陷入贫困状态的女性通过个人卖春谋生的实际情况（荻上，2012）；因为生活贫困只能通过性交易赚取生活费的单亲母亲（铃木，2014）；为减轻学费支付和奖学金的负担而踏入性产业的女大学生（中村，2015）；被卷入JK（女学生）生意的年轻女性（仁藤，2014）等。2014年1月播出的NHK《特写现代》（クローズアップ現代）报道称，设有宿舍和托儿所的性产业正在成为贫困单亲母亲的收容所，一句"福利败给了性产业"引起了争议。另外，也有调查聚焦于从事非正规劳动的单身女性的生活，查明了她们不安定的实际生活情况（小杉、铃木、野依、横滨市男女共同参画推进协会，2017）。

其中，阿部彩认为应该掌握男女各自的贫困情况，采取区分男女的贫困率统计方式。根据这一准则所展开的2007年国民生活基础调查显示，男性的相对贫困率是14.4%，女性的则是17.4%（阿部，2010）。也就是说，女性比男性更加贫困。

正如本书在第二章中说明过的那样，女性相较于男性更容易陷入贫困问题，这是性别角色分工被编织进了社会体系的缘故。劳动和社会保障的存在方式主要是以男性赚取收入、女性从事家务这一标准家庭作为前提的，因此女性从事的劳动几乎都是不稳定且低收入的。即便如此，考虑到在战后日本的社会中，家庭内部有男性作为主要收入来源，所以一般来说，未婚女性由父亲抚养，已婚女性由丈夫抚养，未婚女性能靠父亲的收入、已婚女性能靠从事正式工作或自营业务的丈夫的收入来维持基本生活。在这一前提下，容易陷入贫困的是家庭内没有男性赚取收入的女性，如前述的单亲母亲家庭中的母亲和广大的单身女性。

不过，既然女性比男性更贫困，那为什么在露宿者中女性比男性更少呢？本书曾经抛出过一个疑问，"为什么女性露宿者这么少？"，而时至今日，这个问题必须换种问法——在数据明确显示女性比男性更容易陷入贫困的今天，那些虽然贫困却没有成为流浪者的女性到底在哪里呢？

正如本书第二章所述，这些女性可能遭受了家庭暴力却因为害怕贫困而无法离家出走，也可能是使用了福利制度过着低质量生活。另外，她们也有可能通过性交易来获得生活费和住处，虽然本书并没有触及这个方面。也就是说，许多没有成为流浪者而是留在家中的女性虽然面临诸多困难，却还是在走上露宿街头前的最后一步悬崖勒马了。本书出版以后，经过认证的NPO法人自立生活支援中心"舫"（Moyayi，这家组织接受贫困者的咨询）开展了相关调查，让人们重新认识到这些无法离开家庭的女性所陷入的困境。

"舫"的调查比较了男性与女性咨询者，其调查结果完全背离了我当初觉得女性一定更加贫困的预想。比起男性，女性咨询者中的流浪者更少，正在工作的人更多，持有的金钱数额也更高，咨询后选择申请生活保障的人也更少（丸山，2018）。换句话说，可以推断，女性咨询者的生活相较于男性咨询者更安定。这可以解释为，女性比男性更重视陷入贫困的风险，她们会在钱财散尽、流离失所、成为流浪者之前就感知到此类风险，并且在较早的阶段前来咨询。然而，如果对咨询内容进行逐一研究，就会发现不能单纯认为女性比男性生活更安定。比如以下案例（考虑到咨询者的隐私，我修改了部分细节）。

> 女性，40多岁。有听力障碍，持有三级身体障碍者手帐，每月领取4000日元的身心障碍者福利补贴。她与丈夫和上初中的儿子住在一起，儿子因受到霸凌而不愿去学校。丈夫要求她每月用3万日元

应付所有家庭开支，她总是付不出伙食费和教材费。与此同时，丈夫却要每月花费3万日元购买自己喜爱的书籍和塑料模型。除了听力障碍，她还患有糖尿病和偏头痛，因此无法工作，但丈夫不给她治疗费，还不许她去医院。她曾以个人名义借贷，以支付总是不够的生活费和治疗伤处的医疗费，但最终无力偿还，只能申请个人破产。丈夫对她本人和儿子都口吐恶言，因此她想离婚。

女性，50多岁。现在与丈夫和上初中的女儿一起生活在公寓里。女儿有智力障碍，她本人是全职主妇。生活费依靠从事自营业务的丈夫的收入。她现在住的公寓是最近去世的亲生父母的遗产，因为有3个兄弟姐妹，所以现在正因为分遗产的事情闹得不可开交。丈夫一直在对她施暴，因为暴力升级，所以她想带上女儿离家出走。然而她名下没有储蓄，也担心女儿能否适应环境的变化。

在40多岁女性的案例中，丈夫可以自由购入自己兴趣爱好相关的东西，却连最低限度的生活费都不给妻子。妻子为了凑出生活费和医疗费不得不去借贷，因此想要离婚。在50多岁女性的案例中，妻子虽然因为丈夫的暴力想要离家出走，但因为全职主妇没有收入，她虽然有资产却无法简单分割，再加上担心女儿的障碍症而无法离家。这两个案例代表了这样一种现象：当女性在家庭内部遭到来自丈夫的身体与精神暴力，因想逃离暴力而前来咨询时，在那个时间点依然拥有家庭收入，因此不会被视为贫困女性，咨询记录上也会留下她们有收入和住房的描述。如果我们不详细探讨具体事例，就无法看清女性的贫困状态。

这种制度前提——即只要家里有能够赚取一定收入的男性户主，女性就不会陷入贫困——实际上正如前述案例那般，即便丈夫能赚取一定程度以上的收入，因为家庭内的金钱分配不平等，也有可能会造成只有妻子（和孩子）陷入贫困的状态。然而，过往的贫困研究并不能充分捕捉这种只有特定的个人在家庭内部贫困的状态。这是因为，以家庭为单位来把握贫困是一般的研究方法。因此，前述案例中的妻子们只要不离婚且不离开家庭，就无法被认定为贫困，继而陷入一种"无法变成贫困人士"的状态。在有婚史的女性之中，高达8.6%的人有过这种也称"经济型家庭暴力"的经历，可见这绝非少数情况。再加上许多夫妻都处于这样一种状态，即女性因自身收入较少而在经济上依赖丈夫，导致夫妻关系一旦破裂，选择分居或离婚，女方就有很大概率会陷入贫困。然而，现在以家庭为单位来把握贫困的主流研究方式，并没有将此类"贫困风险"纳入考量。

因此，在思考女性的贫困问题时，不仅要考虑单亲母亲家庭和单身女性等女性身为户主的情况，也必须考虑在维持婚姻的家庭中会出现的"家庭内部的隐性贫困"。这就是我在完成本书后产生的新的问题意识。因此，我们有必要重新审视过往未考虑性别的贫困理解方式，打开名为家庭的黑箱，看看里面到底发生了什么。为了达到这一目的，我们正在尝试的方法包括：使用易于把握个人生活水平的剥夺指标，以掌握研究对象偏离一般生活方式的程度；在金钱之外，也把可替代金钱的时间纳入考量范围来把握贫困（丸山，2020）——这些方法试图以更注重性别问题的方式来把握家庭中的个人经济状况和生活水平。这样，就可以从更广阔的视角来理解女性的贫困不仅包括女性户主家庭中显而易见的贫困，还包括那些隐藏在家庭内部的贫困。

3 流浪者的主体性

接下来，我想先在此整理一下本书的核心主题——关于流浪者主体性的思考。本书在很大程度上沿袭了朱迪斯·巴特勒关于主体的讨论（Butler, 1992-2000）。巴特勒将主体理解为被司法召唤的结果，即被生产出来的对象。包含规则和规范的司法的话语实践拥有一种力量，能够逼迫人们作出选择——遵从还是背弃。因此，主体并非预先存在的东西，而是回应司法召唤而生产的结果。另外，在这些探讨之中，巴特勒引入了作为话语实践媒体的主体性（agency）概念来替代主体。主体性既是通过语言形成的，又是使用语言的媒体——从这一意义上来说，主体性不完全是能动的，也不完全是被动的，它是一种在被结构规定的同时又能重新创造出结构的存在。巴特勒之所以会这样思考，并不在否定主体的存在，而是因为她想重新审视把主体构建得宛如自然存在的研究前提。

我不是想否定流浪者的主体性,但对试图思考"将主体作为既定前提到底会忽视什么"这一问题的我而言,巴特勒的探讨富含启发性。为了对抗把流浪者视为脱离常轨者的目光,日本的流浪者研究强调流浪者才是适配社会主流价值观的、通过劳动自立生活的人。流浪者也被浪漫化,成为对我们生活的社会提出质疑的存在,他们对社会有意无意的"抵抗"也被研究者与更激进的流浪者运动联系在一起。然而在我看来,这似乎事先假定了一个自立的主体,而且只关注流浪生活中看似具有主体性的那部分。可能正是这种视点导致女性流浪者的存在被驱逐到研究视野之外——这就是本书的主张。我在本书中描绘的是她们在各种各样的制约与具体语境中根据每个时间点的状况作出反应的过程。其中包含了:看上去像是主体的部分;看上去不像是主体的部分;看上去具有合理性的结果;看上去不具有合理性的结果。所谓的把握主体性,就是要把握包括上述所有过程在内的人类实践。而流浪者的主体性,不正是在上述过程中,作为其中一部分显现出来的吗?

本书之所以这样描述流浪者的主体性，是因为本书的研究对象不仅是流浪者，更是其中的女性。如果以少数群体为对象进行研究，就会被这些人以个人力量对抗社会的崇高和勇气深深感动，我自己就有这样的感觉。然而，如果研究者因此就想描绘弱者的"主体性"和"抵抗"，会面临一个无法忽视的问题——难道这样做不会排除无法抵抗的、更弱势的弱势群体吗？这一疑问在我脑中挥之不去。对我而言，流浪女性就是这样一种被排除在外的存在。因此，我想要通过女性主义理论，再次重新审视从事少数群体调查研究的人容易陷入的研究框架。正如岸政彦在评论中的恰当评述，我的研究方法抵达了这一目标——在女性流浪者的生活语境中描绘她们置身的结构性状况以及她们时不时对此做出反应的过程。她们的反应时而是抵抗，时而是服从，时而又难以定义到底是抵抗还是服从，绝不容易理解。但我认为，与她们生活中的一部分有所关联（哪怕只是一时的关联）的田野调查者，应该用一种他人也能理解的形式来说明她们采取那种行为模式的理论。

女性流浪者的行为乍一看互相矛盾，有看似不合理的部分。比如，她们嘴上一直在说露宿生活很痛苦，却总是不愿脱离那种生活，明明只要愿意就能做到。再比如，说人生中最美好的时候就是过着露宿生活的现在。又或者，即使离开公园进入机构，也总是回到公园里来。岸政彦指出，可以用"他者的合理性"这一概念来定义做出这些行为的人们的内心机制，并用大家能理解的方式作出说明，才是质性调查研究应该致力于的目标。关于这一点，岸政彦有更详细的解说，请参见本书出版后，我和岸政彦等人共同完成的《质性社会调查的方法——关于"他者合理性"的理解社会学》（岸、石冈、丸山，2016）。那本书收录了许多内幕，比如作为本书根基的调查的实际过程、概念逐渐收束的经过等，希望大家在阅读本书时也能参照那部分内容。

4 "女性"的位置

另外，关于本书对流浪女性"身为女性一事"的理解，有容易引起误会的部分，因此我想先对此进行一番说明。

对于像本书这样在某个对象群体中只选取女性的研究而言，也会有人批判是在通过将女性描写为与男性本质不同的存在，来再生产性别范畴、强化性别二元论，是种性别本质主义的论调。出于同样的原因，卡罗尔·吉利根的《不同的声音》虽然在女性主义理论中获得了高评价，却也引起了类似争议，因为她的论著将女性特征化的叙述（关于道德与关系性）与男性作比较。吉利根在序文中写道："我比较男性和女性各自的声音，并不是为了展示普遍的性别形态。相反，通过比较男性和女性的声音，我希望探明其背后两种思考方式的差异，然后重点探讨应该如何解释这些差异。"（Gilligan, 1982-1986: xii—xiii）也就是说，吉利根更想关注的不是男女性别范畴中的固有形态，而是大家解释这种固有形态时采用的认知方法。即便如此，还是有人批判她展示的是女性这一性别的固有特征，并强化了"男性／女性"这种二元论的性别本质主义理论。

本书最关注的也是探明女性固有的实际情况的实证主义理论，与此同时，也有认识论方面的视角——质问通过排除女性来建立的过往研究的前提。本书所指出的女性流浪者的"情境依赖性"和"非合理性"之所以会在女性中更明显，是由于女性一直以来所处的结构性位置。不过，就算这些是女性本质具有的特性，也不是只属于女性的特性，正如我在第六章和第八章所叙述的，我们在男性身上也能看到这些特性。然而，过往研究之所以没有记载这一显而易见的事实，是因为这些研究建立在基于一以贯之的自主意愿来选择合理行为的"具有男性特质的"人类形象之上。换言之，我们本来也应该在男性中看到"情境依赖性"和"非合理性"，但以男性为前提的过往研究并未涉及这一方面，只有通过将女性设为研究对象，才能让人类天然具有的这一特性重见天日——本书想要探讨的问题正是让这一特性重见天日的方式，即把这种认知框架视为问题。

不过，揭示女性流浪者固有的实际情况当然是本书的一大关注要点。只是在此过程中，如何理解"女性"十分重要。即使是在第五章中登场的4位女性，生活史也各不相同，要将女性流浪者作为一个群体来理解并指出其共通性，并不是容易的事。但我认为，如果一定要描绘出"女性的固有性"，在根本上与本书的设问互相排斥。换言之，本书的目的是质问过往的流浪者研究是如何通过约定俗成地假定一个男性形象来排斥女性的，如果我在此基础上再假设一个"女性固有的流浪者形象"，就会进一步从女性流浪者之中排斥无法进入这个群体的少数群体。如此这般，本书也会落入自己所批判的那种窠臼。因此，描述女性这一性别范畴的固有特性的做法，从根本上与本书的问题出发点势不两立，所以我认为，本书还是必须避免描述"女性固有的特性"。

那么，我们应该如何理解贯穿全书的女性流浪者身为"女性"的问题呢？为了理解这点，本书采取把性别视为实践的视点。如果把性别视为身体和人格所具有的实体，就可以假定存在预先一分为二的性别范畴——比如"男性"与"女性"——并以性别范畴为前提来记述一个人具有某种程度上一以贯之的身份认同。然而，如果将性别作为一种实践，如果认为人们是在互相给对方的身体、人格以及行为赋予意义，而性别是这些话语的结果，那么就能聚焦于人们使用性别相关话语时的具体场景，记述那些具体场景，避免创造一个名为"女性"的集体共通性。我认为这种看待性别的方式可以帮助我们摆脱对"女性"的本质主义定义以及对其固有特性的描述。

本书还有一个特点，就是在多样化的女性流浪者之中，选取部分女性作为特别依据来展开讨论。如前所述，即使将女性流浪者作为一个整体归为一类，她们的生活史、生活情况和身份认同也各不相同：有些属于所谓的"男性化的"人（典型例子有第七章的绿），自豪于自己可以巾帼不让须眉；有些属于所谓的"女性化的"人（例如第五、六章的玉子，第七章的惠子和逸子等），她们更容易被他人影响并随波逐流。虽然本书也描绘了"男性化的"人的存在方式，但我的主轴确实放在了"女性化的"人身上，我必须承认这是本书应该反省的地方。我的初衷是想写女性流浪者的民族志，现在回过头来看，当时其实也可以坚持探索这一领域存在"男性化的"女性流浪者的现实。但我没有那样做，是因为本书的出发点是质问过往流浪者研究将女性排除在外的原因。

在本书中，我试图以某种方式，将我在田野调查中看到的具体现实与社会学／女性主义理论的关注点做顺畅的结合。不过，对我而言，质问现有的流浪者研究排斥女性的原因，或许比描绘流浪女性的实际情况更为迫切，在这方面，我可能有过于偏重理论之嫌。我写作本书有两个目标：第一，想要撰写女性流浪者的民族志；第二，想要统合理论与实践。本书到底做到了几分呢？这个就交由阅读的各位来评判了。

初版后记

自从我着手女性流浪者相关的研究,已经过去了11年。距离我第一次拜访釜崎则已经有14个年头。

当时还是大学三年级学生的我,被一张大学里的传单吸引,于是参加了釜崎相关的学生团体主办的游学。摊贩林立的街道上拥挤杂乱,有人走路,有人站着聊天,有人坐在车座上喝酒,有人躺在路边睡觉。自行车和野狗悠然路过。我能听到笑声、说话声、争吵声,还被很多人随意搭话。在那杂乱无章的空间之中,我有一瞬间错觉自己正在某个亚洲国家旅行。这里充满人间烟火。吃饭也好、睡觉也好、排泄也好,高兴也好、悲伤也好、愤怒也好——我感觉这里充满了人类应有的行为和情感。仅凭这一点,我就爱上了釜崎。

彻底爱上釜崎的我，将毕业论文的研究领域定为志愿者相关，开始参加在釜崎开展的施食活动。我自己也会以志愿者的身份每周去那里参加活动，与此同时也会询问其他参加者的动机。我的调查主题是思考志愿者的意义，这次调查得到了许多人的温情相助，令我感到纯粹的快乐。在那里，我遇到了各种各样在大学的日常生活中无法邂逅的人，也是在这一过程中，我下定决心要读研。

但在那之后，等待我的却是一段不堪回首的时光。有一名与我亲近的日结劳动者向我表示了好感，虽然我马上表示了拒绝，他还是对此怀恨在心，再加上其中有多重的误解，最后他扬言要"杀掉"我。那是在我马上就要提交毕业论文时发生的事。如果我去找釜崎（也是这名劳动者的生活场所）的大家商量这件事，就有可能会破坏这名劳动者的生活，他已经失去了住所和工作，好不容易才来这里准备重新开始。话虽如此，我还是必须完成我的毕业论文，于是我担惊受怕地前往调查地，向曾经照顾过我的各位展示写好的论文，再逃一般地离开那里。釜崎是我在这3年每周都会去、之后也想再去拜访的重要调查地，我却不得不以这样一种形式离去，我对自己初次调查的失败满怀挫败感。那之后的一段时间，我一听到男性大声说话的声音就担心是不是他来了，身体不住打颤。

即便如此，我依然有一个可回的家，也可以选择不去釜崎。但我时不时看到的女性露宿者们却没有这样的选项。在尽是男性的街上，女性露宿者怀抱着什么样的困难，又是如何生活下去的呢？现在回顾这一切，我觉得追寻这一疑问（和本书也有关联）的过程，与我理解自己的"女性性"并整理在釜崎的经历的过程密切相关。然而，在调查失败的挫败感中，我很难认为自己正在做的事情有什么价值，即便我当时已经邂逅了一些女性露宿者，还是耗费了许多时间才找到倾听她们故事的正当性。向低谷期的我伸出援手的，正是我在本书开头提到的那名女性。

自那以后，虽然有些跟跟跄跄，但我还是遇见了很多女性，并且努力将她们告诉我的故事整理成书。

本书以我向京都大学大学院文学研究科提交的博士论文《流浪者与性别的社会学》（我凭借此论文于2010年11月获得博士学位）为基础，进行了一些补充与修正。流浪者相关的状况日新月异，因此本书也有一些不合时宜的部分，但因为我力有不逮，无法完全修正。博士论文中的每一章都在以下已发表论文为基础上完成。虽然我在执笔时进行了补充和修正，但各章的修改程度有所不同。

第一章　新写的部分。

第二章　《被性别化了的排除过程——女性流浪者的问题》，《流浪者研究——排除与包含的现实》，青木秀男编，密涅瓦书房，202—232页，2010年。

第三章　《扶贫政策中女性的位置——以"二战"前后的大阪为例》，《述》二，152—171页，2008年。

第四章　新写的部分。

在对博士论文进行补充修正时，我使用了与以下论文相同的资料，在描述和数据方面都有重复。《贫困的扩散与妇女保障机构的职能》，《所谓支援女性——妇女保障机构这一场所》，宫本节子、须藤八千代编，明石书店，近日出版。

第五章　新写的部分。

第六章　《露宿者的抵抗与主体性——从女性露宿者的日常实践出发》，《社会学评论》56（4），898—914页，2006年。

第七章　《自立的背面——关于流浪者自立支援》，《现代思想》34（14），196—203页，2006年。

第八章　《在街头生活的女性们——女性露宿者的实践》，《街头的人类学：国立民族学博物馆调查报告》80，关根康正编，185—201页，2009年；《不自由也不强制》，《现代思想》34（9），211—221页，2006年。

结语　新写的部分。

另外，"绪论"也是我在总结本书时新写的。

从本科时期到博士论文的审查，京都大学大学院文学研究科的老师们一直对我照顾有加。我尤其感谢松田素二老师的慷慨指导，是他让我能够以一种松弛的节奏开展研究。松田老师教给我田野调查者应有的姿态，这成了我研究的根基。本科、研究生时期指导过我的宝月诚老师那句"你也去露宿看看吧"激励了我。落合惠美子老师从女性研究者的角度给予我许多鼓励。太郎丸博老师费心审查了我的论文，给他添了许多麻烦，真是不胜感激。

在我攻读博士学位期间，多伦多大学的西尔维亚·诺瓦克（Sylvia Novak），以及在我博士毕业之后和留英期间，东洋大学的西泽晃彦和拉夫堡大学的露丝·李斯特（Ruth Lister），都热情地接待了我，使我有幸获得良好的研究环境。2010年，我在立命馆大学产业社会学系找到了工作，研究兴趣各异的老师们给予我各种各样的启发，我很庆幸能在这里工作。

我和京都大学文学研究科社会学研究室的大家共同度过了许多时光，和大家的缘分对我而言也是非常宝贵的财富。我也非常感谢能与青木秀男老师和流浪者研究会的其他成员一起沟通交流，这些交流对孤身追逐偏门研究题目的我而言非常重要。我在与酒井隆史先生、关根康正老师、须藤八千代老师的交流，以及在他们组织的研究会中也经历了许多宝贵的邂逅。

另外，虽然我无法在此一一列举所有人的名字，但我想感谢流浪者支援和女性支援的相关人员在我的调查过程中提供的莫大帮助。其中，管理A住宿处的NPO成员让我了解到要24小时照料女性流浪者的支援机构的艰辛，在此之前，我的认知仅限于在街边邂逅的女性。还有"女性茶话会"的岛田美香、森石香织、小川裕子以及已故的矢岛祥子，她们作为女性露宿者相关问题的同志和朋友一直陪伴着我，总是给予我极大的精神支持。我还要感谢在我漫长的学生生涯中耐心守护我的母亲，以及为我担心却遗憾在中途离世的父亲。

市村美佐子为本书绘制了精美的装帧图，展现了女性露宿者的真实面貌。因为多次出现拖稿情况，我让世界思想社的峰松亚矢子多有操心。多亏她的细心工作，我才最终得以完成。本书的出版还得到了立命馆大学学术图书出版促进计划的资助，在此深示感谢。

最后，我想由衷地感谢耐心接受我采访的女性们。真的谢谢你们。

丸山里美

2013年2月

增补新装版后记

作为增补新装版的总结，我想在最后介绍一下本书中登场的女性们最近的生活情况。

我在东京B公园邂逅的英子当时已经过了10年左右的露宿生活，之后，她接受了长期被她拒绝的生活保障金，开始搬入公寓生活。这是因为自2004年起，东京都发起了"支援生活在公园等地方的人过渡到社区生活的事业"。该事业以在公园搭建帐篷生活的露宿者为对象，以每月3000日元的收费标准出租住房给他们，时长2年，还给予他们就业机会。大家认为在B公园里也会有露宿者使用这一制度脱离露宿生活，英子很快下定决心结束常年持续的露宿生活，她解释说，是因为看着伙伴们逐渐减少会很寂寞。于是她在距离B公园很近的地方找了间公寓居住，开始领取生活保障金。那之后的每一天，英子都会回到她原本住过的B公园，一待几乎就是一整个白天，和认识许久的老朋友们聊天共度。英子始终如一地寻求着与他人的联结。

又过了2年，英子被人发现因中风倒在公寓房间里，已经身故。英子和之后住到附近的裕子交往频繁，裕子因为老是见不着英子而感到奇怪，于是拜托房东开门进入房间，结果发现了去世的英子。好多人前来参加英子的葬礼，送她最后一程，其中有英子在露宿生活中结识的露宿者、原露宿者以及参加露宿者支援活动的朋友们。

虽然裕子为了躲避丈夫的暴力一度离开B公园，但之后又回到丈夫身边和他一起住在帐篷里。当"社区生活过渡支援事业"启动后，她利用这个机会与丈夫搬到了B公园附近的公寓。她和住在附近的英子来往频繁，每天都要交换小菜，也是她发现了英子的不对劲。

藤子在B公园里住了大约半年后，突然和丈夫一起失踪了，没有告诉身边的任何人。

玉子和丈夫一直住在公园的帐篷里，但"社区生活过渡支援事业"启动后,她利用这个机会,和丈夫一起住到了离公园不远的公寓里。他们每周一起工作几天,靠当保洁员——东京都政府为事业使用者安排的工作——谋生。即使在住进公寓之后,她仍然与以前的露宿者伙伴们保持联系,在工作的地方与他们见面,并经常通过手机与他们联络。2年后,支援事业结束,夫妻俩仍然住在同一间公寓里,开始领取生活保障金。自那以来10多年过去了,他们仍然平静地生活在那里,到现在还会时不时联系我。

我在大阪C公园认识的惠子,在出院后终止了持续很久的露宿生活,开始在公寓里领取生活保障金。那之后,她虽然和邻居之间有矛盾,但还是一边接受"女性茶话会"的援助,一边努力继续生活。然而几年过去,她迷上某位歌手并开始追星,联络不上的次数越来越多,某天突然丢下所有家当失踪了。

绿和逸子,后来我们也联系不上了。

"女性茶话会"之后不再向女性露宿者提供直接援助,但还会继续与接触过的女性保持联系。现在仍然可以联系到的女性,包括那些没有出现在本书中的女性,都已经摆脱了露宿生活,正在领取生活保障金。近20年来,"女性茶话会"一直在为这些曾经露宿的女性提供支持,在她们需要住院、搬迁或照护时提供帮助,就日常生活的烦恼提供建议,并定期举办聚会,讨论她们的现状并相互交流。由于高龄人士较多,该聚会目前因为新型冠状病毒造成的疫情暂停,但我们仍在与身为原露宿者的女性保持私下的联系。

自2013年首次出版以来,这本书被许多人阅读,超出了我最初的想象。我还有幸获得了第33届山川菊荣奖、第3届福祉社会学会学术奖、第5届日本都市社会学会青年研究者鼓励奖和第24届桥本峰雄奖。2019年,在杉本良夫和译者斯蒂芬·菲勒(Stephen Filler)的帮助下,本书的英文版 *Living on the Streets in Japan: Homeless Women Break their Silence* 由跨太平洋出版社(Trans Pacific Press)出版。本书之所以能获得这些殊荣,可能是因为本书聚焦于因为人数太少而一直被忽视的女性流浪者的缘故。我想再次感谢愿意与我分享自身遭遇的女性们。

在增补新装版出版之际,我补充了一篇《附录　贫困女性在哪里》。另外，增补新装版还收录了岸政彦出色的评论（中文版未收录），他是我从学生时代就一直敬爱的研究会伙伴。岸先生平时总是到处推荐我这本书，我真的感激不尽。

丸山里美

2021年7月

参考文献

阿部彩，2010,「日本の貧困の動向と社会経済階層による健康格差の状況」内閣府男女共同参画局『生活困難を抱える男女に関する検討会報告書』。

Abramovitz, Mimi, 1996, *Regulating the Lives of Women: Social Welfare Policy from Colonial Times to the Present*, South End Press.

赤川学，2000,「女性の階層的地位はどのように決まるか?」盛山和夫編『日本の階層システム 4 ジェンダー・市場・家族』東京大学出版会，47-63。

Althusser, Louis, 1970, "Idéologie et appareils idéologiques d' État", *La Pensée*, 151: 3-38.（=1993, 柳内隆訳「イデオロギーと国家のイデオロギー装置」柳内隆・山本哲士『アルチュセールの〈イデオロギー〉論』三交社。）

青木秀男，1989,『寄せ場労働者の生と死』明石書店。

青山薫，2007，『「セックスワーカー」とは誰か——移住・性労働・人身取引の構造と経験』大月書店。

浅倉むつ子・岩村正彦・紙谷雅子・辻村みよ子編，1997，『岩波講座現代の法 11 ジェンダーと法』岩波書店。

Axinn, June, 1990, "Japan: A Special Case", Gertrude Schaffner Goldberg and Eleanor Kremen eds., *The Feminization of Poverty: Only in America ?*, Praeger, 91-105.

Bogue, Donald Joseph, 1963, *Skid Row in American cities*, Community and Family Study Center, University of Chicago.

Bridgeman, Rae, 2003, *Safe Heaven: The Story of a Shelter for Homeless Women*, University of Toronto Press.

Burt, Martha R. and Barbara E. Cohen, 1989, "Differences among Homeless Single Women, Women with Children, and Single Men", *Social Problems*, 36 (5): 508-524.

Butler, Judith, 1990, *Gender Trouble: Feminism and the Subversion of Identity*, Routledge.（＝1999，竹村和子訳『ジェンダー・トラブル——フェミニズムとアイデンティティの攪乱』青土社。）

——, 1992, "Contingent Foundations: Feminism and the Question of 'Postmodernism'", Judith Butler and Joan W. Scott eds., *Feminists Theorize the Political*, Routledge, 3-21.（＝2000，中馬祥子訳「偶発的な基礎付け——フェミニズムと「ポストモダニズム」による問い」『アソシエ』3: 247-270。）

——, 1997, *Excitable Speech: A Politics of the Performative*, Routledge.

(=2004, 竹村和子訳『触発する言葉――言語・権力・行為体』岩波書店。)

Chakrabarty, Dipesh, 1995, "Radical Histories and the Question of Enlightenment Rationalism: Some Recent Critiques of Subaltern Studies", *Economic and Political Weekly*, 30(14): 751-759. (=1996, 臼田雅之訳「急進的歴史と啓蒙的合理主義最近のサバルタン研究批判をめぐって」『思想』859: 82-107。)

中央法規, 2012, 『社会保障の手引 平成24年版――施策の概要と基礎資料』。

Cornell, Drucilla, 1995, *The Imaginary Domain: Abortion, Pornography & Sexual Harassment*, Routledge. (=2006, 仲正昌樹監訳『イマジナリーな領域――中絶, ポルノグラフィ, セクシュアル・ハラスメント』御茶の水書房。)

――, 1998, *At the Heart of Freedom: Feminism, Sex, and Equality*, Princeton University Press. (=2001, 石岡良治・久保田淳・郷原佳以・南野佳代・佐藤朋子・澤敬子・仲正昌樹訳『自由のハートで』情況出版。)

――, 1999, *Beyond Accommodation: Ethical Feminism, Deconstruction, and the Law*, Rowman & Littlefield Publishers. (=2003, 仲正昌樹監訳・岡野八代・望月清世・久保田淳・藤本一勇・郷原佳以・西山達也訳『脱構築と法――適応の彼方へ』御茶の水書房。)

Delacoste, Frédéric and Priscilla Alexander eds., 1987, *Sex Work:*

Writings by Women in the Sex Industry, Cleis Press.（＝1993，角田由紀子・山中登美子・原美奈子・山形浩生訳『セックス・ワーク——性産業に携る女性たちの声』現代書館。）

de Certeau, Michel, 1980, *Arts de Faire*, Union Générale d'Éditions.（＝1987，山田登世子訳『日常的実践のポイエティーク』国文社。）

Edgar, Bill and Joe Doherty eds., 2001, *Women and Homelessness in Europe: Pathways, Services and Experiences*, The Policy Press.

江原由美子，2000，『フェミニズムのパラドックス——定着による拡散』勁草書房。

———，2001，『ジェンダー秩序』勁草書房。

———，2002，『自己決定権とジェンダー』岩波書店。

———編，1995，『性の商品化——フェミニズムの主張 2』勁草書房。

Fraser, Nancy, 1989, *Unruly Practices: Power, Discourse and Gender in Contemporary Social Theory*, Polity Press.

藤目ゆき，1997，『性の歴史学——公娼制度・堕胎罪体制から売春防止法・優生保護法体制へ』不二出版。

藤田孝典，2010，「求められる無料低額宿泊所の規制——シェルター機能への特化を」『都市問題』101(7): 78-83。

Gilligan, Carol, 1982, *In a Different Voice: Psychological Theory and Women's Development*, Harvard University Press.（＝1986，岩男寿美子監訳・生田久美子・並木美智子訳『もうひとつの声——

男女の道徳観のちがいと女性のアイデンティティ』川島書店。)

Goldberg, Gertrude Schaffner and Eleanor Kremen eds., 1990, *The Feminization of Poverty: Only in America?*, Praeger.

Golden, Stephanie, 1992, *The Women Outside: Meanings and Myths of Homelessness*, University of California Press.

長谷川貴彦, 2005,「OECD 諸国におけるホームレスの定義及びモニタリングに関する調査 ―― OECD 諸国におけるホームレス政策に関する研究（その1）」『日本建築学会計画系論文集』588: 141-146。

橋本摂子, 2003,「〈社会的地位〉のポリティクス ―― 階層研究における"gender inequality"の射程」『社会学評論』54(1): 49-63。

林千代, 1990,「性の商品化について」東京都生活文化局『性の商品化に関する研究』東京都生活文化局婦人青少年部婦人計画課, 3-24。

――, 2008,「総合的な女性支援策の必要性」林千代編『「婦人保護事業」50 年』ドメス出版, 188-202。

――編, 2004,『女性福祉とは何か ―― その必要性と提言』ミネルヴァ書房。

林千代・堀千鶴子編, 2000,『婦人福祉委員会から婦人保護委員会へ ―― 全国社会福祉協議会のとり組みに関する資料集』女性福祉研究会。

ホームレスの実態に関する全国調査検討会, 2007,『「平成 19 年ホームレスの実態に関する全国調査（生活実態調査）」の分析結果』。

ホームレス支援全国ネットワーク，2011,『広義のホームレスの可視化と支援策に関する調査報告書』ホームレス支援全国ネットワーク広義のホームレスの可視化と支援策に関する調査検討委員会。

——, 2020,『不安定な居住状態にある生活困窮者の把握手法に関する調査研究事業 報告書』。

Huey, Laura and Eric Berndt, 2008, "'You've Gotta Learn How to Play the Game': Homeless Women's Use of Gender Performance as a Tool for Preventing Victimization", *The Sociological Review*, 56(2): 177-194.

いちむらみさこ，2006,『Dear キクチさん，——ブルーテント村とチョコレート』キョートット出版。

——, 2008a,「殺す市民——カレーライスでつながり生き返れ！」『ロスジェネ』2: 58-65。

——, 2008b,「ホームレスホーム」『女たちの 21 世紀』54: 37-39。

——, 2009,「労働はやっぱり怖い——「働く女性たち」との対話のあとで」『女たちの 21 世紀』57: 22-24。

五十嵐兼次，1985,『梅田厚生館 1 鳴りひびく愛の鐘』。

——, 1986,『梅田厚生館 2 あの鐘の音いつまでも』。

生田武志，2007,『ルポ最底辺——不安定就労と野宿』筑摩書房。

今井小の実，2004,「社会福祉と女性史」林千代編『女性福祉とは何か──その必要性と提言』ミネルヴァ書房，24-42。

岩田正美，1995，『戦後社会福祉の展開と大都市最底辺』ミネルヴァ書房。

──，2000，『ホームレス／現代社会／福祉国家──「生きていく場所」をめぐって』明石書店。

──，2005，「政策と貧困──戦後日本における福祉カテゴリーとしての貧困とその意味」岩田正美・西澤晃彦編『貧困と社会的排除──福祉社会を触むもの』ミネルヴァ書房，15-42。

──，2008，『社会的排除──参加の欠如・不確かな帰属』有斐閣。

──，2009，「「住居喪失」の多様な広がりとホームレス問題の構図──野宿者の類型を手がかりに」『季刊 社会 保障研究』45 (2): 94-106。

泉原美佐，2005，「住宅からみた高齢女性の貧困──「持ち家」中心の福祉社会と女性のハウジング・ヒストリー」岩田正美・西澤晃彦編『貧困と社会的排除──福祉社会を触むもの』ミネルヴァ書房，95-117。

泉尾愛児園，1919，『泉尾愛児園事業報告』。

紙谷雅子，1997，「ジェンダーとフェミニスト法理論」辻村みよ子他編『岩波講座現代の法 11 ジェンダーと法』岩波書店。

要友紀子・水島希，2005，『風俗嬢意識調──126人の職業意識』ポット出版。

片田孫朝日，2006，「ジェンダー化された主体の位置──子どものジェンダーへのポスト構造主義的なアプローチの展開」『ソシオロジ』50(3): 109-125。

川原恵子,2005,「福祉政策と女性の貧困——ホームレス状態の貧困に対する施設保護」岩田正美・西澤晃彦編『貧困と社会的排除——福祉社会を蝕むもの』ミネルヴァ書房,195-222。

——,2008,「ホームレス問題への福祉対応とジェンダー」大阪府立大学人間社会学研究科女性学研究センター編『第12期女性学連続講演会社会的排除とジェンダー』大阪府立大学女性学研究センター,24-46。

——,2011,「福祉施設利用に見る女性の貧困」『貧困研究』6: 67-78。

川喜田好恵,1999,「虐待される女性たち——ジェンダー社会の中の暴力」

日本DV防止・情報センター編『ドメスティック・バイオレンスへの視点——夫・恋人からの暴力根絶のために』朱鷺書房,39-59。

菊池正治・清水教惠・田中和男・永岡正己・室田保夫編,2003,『日本社会福祉の歴史——制度・実践・思想』ミネルヴァ書房。

Kimoto, Kimiko and Kumiko Hagiwara, 2010, "Feminization of Poverty in Japan: A Special Case ?", Gertrude Schaffner Goldberg ed., *Poor Women in Rich Countries: The Feminization of Poverty Over the Life Course*, Oxford University Press, 202-230.

基督教婦人矯風会大阪支部,1929,『感謝に溢れて大阪婦人ホーム拡張記念』。

――, 1937, 『歩み――大阪婦人ホーム三十年史』。

岸政彦・石岡丈昇・丸山里美, 2016, 『質的社会調査の方法――他者の合理性の理解社会学』有斐閣。

岸政彦・丸山里美, 2014, 「書評『女性ホームレスとして生きる――貧困と排除の社会学』」「書評に応えて」『ソシオロジ』59(2): 104-112。

北川由紀彦, 2001, 「野宿者の集団形成と維持の過程――新宿駅周辺部を事例として」『解放社会学研究』15: 54-74。

――, 2005, 「単身男性の貧困と排除――野宿者と福祉行政の関係に注目して」岩田正美・西澤晃彦編『貧困と社会的排除福祉社会を蝕むもの』ミネルヴァ書房, 223-242。

国立社会保障・人口問題研究所, 2009, 『「生活保護」に関する公的統計データ一覧』。

小宮友根, 2011, 『実践の中のジェンダー――法システムの社会学的記述』新曜社。

小杉礼子・鈴木晶子・野依智子・横浜市男女共同参画推進協会編, 2017, 『シングル女性の貧困非正規職女性の仕事・暮らしと社会的支援』明石書店。

厚生労働省, 2002, 『男女間の賃金格差問題に関する研究会報告』厚生労働省雇用均等・児童家庭局雇用均等政策課。

――, 2003, 『ホームレスの実態に関する全国調査報告書』。

――, 2007a, 『ホームレスの実態に関する全国調査報告書』。

――, 2007b, 『平成18年度 全国母子世帯等調査結果報告』厚生労働省雇用均等・児童家庭局。

――, 2010, 『平成20年 国民生活基礎調査』厚生労働統計協会。

――, 2011a, 『住居のない生活保護受給者が入居する無料低額宿泊施設及びこれに準じた法的位置付けのない施設に関する調査結果について』社会・援護局保護課。

――, 2011b, 『平成22年版 働く女性の実情』。

――, 2011c, 『労働力調査』。

――, 2011d, 『平成22年 社会福祉施設等調査結果の概況』大臣官房統計情報部社会統計課。

――, 2012, 『ホームレスの実態に関する全国調査(概数調査)結果について』社会・援護局地域福祉課。

――, 2017, 『ホームレスの実態に関する全国調査(生活実態調査)の結果』。

――, 2020, 『2019年 国民生活基礎調査の概況』。

――, 2021, 『ホームレスの実態に関する全国調査(概数調査)結果』。

厚生労働省職業安定局, 2007, 『住居喪失不安定就労者等の実態に関する調査報告書』。

葛西リサ・塩崎賢明, 2004, 「母子世帯と一般世帯の居住状況の相違――住宅所有関係, 居住面積, 住居費, 家賃分析」『日本建築学会計画系論文集』581: 119-126。

葛西リサ・塩崎賢明・堀田祐三子, 2005, 「母子世帯の住宅確保の実態と問題に関する研究」『日本建築学会計画系論文集』588:

147-152。

Liebow, Elliot, 1993, *Tell Them Who I Am: The Lives of Homeless Women*, The Free Press.（＝1999，吉川徹・轟里香訳『ホームレスウーマン――知ってますか，わたしたちのこと』東信堂。）

MacKinnon, Catharine A., 1987, *Feminism Unmodified: Discourses on Life and Law*, Harvard University Press.（＝1993，奥田暁子・加藤春恵子・鈴木みどり・山崎美佳子訳『フェミニズムと表現の自由』明石書店。）

丸山里美，2002，「路上にあらわれたジェンダー格差 ―― Joanne Passaro, *The Unequal Homeless: Men on the Streets, Women in Their Place*」『京都社会学年報』10: 239-246。

――，2004，「Homeless Women in Japan」『京都社会学年報』12: 157-168。

――，2005，「数々の脱出（エクソダス）をつなぎあわせて――女性ホームレスたちとの出会いから」『現代思想』33(12): 206-215。

――，2006a，「野宿者の抵抗と主体性――女性野宿者の日常的実践から」『社会学評論』56(4): 898-914。

――，2006b，「自由でもなく強制でもなく」『現代思想』34(9): 211-221。

――，2006c，「錆びた色をした都市の風景――ヨコハマメリーに寄せて」『情況』7(5): 213-215。

――，2006d，「自立の陰で――ホームレスの自立支援をめぐって」

『現代思想』34(14): 196-203。

——, 2008,「貧困政策における女性の位置 —— 戦前・戦後の大阪の事例研究」『述』2: 152-171。

——, 2009,「ストリートで生きる女性たち —— 女性野宿者の実践」関根康正編『ストリートの人類学 国立民族学博物館調査報告』80: 185-201。

——, 2010,「ジェンダー化された排除の過程 —— 女性ホームレスという問題」青木秀男編『ホームレス・スタディーズ —— 排除と包摂のリアリティ』ミネルヴァ書房, 202-232。

——, 2013,「貧困の広がりと婦人保護施設の役割 —— 増加する女性ホームレスの入所とその背景」須藤八千代・宮本節子編『婦人保護施設と売春・貧困・DV問題 —— 女性支援の変遷と新たな展開』明石書店, 253-286。

——, 2020,「ジェンダーから見た貧困測定 —— 世帯のなかに隠れた貧困をとらえるために」『思想』1152: 29-46。

——編, 2018,『貧困問題の新地平 ——〈もやい〉の相談活動の軌跡』旬報社。

松田素二, 1996,「書評に応えて」『ソシオロジ』41(2): 115-117。

——, 1999,『抵抗する都市 —— ナイロビ移民の世界から』岩波書店。

松沢呉一／スタジオ・ポット編, 2000,『売る売らないはワタシが決める —— 売春肯定宣言』ポット出版。

May, Jon, Paul Cloke, and Sarah Johnsen, 2007, "Alternative

Cartographies of Homelessness: Rendering Visible British Women's Experiences of 'VisibleL' Homelessness", *Gender, Place and Culture*, 14(2): 121-140.

南智子／佐藤悟志／ハスラー・アキラ／畑野とまと／松沢呉一／宮台真司，2000,「座談 性風俗と売買春」松沢呉一／スタジオ・ポット編『売る売らないはワタシが決める_売春肯定宣言』ポット出版。

宮下忠子，2008,『赤いコートの女――東京女性ホームレス物語』明石書店。

水内俊雄，2010,「居住保障とホームレス支援からみた生活保護施設」『都市問題』101(7): 51-63。

文貞實，2003,「野宿とジェンダー」『Shelter-less』19: 120-155。

――，2006,「女性野宿者のストリート・アイデンティティ――彼女の「無力さ」は抵抗である」狩谷あゆみ編『不埒な希望ホームレス／寄せ場をめぐる社会学』松籟社，198-233。

麦倉哲著・ふるさとの会編，2006,『ホームレス自立支援システムの研究』第一書林。

内閣府男女共同参画局，2021,『男女間における暴力に関する調査報告書』。

中島明子・阪東美智子・大崎元・Sylvia Novac・丸山里美，2004,「東京における「ホームレス」女性の自立支援と居住支援」『住宅総合研究財団研究論文集』31: 229-240。

中村淳彦，2015,『女子大生風俗嬢――若者貧困大国・日本のリアル』朝日新聞出版。

中根光敏，1999，「排除と抵抗の現代社会論――寄せ場と「ホームレス」社会学にむけて」青木秀男編『場所をあけろ！――寄せ場／ホームレスの社会学』松籟社，75-98。

――，2001，「寄せ場／野宿者を記述すること」『解放社会学研究』15: 3-25。

中西祐子，2004，「フェミニストポスト構造主義とは何か――経験的研究手法の確立に向けての一考察」『ソシオロジスト：武蔵社会学論集』6(1):185-203。

日本住宅会議編，2004，『住宅白書 2004-2005 ――ホームレスと住まいの権利』ドメス出版。

虹の連合，2007，『もう一つの全国ホームレス調査――ホームレス「自立支援法」中間年見直しをきっかけに』。

西村みはる，1985，「婦人保護事業における「要保護女子」の規定をめぐって」『社会福祉』25: 33-44。

――，1994，『社会福祉実践思想史研究』ドメス出版。

西躰容子，1998，「「ジェンダーと学校教育」研究の視角転換――ポスト構造主義的展開へ」『教育社会学研究』62: 5-22。

西澤晃彦，1995，『隠蔽された外部――都市下層のエスノグラフィー』彩流社。

仁藤夢乃，2014，『女子高生の裏社会――「関係性の貧困」に生きる少女たち』光文社。

野依智子，2011，「ホームレス問題の再構築「男性稼ぎ主」モデルの視点から」『唯物論研究年誌』16: 102-108。

荻上チキ，2012,『彼女たちの売春（ワリキリ）――社会からの斥力，出会い系の引力』扶桑社。

岡野八代，2000,「主体なきフェミニズムは可能か」『現代思想』28(14):172-186。

――, 2002,『法の政治学 ―― 法と正義とフェミニズム』青土社。

――, 2003,『シティズンシップの政治学 ―― 国民・国家主義批判』白澤社。

――, 2012,『フェミニズムの政治学 ――ケアの倫理をグローバル社会へ』みすず書房。

大阪婦人ホーム，1934,『基督教矯風会大阪市部年報 昭和9年度』。

大阪府女性相談センター，1984-2009,『事業概要』。

大阪府社会課，1920,『大阪社会事業要覧』。

大阪市，1953,『昭和大阪市史 第6巻 社会編』。

――, 1966,『昭和大阪市史 続編 第6巻 社会編』。

大阪市立大学創造都市研究科・釜ヶ崎支援機構，2008,『「若年不安定就労・不安定住居者聞き取り調査」報告書 ――「若年ホームレス生活者」への支援の模索』。

大阪市立大学都市環境問題研究会，2001,『野宿生活者（ホームレス）に関する総合的調査研究報告書』。

大阪市役所社会部，1923,『大阪市社会事業概要』。

大阪社会事業史研究会，1985,『弓は折れず――中村三徳と大阪の社会事業』。

「夫(恋人)からの暴力」調査研究会,2002,『ドメスティック・バイオレンス 新版——実態・DV法解説・ビジョン』有斐閣。

Passaro, Joanne, 1996, *The Unequal Homeless: Men on the Streets, Women in Their Place*, Routledge.

Plummer, Ken, 1995, *Telling Sexual Stories: Power, Change and Social Worlds*, Routledge.(=1998,桜井厚・好井裕明・小林多寿子訳『セクシュアル・ストーリーの時代——語りのポリティクス』新曜社。)

Ralston, Meredith L., 1996, *"Nobody Wants to Hear Our Truth": Homeless Women and Theories of the Welfare State*, Greenwood Press.

Rossi, Peter H., 1989, *Down and Out in America: The Origins of Homelessness*, The University of Chicago Press.

Rowe, Stacy and Jennifer Wolch, 1990, "Social Networks in Time and Space: Homeless Women in Skid Row, Los Angeles", *Annals of the Association of American Geographers*, 80(2): 184-204.

Russell, Betty G., 1991, *Silent Sisters: A Study of Homeless Women*, Hemisphere Publishing.

崎山政毅,2001,『サバルタンと歴史』青土社。

桜井厚,2002,『インタビューの社会学——ライフストーリーの聞き方』せりか書房。

笹沼弘志,2008,『ホームレスと自立/排除——路上に〈幸福を夢見る権利〉はあるか』大月書店。

Scott, Joan Wallach, 1999, *Gender and the Politics of History*, Revised Edition, Columbia University Press.（＝2004，荻野美穂訳『ジェンダーと歴史学 増補新版』平凡社。）

生活保護問題対策全国会議監修，尾藤廣喜・小久保哲郎・吉永純編，2011,『生活保護「改革」ここが焦点だ！』あけび書房。

生活保護の動向編集委員会編，2008,『平成20年版 生活保護の動向』中央法規。

社会福祉法人新栄会，2011,『事業報告書』。

社会保険庁編，2007,『政府管掌健康保険・船員保険・厚生年金保険・国民年金・組合管掌健康保険・国民健康保険・老人保健事業年報総括編（平成18年度版）』。

総務省統計局，2012,『世界の統計』。

Spivak, Gayatri C., 1988, "Can the Subaltern Speak ?", Carry Nelson and Lawrence Grossberg eds., *Marxism and the Interpretation of Culture*, University of Illinois Press, 271-313.（＝1998，上村忠男訳『サバルタンは語ることができるか』みすず書房。）

須藤八千代，2000,「社会福祉と女性観」杉本貴代栄編『ジェンダー・エシックスと社会福祉』ミネルヴァ書房，94-112。

――，2010,「「女性福祉」論とフェミニズム理論――社会福祉の対象論を手がかりに」『社会福祉研究』12: 25-32。

杉本貴代栄，1993,『社会福祉とフェミニズム』勁草書房。

――，1997,『女性化する福祉社会』勁草書房。

――，2004,『福祉社会のジェンダー構造』勁草書房。

鈴木大介，2014，『最貧困女子』幻冬舎。

高原幸子，2006，『媒介者の思想』ふくろう出版。

玉井金吾，1986，「日本資本主義と〈都市〉社会政策──大阪市社会事業を中心に」杉原薫・玉井金吾編『大正／大阪／スラム──もうひとつの日本近代史』新評論，249-295。

寺尾徹・奥田知志，2010，「対談 貧困ビジネス論を超えて──ポストホームレス支援法体制を展望する」『ホームレスと社会』2: 8-15。

特別区人事・厚生事務組合，2010，『更生施設・宿所提供施設・宿泊所・路上生活者対策事業施設 事業概要』。

特別区厚生部長会，2009，『厚生関係施設再編整備計画──改訂版』。

都市生活研究会，2000，『平成11年度 路上生活者実態調査』。

東光学園，1976，『東光学園の歩み 創立六十周年記念』。

東京都福祉保健局総務部編，2011，『2011 社会福祉の手引』。

東京都福祉局，2003，『宿泊所実態調査』。

東京都社会福祉協議会母子福祉部会，2011，『東京都の母子生活支援施設の現状と課題──平成22年度 東京都の母子生活支援施設実態調査報告書』東京都社会福祉協議会。

東京都社会福祉協議会婦人保護部会調査研究委員会，2010，『婦人保護施設──実態調査報告書2008年度・2009年度』。

妻木進吾，2003，「野宿生活──「社会生活の拒否」という選択」『ソシオロジ』48(1): 21-37。

上野千鶴子，1995，「差異の政治学」井上俊他編『岩波講座現代社会学 11 ジェンダーの社会学』岩波書店，1-26。

海野恵美子，1999，「日本での「貧困の女性化」についての 1 考察——高齢女性の貧困の統計的検討」『社会福祉学』39(2): 155-171。

Urban Institute et al. eds., 1999, *Homelessness: Programs and the People They Serve: Findings of the National Survey of Homeless Assistance Providers and Clients*, U. S. Dept. of Housing and Urban Development, Office of Policy Development and Research.

Waterston, Alisse, 1999, *Love, Sorrow, and Rage: Destitute Women in a Manhattan Residence*, Temple University Press.

Watson, Sophie, 1999, "A Home is Where the Heart is: Engendering Notions of Homelessness", Patricia Kennett and Alex Marsh eds., *Homelessness: Exploring the New Terrain*, The Policy Press, 81-101.

Watson, Sophie and Helen Austerberry, 1986, *Housing and Homelessness: A Feminist Perspective*, Routledge & Kegan Paul.

Williams, Jean Calterone, 2003, *"A Roof Over My Head": Homeless Women and the Shelter Industry*, University Press of Colorado.

山口恵子，1998，「新宿における野宿者の生きぬき戦略——野宿者間の社会関係を中心に」『日本都市社会学会年報』16: 119-134。

山根純佳，2007，「男性ホームヘルパーの生存戦略——社会化されたケアにおけるジェンダー」『ソシオロジ』51(3): 91-106。

湯澤直美,2000,「母子生活支援施設における女性支援の視点」『コミュニティ福祉学部紀要』2: 117-129。

全国厚生事業団連絡協議会・全国救護施設協議会,2003,『保護施設におけるホームレス受入に関する検討会報告書』。

守望思想　逐光启航

无家可归的女性

[日] 丸山里美 著

沈　念 译

策划编辑　余梦娇
责任编辑　罗梦茜
营销编辑　池　淼　赵宇迪
装帧设计　曾艺豪

出版：上海光启书局有限公司
地址：上海市闵行区号景路 159 弄 C 座 2 楼 201 室　201101
发行：上海人民出版社发行中心
印刷：上海盛通时代印刷有限公司
制版：北京方圆创智文化传播有限公司

开本：787mm×1092mm　1/32
印张：15　　字数：233,000　　插页：2
2025 年 6 月第 1 版　　2025 年 6 月第 1 次印刷
定价：78.00 元
ISBN：978-7-5452-2025-4/D·5

图书在版编目 (CIP) 数据

无家可归的女性 /（日）丸山里美著；沈念译 .
上海：光启书局，2025. -- ISBN 978-7-5452-2025-4

Ⅰ . D313.868

中国国家版本馆 CIP 数据核字第 2024SL1912 号

本书如有印装错误，请致电本社更换 021-53202430

JOSEI HOMELESS TOSHITE IKIRU [ZOHO SHINSOBAN]

Copyright © 2021 Satomi Maruyama

Chinese translation rights in simplified characters arranged with SEKAISHISOSHA

through Japan UNI Agency, Inc., Tokyo and Rightol Media Limited, Chengdu

copyright © 2025 by Luminaire Books

A division of Shanghai Century Publishing Co.,Ltd.

ALL RIGHTS RESERVED